BENJAMIN

The Intelligent Investor : The Classic Bestseller on Value Investing

GRAHAM

賢明なる投資家

割安株の見つけ方とバリュー投資を成功させる方法

ベンジャミン・グレアム
Benjamin Graham

監修　土光 篤洋　／　訳　増沢 和美　新美 美葉

Pan Rolling

監修者まえがき

二〇〇〇年四月一四日、米国株式市場は、ダウ工業株平均が六〇〇ポイント、ナスダック総合指数が三五五ポイント以上のクラッシュを記録した。これを受け、四月一七日の東京市場では、日経株価平均が前週末比一四二六円四銭安の一万九〇〇八円六四銭で取引を終えた。景気回復期待から順調に上昇してきた東京株式市場も、ネット関連株の急落の直撃を受け、それまでの流れが一変してしまった。ゼロ金利、リストラ、IT革命を支えにして上昇してきた日本の株価は、そごう破綻の影響も重なり、その後、ずるずると下げ続けている。特に情報通信関連銘柄の下げは激しい。ハイテク、インターネットというだけで叩き売られ、これまでの高値から一気に数分の一に価格を下げてしまった銘柄も多数見受けられる。

マスコミは一斉に「ネットバブル崩壊」と騒ぎ出し、一部の近視眼的な投資家は狼狽売りに走った。見方を変えると、これは、IT革命の本質を理解することはなく、単に株価が上昇しているから買うという未成熟な投資家が淘汰されていく過程であると言うこともできる。実態経済におけるＩＴ革命への潮流を、もはや止めることは不可能だ。情報通信関連銘柄というだけで何でも売られている状況下で、将来高成長が期待できる優良ＩＴ銘柄が割安に放置されているのも事実である。

残念なことに、多くの投資家は、それら割安に放置されている銘柄の価値を評価する術を知らない。

本書はベンジャミン・グレアム（一八九四～一九七六）の〝The Intelligent Investor（一九七二年改訂第四版）〟を邦訳したものである。ベンジャミン・グレアムは、米国では証券分析の父と言われる人物である。本書およびデビッド・ドッドとの共著である『証券分析』（パンローリング）は、個人投資家やウォール街の金融プロフェッショナルの間で、今なお、投資のバイブルとして読み続けられている。

ベンジャミン・グレアムはバリュー投資の創始者であり、多くの弟子たちを育て上げた。そのなかに伝説的な投資家であるウォーレン・バフェットも名を連ねている。ウォーレン・バフェットはベンジャミン・グレアムの死を悼み、本書の序文に「父以外に最も影響を受けた人」という賛辞を送っている。

ベンジャミン・グレアムの投資哲学は、極めてシンプルでオーソドックスである。

以下にそのエッセンスをまとめてみる。

一．投資とは、詳細な分析に基づいて行うものであり、元本を保全して、適切なリターンを上げることと定義する。この条件を満たさないものを投機と呼ぶ。

二．将来のことは分からないのだから、投資家は手元資金をすべてひとつのバスケットに入れてはならない。その安全で堅実な範囲を超えて冒険に挑んだ人々は、精神的に大きな困難を背負うことになる。

三．投資家と投機家の相違は、その人が相場変動に対して、どのような態度で臨むかという点である。投機家の関心事は、株価の変動を予測して利益を得ることであり、投資家の関心事は、適切な証券を適切な価格で取得し保有することである。

四．安全域の原則を確固として守ることによって、十分なリターンを得ることが可能である。安全域の原則は、割安銘柄に適応することでさらに明白なものとなる。割安銘柄は、株価がその株式の本質的価値よりも安い状態にあるわけであり、その差が安全域である。

本書が上梓された当時は、人々の記憶に、一九六八年～一九七〇年の株価の大幅下落が鮮明に焼きついていた。当時の成長株の代表格は「エレクトロニクス」「コンピューター」「フランチャイズ」であり、これらの株は、一九六八年の熱狂によって過大評価されていた。どのような株でも社名にこれらの文字が含まれるだけで買いまくられていた。それらの株が、その後の景気悪化によって一気に値を下げたのである。当時、さんざん持てはやされていたＩＢＭの株価は半値近く下落した。

歴史は繰り返すと言われているが、今日の「ネットバブル崩壊」と当時の状況は酷似したものがある。ゆえに、昨今の投資環境下、為す術が分からずに、呆然と立ち尽くす投資家の方々に、本書の投資エッセンスが今なお十分に役立つものと信じている。

本書の翻訳・出版には多くの方にご協力をいただいた。翻訳の機会を与えてくださった後藤康徳氏（パンローリング）、専門的な分野を丁寧に翻訳していただいた増沢和美氏、新美美葉氏、編集・校正していただいた阿部達郎氏（ＦＧＩ）、ご助言をいただいた増沢浩一氏には心からお礼を述べたい。

二〇〇〇年八月

土光　篤洋

さまざまな試練を越えて幾多の転変をくぐり抜け、われわれは前進する……

『アエネイス』

To E.M.G.

謝辞

本書の執筆に当たっては、古くからの友人たちに多いに助けられた。なかでも助言を与えてくれ、力を貸してくれたウォーレン・バフェットに対する感謝の念は言葉に尽くせない。アラン・カーン、トーマス・カーンをはじめとしたアブラハム・アンド・カンパニーの人々や、ニューヨーク証券取引所の会員たちは、広範囲に及ぶ作業を熱心かつ見事にこなしてくれた。また、友人でありかつての教え子でもあるコンラド・タフや、その他私に助力を与えてくれたすべての人たちに感謝の意を表したい。

※参考文献　ローレンス・A・カニンガム著『バフェットからの手紙』、ロバート・P・マイルズ著『最高経営責任者バフェット』（パンローリング刊）

賢明なる投資家　目次

序文

ウォーレン・バフェット

私がこの本の初版を読んだのは一九五〇年の初め、一九歳のときでした。そのとき、それまでに読んだ投資関連のすべての本の中で、最高の一冊だと思いました。そしてその思いは今も変わっていません。

生涯を通じて投資で成功するためには、知能指数がずば抜けて高い必要もなければ、人並み外れた洞察力を持つことも、内部情報に通じている必要もありません。必要なのは、意思決定のための適切かつ知的なフレームワークと、それを働かせないような力から感情を一定に保つことができる能力です。本書は適切なフレームワークを、分かりやすい形で正確に示してくれます。感情は規律でコントロールする必要があります。

グレアムが唱えている行動やビジネス原則に従えば——また、第8章と第20章で述べられている貴重な教えに細心の注意をもって臨むことができれば——投資でひどい目に遭うことはないでしょう（これは、みなさんの予想よりもかなり良い結果を意味します）。投資家が素晴らしい結果を得られるかどうかは、投資家本人がその投資に関してどれだけの努力と知力を注ぎ込むかにかかっていますが、同時に、その投資期間にどれだけの「愚かさ」が株式市場を覆ったかによっても大きく影響を受けます。市場が愚かさに支配されればされるほど、賢い投資家にとっては大きなチャンスなのです。グレアムの教えに従うことで、愚かさに参加するのではなく、愚かさから利益を得る人々の一員になれるのです。

私にとってベン・グレアムは、著述家や師をはるかに超越した存在でした。彼は父親を除くすべての人々のうち、私の人生に最大の影響を与えた人物です。一九七六年にベンが亡くなった直後に私は、『フィナンシャル・アナリスツ・ジャーナル』誌に次のような彼に関する短い追悼文を寄せました。本書を読み進めれば、私がこの追悼文で述べた賛辞を実感されることでしょう。

ベンジャミン・グレアム（一八九四年～一九七六年）

数年前のこと、間もなく八〇歳になろうというベン・グレアムはある友人に、自分は日々「バカげたことや創造的なこと、寛大なこと」をしていたいのだと語った。

「バカげたこと」という奇抜な表現は、概念をまとめるためのコツが反映されたものだ。それによって彼は回りくどい表現やうぬぼれを排除したのである。彼の概念は非常に力強いものである一方、その論述法は常にソフトであった。

この雑誌の読者のみなさんには、彼の独創性に満ちた業績をことさらながら詳述する必要はないだろう。自ら新境地を切り開いた者は往々にして、月日のたたないうちに後継者の出現によって自らの業績の精彩が失われたことを知ることになる。しかし、無秩序と混乱のなかに体系と論理を確立した彼の著書の上梓から四〇年以上たつが、今なお、証券分析分野の出版物で次点の候補を挙げるのさえ困難に思える。出版されてからほんの数週間や数カ月で、既にバカげたものに映る本が多いこの出版分野で、ベンが確立した体系は常に信頼できるものであり続けてきたばかりでなく、金融の嵐が吹き荒れて薄っぺらな知的体系が粉砕されたことで、彼の体系はさらに高められ、より理解されるようになった。彼の優れた理論の恩恵を、多くの人が享受してきた――天賦の才に恵まれながら、流行の理論に追随したことでヘマを踏んだ人々が数多くいたなかで、彼らと比べて平凡な人々さえもベンの理論の恩恵にあずかったのである。

ベンが自身の専門分野において際立った点を挙げるとすれば、ひとつの目標にすべての努力を集中させるといったような、精神活動における狭量さにとらわれることなく、偉業を成し遂げたということだ。それはむしろ、ほとんど境界を超えた幅広い知性の副産物であったと言ってもいい。彼は私が出会った人々のなかで、間違いなく最も視野が広い人間だ。実際、卓越した記憶力と尽きることのない知的好奇心、そしてそれを一見無関係に思える問題にも応用できる形に作り直してしまう能力は、どのような分野のことでも楽しいと感じさせてしまう彼の思考の幅広さを形成した。

だが彼の第三の要素――寛容さ――こそが、彼の成功そのものである。私にとってベンは師であり、かつての雇用主であり、また友人でもあった。そのすべての関係において――その他の教え子や従業員、友人たちと少しも分け隔てることなく――知識や時間や精神を他人に与えることへの、無制限かつ駆け引きのない寛容さがあった。考えを明瞭にさせたいとき、彼を訪ねるのが一番の方法だった。そして励ましの言葉が欲しかったり相談事があるときには、いつでもベンが迎えてくれた。

ウォルター・リップマンはみんなが木陰で休むための木を植えた人たちについて話した。ベン・グレアムはそういう人間なのである。

（『フィナンシャル・アナリスツ・ジャーナル』一九七六年一一～一二月号より）

まえがき――本書の目的

本書の目的は、投資戦略を決定したり、それを実行に移すための手法を投資の初心者にも理解できる形で示すことにある。証券分析に関してはあまり触れずに、主として投資の原理や投資家の取るべき姿勢を取り上げる。だが、ある特定の証券――主としてニューヨーク証券取引所の上場銘柄にも含まれているもの――については、詳細に比較検討していく。それによって、ある特定の普通株銘柄を選択した場合に関係してくる重要な事柄を、具体的な形で認識させることができるからである。

しかし、本書が多くのページを割いて取り上げるのは、金融市場の歴史的――時には数十年前までさかのぼる――パターンである。証券投資を賢明に行うには、多種多様な債券や株式がさまざまな状況下で実際にどういう動きを示したかについて、あらかじめ適切な知識を得ておく必要があるからだ（投資家が将来的に、過去と同じ状況に一度ならず遭遇する可能性は高いのだ）。ウォール街を最も適切に表現しているのは、哲学者サンタヤーナの「過去を忘れた者は同じことを繰り返す」という訓戒の言葉なのである。

本書が対象としているのは投資家（investor）であって、投機家（speculator）ではない。ほとんど同義語として用いられてしまっているこれら二つを、まずははっきりと区別する必要があろう。最初に一言述べるなら、これは「一〇〇万ドルを儲ける方法」を示した本ではない、ということだ。ウォール街に限らず、楽して確実に大金を得る手だてなどない。歴史の重要性を強調するために、金融史の一端をここで取り上げよう。そこから複数の教訓が引き出せるからである。

大恐慌が起ころうとしていた一九二九年、アメリカそしてウォール街にとっての最重要人物であったジョン・J・ラスコフの文章が、ある女性向け雑誌に掲載された。「だれでもカネ持ちになれる」という見出しのついた、資本主義の恩恵を大々的に喧伝した記事である。その論旨とは、貯蓄のうち毎月一五ドルを優良株に投資し続ける――配当金は再投資する――だけで、二〇年後には拠出合計たった三六〇〇ドルに対して八万ドルが得られるというものであった。巨大企業ゼネラル・モーターズがそのための適切な銘柄だとすれば、これはまさに、リッチになるための一番の近道だ。彼の言葉は正しかったのだろうか？　ダウ・ジョーンズ工業株三〇種平均（ダウ平均）のすべての銘柄に投資したと仮定すると、われわれの試算によれば、一九二九年から二〇年間投資し続けた場合の一九四九年初めの投資結果は約八五〇〇ドルとなる。偉大なる人物が明言していた八万ドルには遠く及ばない数字であり、自信に満ちた楽観的予測がどれほど信頼できないものかを示す結果である。しかし、余談ながら一言述べておくべきことがある。それは、彼の言葉に従って二〇年間投資を続けていれば、現実に複利で年八％以上の利益が得られたであろうこと、また、投資を始めた時点におけるダウ平均は三〇〇のレベルにあり、投資を終了した一九四八年の最終レベルは一七七であったにもかかわらず、この成績を収めたであろうということである。この結果は、強い株を毎月、コンスタントに買い上げる「ドルコスト平均法」と呼ばれる手法の正しさを証明しているといえるかもしれない。

この本は投機家のために書かれたものではないので、市場でトレーディングする人々は読者として想定していない。彼らのほとんどは、チャートなどを使ったり、機械的な手段を用いて売買のタイミングを計っている。これらの、いわゆる「テクニカル・アプローチ」のほぼすべてに適用可能な大原則とは、ある株や市場が上がれば買って、下がれば売る、というものである。これは健全なビジネス感覚とは対極をなしており、ウォール街で成功し続けられるべくもない。過去五〇年以上にわたる、われわれ自身の株式市場での経験と市場観察によれば、こうした「マーケットへの追随」によって長期にわたり利益を上げた者などひとりもいない。人気はあっても誤った手法であると明言したい。これについては――もちろん立証するということではないが――株式市場での売買に関する有名なダウ理論について後ほど簡単に触れるので、そこで説明することにしよう。

『賢明なる投資家』は一九四九年の初版以降、およそ五年おきに版を重ねてきた。第四版となる本書では、前回の一九六五年版が出た以降に起こった、次のような新たな変化に対応する必要が生じている。

①優良債券の金利が大変上昇した。

②一九七〇年五月までに主要普通株の株価が平均で約三五％下げた。これはこの三〇年間で最大の下げである（質の低い株はさらに大幅に下落した）。

③一九七〇年に景気が悪化したにもかかわらず、卸売物価および消費者物価の上昇が依然として続いた。

④「コングロマリット」やフランチャイズ企業、また企業や金融における新案物が急速に成長した（新案物とは、「レターストック」や急激に広まったストック・オプション・ワラント、紛らわしい名前、外国銀行の利用などの、さまざまな巧妙なる手段を指している）。

⑤アメリカにおける最大の鉄道会社が破産し、かつては超安定経営を誇った企業の多くが長短期の債務超過に陥り、ウォール街の証券会社さえも支払能力に問題が生じてきている。

⑥銀行が管理している信託財産や投資信託財産の運用における、不安を催させるような結果を伴った「パフォーマンス」競争時代の到来。

本書ではこれらの事柄について慎重に考察していく。また事柄によっては、結論および強調して述べる点が、旧版とは異なる場合もある。時代が移ろうと健全なる投資のための基本となる原理は変わらないが、その適用法は金融メカニズムや環境の大きな変化に合わせて変えていかなければならないからだ。

この第四版を執筆するに当たっては、今述べた事柄に関して非常に苦労した。最初の草稿が完成した一九七一年一月のダウ平均は、前年に付けた最安値の六三二からの回復期にあり、七一年の最高値九五一に向かって突き進んでおり、全般的に楽観的な空気があった。しかし一九七一年一一月に最終原稿を上げたころには、市場は新たな下降局面にあり、先行きへの不安が再び広まったことによって、ダウ平均は七九七まで落ち込んでいた。こうした変動のさなかにあっても、健全なる投資を目指すわれわれの基本的姿勢に何ら変化はないし、本書の初版が出された一九四九年以降、その姿勢は実質的に全く変わっていないのである。

一九六九年から七〇年にかけてダウ平均が甚だしく下落したことによって、過去二〇年間に膨らんでいった幻想は破られたようである。その幻想とは、普通株の主要銘柄はいついくらで購入したとしても最大の利益が保証されており、途中で損失が出ても市場はまた上向いて新しい高値圏に入るのですぐに損は取り戻せる、というものである。そんなうまい話があるはずがない。保有株式の価値が著しく、また恐らく長期にわたって下がることがある（そして上がることもある）ということを、投機家と株式投資家の双方が再び認識したという点において、ようやく株式市場は「正常化」したのである。

二流、三流のクラスに属する企業の普通株、なかでも特に最近設立された企業の普通株にとっっては、前回の相場の下落による大混乱は破滅的なものになった。このようなケースは過去にもあった――一九六一年から六二年にかけて同レベルのことが起きている――が、今回はこうした株のうちで投機性が高く、明らかに過大評価されたものを投資信託会社が組み入れていたという、以前にはなかった要素が加わっていた。熱狂のあるところに素晴らしい結果が生まれるという場合もあるが、ウォール街における熱狂は大抵、破滅へと続くのだということを初心者のみならず投資経験者も肝に銘じておかねばならない。

われわれが取り組むべき問題の多くは、優良債券の利率が大きく上昇したことから生じている。一九六七年の終わり以降、投資家は代表的な普通株によって得られる配当のほぼ二倍を、そうした債券から得ることができた。一九七二年初めには、最優良債券の利回りは七・一九％だったのに対して、工業株による収益率はたったの二・七六％（一九六四年末にはそれぞれ、四・四〇％、二・九二％）であった。今では信じられないようなことだが、この本の初版が出た一九四九年には、状況は全く逆――債券の利回りは二・六六％、株式は六・八二％――であった（ここで挙げた債券および工業株の数字は、ともにムーディーズによるＡＡＡの格付を得たものに関する数字である）。前回の版では、保守的な投資をしたければポートフォリオの少なくとも二五％は普通株にすべきであり、一般的に好ましいのは五〇対五〇であると述べた。しかし今や株よりも債券の利回りの方がはるかに高いわけで、われわれが望んでいる両者の正常な利回りの関係が回復するまでは、「オール債券」という選択肢も視野に入れざるを得なくなっている。当然ながらその答えを決めるには、長引くインフレが重要な要素となるであろう。この件についてはひとつの章を割いて考えていく。

過去の版において、本書の対象とする投資家を二種類に区別してきた。「防衛的」投資家と「積極的」投資家である。防衛的（受動的）投資家とは、大きな失敗や損失を避けることに最大の関心がある人々を指し、彼らがそれに次いで重視するのは努力や不快感、また度重なる投資判断の必要性から逃れることにある。一方、積極的（攻撃的）投資家を特徴づける要素は、平均的銘柄と比較して健全で魅力ある有価証券を選ぶために、手間と時間を注ぎ込むことをいとわないということだ。過去数十年においては、こうした積極的投資家たちはその特別な技術や努力への見返りとして、防衛的投資家が上げる平均を上回る利益を期待することができた。だが今日の状況下で、積極的投資家にそれ相応の十分な見返りがあるかということには疑問が残る。だが多分状況はいずれ変わるであろう。よって、過去のような状況が再び訪れるであろうと考え、積極型投資の持つ可能性に焦点を当てていくこととする。

過去長期間にわたり、投資で成功するための方法とは、まずは将来的に最も成長が見込める業種を選び、次いでそうした業種から最有望な企業を選び出すことであるという考え方が主流であった。例えばかつて、賢い投資家たち――あるいは彼らの賢い投資顧問たち――は、コンピューター業界全体が恐らく将来大きな成長を遂げると考え、なかでもＩＢＭが有力だと考えたことだろう。そして同様に、有望なその他の業種や企業を挙げていたはずだ。しかし現在では、このやり方はかつてほど容易ではない。このことを強く認識するために、一九四九年の初版からの文章をここに抜粋する。

そのような投資家は、例えば航空業界株を買うだろう。その理由は、航空業界には現在市場に反映されているトレンドよりはるかに高い成長が見込めると、彼らが信じているからだ。こうした投資家たちにとって本書は、彼らのやり方を推し進めるための実際的な専門技術書というよりは、お得意の投資手法に潜む落とし穴への警鐘という意味で価値があるだろう。

その後、航空業界に潜んでいた落とし穴は、とりわけ危険なものであったことが明らかとなった。当然ながら、当時、その後数年で空の交通量が飛躍的に拡大することを予測するのは容易なことであった。そうした理由から、投資信託会社は好んで航空業界株を買ったのである。だが、コンピューター業界以上のスピードで収益が拡大したにもかかわらず、技術的問題と業界の拡張があまりに大きすぎたために、航空業界の収益は不安定で悲惨なものとなっていた。一九七〇年には輸送量が新記録を達成したにもかかわらず、二億ドルの赤字を計上した（一九四五年と一九六一年にも航空企業は損失を出している）。これら企業の株価は一九六九年から七〇年にかけて、他業種全般と比較して再び大幅に下落した。この結果からいえることは、高給で雇われたミューチュアルファンドの専門家たちでさえ、規模が大きく分かりやすい産業の比較的短期の先行きに関して、完全に見誤っていたということである。

他方で、投資信託会社はＩＢＭにかなりの投資を実行して既に高い利益を上げてはいたが、株価に割高感があり、また将来的に確実に高い成長を遂げるかどうかは定かでないという理由から、この素晴らしい銘柄に対して、資金の例えば三％以上の投資を行う投資信託会社はなかった。よって、この優れた銘柄への投資がパフォーマンスに与える影響は、全くもって決定的なものではなかった。さらに言えば、彼らがコンピューター業界でＩＢＭ以外に対して行った投資は、ほとんどとはいわないまでも多くの場合、利益は上がらなかったようである。この二つの例からは、二つの教訓を導くことができる。

①あるビジネスが疑う余地なく成長を遂げるであろうとしても、それに投資したからといって利益が約束されるわけではない。

②投資の専門家たちは、最も将来性の高い産業の最も将来性の高い企業を見つけてそれに集中投資するための、信頼できる術を持たない。

ファンド・マネジャーとしての経歴上、私自身はこうした手法に従った経験はないので、今後この手法を試したい人にやってみろと勧めたり、特別な助言をすることはできない。

それでは本書の目的は何なのか？　その主たる目的は、読者が大きな過ちを犯すことのないよう導き、不安なしにいられる投資方針を作り上げることにある。投資家の心理学についてはかなり多くのことを取り上げるつもりだ。なぜなら、投資家にとって最大の問題――そして最大の敵――は大抵、自分自身だからである（「親愛なる投資家よ、悪いのは星ではない（そして株でもない）――罪はわれわれの内に存在するのである」）。このことの正しさは、過去数十年でさらに証明される結果となった。保守的な投資家は普通株を購入せざるを得なくなり、その結果いや応なしに株式市場の興奮と誘惑にさらされるようになったからである。議論をし、例を挙げ、警鐘を鳴らすことで、読者のみなさんが投資判断のための適切な精神的姿勢を作り上げるための手助けをしたいと、われわれは願っている。投資のプロセスに性格が向いている「普通の人々」が、そうした資質を持たない、金融や会計、株式市場の実情に関する幅広い知識のある人々よりもずっと多くの利益を確保しているケースはいくらでもあるのだ。

それに加え、読者のみなさんには価値判断を心がけてほしい。というのは、銘柄が一〇〇あればそのうち九九までは、買った方がよいほど安いとか、売ってしまった方がよいほど高いなどという価値判断を、価格によってできるからだ。支払うものと受け取るものをリンクさせて考える習慣は、投資を実行するうえで非常に価値あることである。何年も前のことだが、私はある女性向け雑誌の記事のなかで、株は香水ではなく食料品を買うときの感覚で買いなさい、と読者にアドバイスをした。ここ数年で（それ以前にも同様の例は枚挙にいとまがないが）実にひどい損失を出したケースというのは、購入者が「いくらですか？」と尋ねることなく買った株式によるものなのである。

一九七〇年六月、「いくらですか？」という質問の答えは、魔法の数字九・四〇％から導かれていた。九・四〇％とは新規公募の優良公共事業債券の利回りである。この数字は現在では約七・三％に下がっているが、それでもなお、別の投資対象を探す気にもならないほど魅力的な利回りだ。だが他にも有力な候補はあり、それらについても深く検討すべきである。加えて、既に述べたことであるが、読者も含めたわれわれみんなが、現在とはかなり異なるであろう状況――例えば一九七三～七七年――に向けて、前もって備えておく必要があるのである。

ゆえに、本書では普通株投資のための実践的プログラムについても詳述していく。その内容には既述の投資家分類の双方にあてはまるものと、主に積極的投資家のために書かれたものがある。ここで読者のみなさんに必ず守ってもらいたいことのひとつを挙げる。おかしな話に思えるだろうが、企業の有形資産価値を大幅に上回る価格の株には手を出すなということだ。時代遅れに映るであろうこのアドバイスには、実際的かつ心理的な理由がある。われわれ自身の経験から言えることとして、純資産の数倍の値が付いた優良な高成長企業が数多く存在する一方で、そうした企業の株を買う人々は株式市場の気まぐれと変動によってあまりに大きな影響を受けてしまうからである。それとは対照的に、例えば純資産相応に評価された公共事業関連株に投資する人は、たとえ市場が逆に振れたとしても、自分は成長を続ける堅実な企業に合理的な価格で投資しているのだと、常に考えることができる。こうした堅実なポリシーに基づくことは、成長への期待から魅惑的で危険な場所に飛び込んで刺激的な投機を行うよりも、最終的には良い結果を得られる可能性が高いのである。

投資には、一般的にはあまり好ましく評価されない特性がある。素晴らしいとはいえないまでもまずまずの投資結果を、能力に乏しくほとんど努力をしない素人の投資家でも上げることが可能だということである。しかしそうした人々が技術を向上させようとするならば、たゆまざる努力と少なからぬ知恵が求められる。もしも基本以外の知識や知恵を少しでも投資プログラムに組み入れようとすれば、普通より多少は良い結果を得られるどころか、かえってまずい結果に終わるであろう。

代表的な上場銘柄を買い持ちすれば、だれもが市場平均と同等のパフォーマンスを上げられる可能性があるので、「平均を上回る」のは比較的容易なことのように思えるかもしれない。しかし現実には、それを試みて失敗する賢い人々の比率は驚くほど高いのである。経験豊かな人材を抱えた投資信託会社でさえ、その大部分が長年にわたって市場平均以下のパフォーマンスしか上げていない。証券会社の出す株式市場予測――彼らのはじき出した数値の信頼性は、単なるコイン投げの確率以下でしかなかったことを示す明白な証拠がある――もまた同様である。

本書の執筆に当たっては、この基本的な落とし穴を常に心にとめるよう気を配った。ポートフォリオの運用方針を単純化する――優良債券の購入および優良企業の普通株への分散投資――ことの重要性を特に強調して述べているが、これはどんな投資家でも専門家の力を少し借りれば実行できることである。この安全で堅実な範囲を超えて冒険（投機）に挑んだ人々は、特に精神面において大きな困難を伴う厳しい状況に陥ってきた。投資家がそうした冒険に挑戦しようとするならば、自分自身とその投資顧問の考え――特に、投機と投資、市場価格と本源的価値の相違に関する明確な概念を自分たちがもっているかどうか――について確信がなければならない。

安全域の原則（margin-of-safety principle）に確固として基き、しっかりとした投資アプローチを取ることによって、十分な投資収益を得ることは可能である。だが、防衛的な投資によって確実な収穫を得ようとするのではなく、より積極的に投資収益を得たいと考えるならば、慎重な自己分析を欠いてはならない。

過去の話を最後にひとつ。私がウォール街の一員になった一九一四年六月、その後の半世紀にどんなことが起こるかなど、だれも全く予測できなかった（二カ月後に世界大戦が勃発し、ニューヨーク証券取引所が閉鎖されようなどと、市場関係者のだれも予想だにしなかった）。一九七二年の現在、米国民は自国を最も豊かで力のある国だと考えているが、アメリカはさまざまな問題に直面しており、国民は先行きに安心感というよりは危惧を抱いている。しかしこの国における投資ということに限定して過去五七年間を振り返れば、何らかの慰めを得ることができる。世界を揺るがすような時代の浮き沈みや悲惨な出来事にもかかわらず、堅実な投資原則に従えば概して手堅い結果を得られるという事実は、常に変わることがなかったのである。今後もそれが続くという仮定の下で、われわれは行動をとらなければならない。

読者のみなさんへ

本書は、貯蓄を主目的にする人々と投資家双方に対し、包括的運用戦略を提示するために書かれたものではない。本書が扱うのは、債券や株式といった有価証券への投資に回そうと彼らが考える資金の運用についてである。ゆえに、普通預金や定期預金、貯蓄貸付組合への預金、生命保険、年金、抵当証券などといったものについては、重要なものではあるが触れていない。また、本文中に「現在」あるいはそれに準ずる表現がある場合には、一九七一年終わりから一九七二年初めごろを指す。

第１章　投資と投機――賢明なる投資家が手に入れるもの

この章は他の章に先立ち、われわれの投資哲学の概略を示す。とりわけプロではない個人の投資家のために、健全なポートフォリオをどのように構築するべきか説明していこう。

投資と投機

まずは「投資家」とは何者か、というところから始めよう。本書では「投資家」という言葉を

「投機家」と明らかな一線を画して使う。一九三四年に著した『証券分析』（ベンジャミン・グレアム、デビッド・L・ドッド、シドニー・コトル、チャールズ・タサム著、第四版、一九六二年）のなかで、われわれはこの二つの言葉の正確な定義を試みた。次のようなものである。投資とは、詳細な分析に基づいたものであり、元本の安全性を守りつつ、かつ適正な収益を得るような行動を指す。そしてこの条件を満たさない売買を、投機的行動であるという。

以来三八年間、われわれがこの定義を変えることはなかったが、「投資家」という言葉の使い方をめぐって過激なまでの変化があったことは注目に値する。一九二九年から一九三二年にかけて市場が大幅に下落した後、あらゆる普通株はその性質上、投機的なものであるという見方が大勢を占めた（「投資は債券に限る」と断言した著名な業界人すらいた――ローレンス・チェンバレン著『投資と投機』、一九三一年）。

そこでわれわれは投資というものの概念を広げすぎたという非難に対して、自らの定義の正当性を証明しなければならなくなった。

しかし今、われわれの関心はその対極にある。自らの定義の正当性を証明する前に、「投資家」という言葉を、株式市場にかかわるすべての人々に当てはめてしまうこの業界の常識から、読者を守らなければならないのだ。本書の第三版では、以下の文章を取り上げた。これは一九六二年六月、『ウォール・ストリート・ジャーナル』のトップ記事の見出しである。

※参考文献　ベンジャミン・グレアム、デビッド・L・ドッド著『証券分析【1934年版】』（パンローリング刊）

小口投資家は弱気で、端株を空売りしている

ところが一九七〇年に同じ新聞の論説で、今度は買いに走るいわゆる「無謀な投資家」を批判しているのである。

このような引用からもよく分かるように、投資、そして投機という言葉の使い方については長い間混乱があった。先ほど示した、投資についてのわれわれの定義を思い出し、未熟な一般大衆による端株の空売りと比較してほしい。彼らは自らが売った株を保有していないし、また、それらを安い値段で買い戻せるという、およそ非論理的な確信を抱いている（一九六二年に記事が出たとき、市場は既に大幅な下落を経て、逆に大幅な反転の兆しを見せていたという指摘は的を射ている。空売りをするようなタイミングではなかったのだ）。逆に、一九七〇年の記事の「無謀な投資家」という言葉は、「ケチンボな浪費家」のような笑いを誘うような言い回しで、悪意のない単なる言葉の誤用だったのである。

新聞はこうした場合、「投資家」という言葉を使った。それは、ウォール街では有価証券を売買する人はみんな、何をどんな目的でいくらで買ったのか、またそれを現金か証拠金のどちらで買ったかにかかわらず、「投資家」と言われたからである。このことを一九四八年の普通株に対する大衆投資家の姿勢と比べてみよう。一九四八年では、調査対象者の九〇％が普通株の購入に反対していた。その理由として、半数の人々は「安全性に欠ける、ギャンブルである」、残りの

半数の人々は「なじみがない」ことを挙げた（連邦準備制度理事会の調査による）。

実に皮肉（とはいえ驚くべきことではないが）なことに、普通株が最も魅力的な値段で売りに出され、そしてまもなく歴史的な価格高騰が始まろうとしているときに買うこと自体が、ごく一般的に投機的すなわちリスキーだと考えられていた。逆に、過去の経験から間違いなく危険だと判断できる水準まで市況が上昇したという事実こそが、「投資」という言葉を生み出し、株の買いに走る一般大衆全体を「投資家」と呼ぶ原因となったのである。

普通株における投資と投機の区別は、これら二つを分ける上で有用な方法だった。現在（一九七二年）、これがなくなってしまったがゆえに混乱が生じている。われわれが事あるごとに述べてきたのは、ウォール街に従事する人間はこの二つの違いを明らかに認識できるべきであること、そして一般大衆とのあらゆる売買においてその違いを説明できなければいけないということである。さもなければ重大な投機的損失によって株式市場がダメージを受け、その被害者たちからは適切な警告を受けていなかったとして非難される日がいつか訪れるだろう。ここでもうひとつ皮肉なことがある。近年、経営危機に陥っている証券会社の大半は、自己資本に投機的な普通株を含めていることがその原因のようだ。われわれは、読者が普通株の売買においてつきものであるリスクについて、適正かつ明確な認識を得ることを信じている。リスクとは利益を得るチャンスと不可分であり、投資家の計算においては必ずリスクとリターンの両方を考えなければならないものである。

これまでに述べたことが示しているのは、代表銘柄からなる完璧な投資方針などというものはないということであり、いつでもだれもが、市場のリスクまたは「相場上」損失を負わない価格になるまで待って買うようなことはできないということである。いつでも、投資家は自分の保有株には投機的な要因があるということを認識していなければならない。この要素を最小限に抑えると共に、いつやってくるか分からない来たるべき逆境に対して、財政的そして心理的に備えるのが投資家の仕事である。

株投機そのものについては、今や代表銘柄にすらつきものの投機的な要素と区別して、後に二つの章を費やして述べる。徹底的に投機するということは違法でも不道徳でもないが、大抵の場合、その投機家の懐を膨らませることにもならない。もっと重要なのは、利益と損失の機会を十分に秘めた普通株の取引においては必要かつ不可避な投機もあるということで、そのリスクはだれかが引き受けなければならないのである。賢明な投資があるのと同様に、賢明な投機もあるのだが、残念なことに愚かと言わざるを得ない投機の仕方が往々にしてあるのだ。それは、①投資と勘違いした投機、②娯楽としてではなく真剣に、しかも適切な知識も技術も持たずにする投機、③リスクを許容できないほどの金額を賭けた投機――の三つである。

保守的な見方からすれば、信用取引をする素人は、そのこと自体が投機であることを認識すべきであり、彼らにそのことを指摘するのは証券会社の義務である。いわゆる「人気」株、またはそれに類する株を買う人はすべて、投機またはギャンブルをしているのだ。投機には魅力がある。

このゲームに勝っているときは、実に心楽しい。もしあなたが投機で運試しをしたいなら、このための資本――少ないに越したことはない――は他の資本とは別に分けておくことである。市場が上がり、利益が転がり込んできたからといって、さらに資金追加をすることは禁物である（この時こそ潮時である）。間違っても投資資金と投機資金を同じ口座で運用してはならないし、頭のなかで混同してもいけない。

防衛的投資家が手に入れるもの

われわれは防衛的投資家を、安全かつシンプルな投資を好む人と定義してきた。もしも「ごく一般で平均的な状態」というものがあるとしたら、防衛的投資家はどのような投資選択をし、どれだけの利益を期待することができるのだろう？　これらの質問に答えるために、以下の三点について考える。まず、われわれが七年前に書いたことについて、次に、それ以来、投資家が得る収益を左右する潜在的な要因に起きた重要な変化について、そして最後に、防衛的投資家は現在（一九七二年）の市況において、何を行い、期待すべきかについて、である。

一・七年前に述べたこと

われわれは投資家に次のことを勧めた。まず超優良債券と主要株式銘柄に分けて投資すべきだということ。次にその際、債券の割合は二五％以上、七五％以下で、残りを株で保有するということ。さらにもっともシンプルなのは、この二つを半々で保持するという選択である。しかしたとえ五％でも市況が活気づいて、この割合が保てなくなったときには調整が必要となる。「市場が危機的に高い水準だと判断するなら」、普通株の割合を二五％まで減らす方針を取ることもできるし、逆に「市場が弱含みで、それを魅力的なものと感じるなら」最大七五％まで増やすこともできるのだ。

一九六五年、投資家は超優良課税債券で四・五％、そして優良非課税債券で三・二五％の利回りを得ることができた。一方、市場牽引株（ダウ平均八九二）の配当利回りは、三・二％しかなかった。この事実は他の要因とともに、注意を促した。「通常の市況」で同じ金額を代表銘柄株に投資するなら、投資家は配当として三・五％から四・五％を、それに加えて株の本源的価格（「通常の市況」における）にも安定した増加を見込める、つまり配当と株価上昇によって年七・五％の利益を見込めるはずだと、われわれは指摘した。つまり債券と株を半々で保持することで、税引き前で約六％の利益が期待できるということだ。さらに株の保有は大規模なインフレが起こって購買力が喪失したときも、十分な保護になるとも付け加えた。

右の数字は、一九四九年から一九六四年に株式市場で達成された上昇率よりもかなり低かった。当時の平均期待収益率は、上場株では一〇％以上あった。そして一般的には、将来も同様に満足のいく結果が見込める保証があると考えられていた。過去の高い上昇率から考えると「現在の株価が高すぎる」こと、そしてそのせいで「一九四九年以来の素晴らしい成果は将来、むしろ悪い結果を生む」であろうことをまじめに考えた人はほぼ皆無だったのだ（一九六五年版より）。

二．一九六四年以降に起こったこと

一九六四年以降の大きな変化といえば、優良債券の利率が記録的に上昇したことである。ただし債券価格は一九七〇年には底を打って、現在（一九七二年）はある程度回復している。現在、優良社債からの収益は約七・五％で、一九六四年の四・五％よりも良い。一方、一九六九年から七〇年にかけて市場が下落した間も含め、ダウ銘柄株の配当収益は上昇したが、これは一九六四年末（ダウ平均は九〇〇）の三・二％に対して、たかだか三・五％以下であった。この間、金利上昇によって中期債券（例えば二〇年物）の市場価格は最大約三八％下落した。

これら一連の出来事には逆説的な面がある。一九六四年、われわれは株価が大幅に高騰し、その結果として大幅に下落する可能性について議論を尽くした。しかし優良債券の価格に同様のことが起こる可能性については特に考えていなかったのである（われわれの知る限り、他に考えた人もいなかった）。われわれは「長期債券の価格は、利率の変化に応じて大きく変動する」（九〇ページ）と警告した。しかしそれ以来起こった事象から、この警告とそれに伴う例は不十分だったと思っている。もしも投資家がダウ平均が八七四だった一九六四年に株式投資をしていれば、一九七一年末ごろにはわずかながらも利益を得られた。一九七〇年には六三一と底を打っているが、優良長期債券による損失よりもはるかに少なかった。一方、もし債券投資を連邦貯蓄債、短期社債、または貯蓄口座などだけに限っていたら、この間に元本割れすることはなく、むしろ優良株で得られるよりも高い収益が得られたであろう。つまり一九六四年には、理論上、インフレがあった場合は現金よりも株の方が良いとされたにもかかわらず、実際には投資をするなら株式投資よりも「現金類似商品」である債券の方が良いことが証明された。優良長期債の市場価値の下落は、金融市場の発達からくるものである。この金融市場というのは難解な領域で、通常ならば個人の投資方針に大きな関係はない。

これは、将来の有価証券の価格はだれも予測できないということを示した、終わりのない一連の事象のひとつにすぎない。大抵の場合、債券の価格変動は株価よりもずっと小さく、投資家は一般的に市場価格の変動を気にせずに、どのような満期の債券も買うことができた。この法則には多少の例外もあり、一九六四年以降のこともその例外のひとつである。債券価格の変動については後の章でさらに詳しく述べる。

三．一九七一年後期から一九七二年初期にかけての期待と方針

一九七一年の終わりにかけて、優良中期社債では八％の利回り（税引き前）を、そして優良な州債または市債では五・七％の利回り（非課税）を得ることができた。短期市場ならば、投資家は米五年物国債で約六％の利回りを得られた。後者の場合、購入者は市場価格の下落の可能性を心配する必要はない。というのも、元本の支払いが約束されており、比較的短期間保有した後には、六％の金利を含めて満額受け取れるからである。一方、一九七一年、ダウ平均九〇〇のレベルにおける収益率は三・五％に過ぎなかった。

ここでひとつの仮定をしてみよう。過去と同じように基本的な方針決定は、資金を超優良債券（またはいわゆる「現金類似商品」）とダウ平均に採用されるような主要銘柄の間でどう振り分けるかということでなされるとしよう。その場合、もしも将来の著しい上昇または下落を予測するだけの有力な根拠がないとしたら、投資家はこの条件下でどの道を選ぶべきなのか？　まずは、逆方向への大きな変化がない限り、防衛的投資家は株式での三・五％の配当益と、年平均約四％の株価上昇を期待できるだろう。後に説明するが、本来この株価上昇は本質的には、各企業による内部留保利益の再投資に基づくものである。税込みベースで、株式投資からくる総合収益は平均七・五％となり、これは優良債券の金利よりもやや低い。税引き後ベースでは、株式による平均収益は約五・三％（ここでは典型的な投資家にとっての、四〇％を配当に、二〇％をキャピタ

ルゲインに、という税序列を想定している）になることが予測される。これは現在、非課税優良中期債券の投資による収益とほぼ同じである。

これらの期待値は、われわれの一九六四年の分析と比較すると、債券投資よりも株式投資の方が魅力に欠ける（この結論は一九六四年以来、債券収益の伸びが株収益よりもはるかに大きいという事実から必然的に導き出される）。われわれが決して目を背けてはいけないのは、優良債券投資における金利と元本は、株における配当収入と価格上昇よりもずっと強く保護され、それゆえに確実であるという事実である。その結果、現在（一九七一年末）債券投資は明らかに株式投資よりも好ましいと結論づけざるを得ない。この結論が正しいとすれば、われわれは防衛的投資家に対して、株式投資における期待収益が著しく好転するまで、資金はすべて債券に注ぎ込み、株は一切持たないようにアドバイスするべきなのだろう。

しかし、もちろんわれわれは現状の水準から株式運用よりも債券運用の方がより収益を生むとは断言できない。ここで読者はすぐに、逆の状況になる潜在的な理由として、インフレという要因を思いつくだろう。第2章でわれわれは、二〇世紀のアメリカにおけるインフレの苦い経験から、たとえ現時点で収益に差があったとしても、債券よりも株式を選ぶことは支持しないということを述べる。しかしあり得ないとは思うが、常にインフレ高進の懸念はあり、インフレ高進の状況では同じ金額を投資すれば、債券より株式においてより多くの収益を生み出し得る。また、これもあまりあり得ないと思うが、インフレが沈静化した状況で米国経済が活況を呈し、向こう数年間で株価が大幅に上昇するということも可能性としてはある。さらに株式市場が潜在価値に対して、確たる理由もなく投機的に高騰するということもあり得る。これらの理由、またはわれわれが考えもつかない他の理由によって、投資家は投資収益率が好ましいものであったとしても一〇〇％債券に集中してしまったことを後悔するかもしれない。

以上、大きな問題を手短に述べたが、われわれはここで防衛的投資家に対し、基本的な方針を再度強調しておきたい――常にある程度の資金を債券に投資して、同様の資金を株式にも投資することである。いずれにしても、債券と株式を半々で持つというポリシーを維持しながら、時によっては二五％から七五％の間で調整するというのが正しい方針である。この件については後の章で詳しく述べる。

現在（一九七二年）、普通株から予想される総収益は債券のそれとほぼ等しく、期待収益（株価上昇を含む）は、投資配分にはほぼ関係ないと思われる。右記の計算のように、両者からの合算収益は税引き前で約七・八％であり、税引き後ベースでは五・五％である。この期待利益は、典型的な防衛的投資家が長期にわたって投資した場合に得られる収益よりもずっと高いものである。これは、一九四九年以降二〇年間に見られたような上昇相場における一四％という収益と照らし合わせると、それほど魅力的とはいえないかもしれない。しかし一九四九年から一九六九年までの間、企業収益と配当は約二倍にしかならなかったにもかかわらず、ダウ平均は五倍以上も上昇したことを忘れてはならない。この間の目覚ましい市場記録のほとんどは、潜在的な企業価値の変化ではなく、投資家や投機家の見方が変わったことによるものである。この意味では、これは「業績からの乖離相場」といえる。

ここまで防衛的投資家の普通株ポートフォリオについて述べてきたが、われわれはダウ平均に採用されている三〇の主要銘柄だけにしか触れていない。それは便宜上そうしただけであって、購入に値するのはこれら三〇銘柄だけとは言っていない。実際、ダウ平均採用銘柄の全企業と比較しても、同等またはそれ以上の優良企業もたくさんあるのだ。この優良企業には、多くの公共企業も含まれる（公共企業を採用した別のダウ平均もある）。しかしここで大切なポイントは、防衛的投資家の総収益は分散投資をしようが、主要銘柄への投資を行おうが、その他の投資を行おうが、それほど違うものではないということだ。もっと正確に言うなら、彼らもそのアドバイザーも、最終的な収益の差について確信を持って予言することはできないのである。巧みな、または賢明なる投資の技術とは、とりわけ市場平均よりも良い結果を得られるような株式または債券を選択することにあるのだろう。他でも言えることだが、われわれは、防衛的投資家が概して平均以上の収益を上げられるのかという点には疑問を感じる。平均以上の収益を上げること自体、実際、全体のパフォーマンスをアウトパフォームしていることとなるからである（これはファンド・マネジャーたちによる大規模な資金運用に関してもいえることである）。

ポイントを明確にするために例を用いるが、初めは逆のことを証明していると思われるかもしれない。一九六〇年一二月から一九七〇年一二月の間、ダウ平均は六一六から八三九まで、つまり三六％上昇した。しかし同時期にＳ＆Ｐ五〇〇（スタンダード・アンド・プアーズ五〇〇種指数株価）は五八・一一から九二・一五、つまり五八％という上昇を見せた。Ｓ＆Ｐ五〇〇の方がダウ平均よりも「買い」だったことは明らかである。しかし一九六〇年代に、だれが全株価の平均がダウ平均の「三〇銘柄」の平均を完全に凌ぐなどと予言できたであろう？　強調して言うが、このことは絶対的および相対的な株価変動について信頼できる予言をすることなどほとんど不可能だということを証明している。

警告というものは、あまりに度重なると効果が薄れるものなので、今一度だけ繰り返させていただく。投資家は新たに売り出された株や債券、またはどのような種類であれ「ホット」な、つまりすぐに儲かると勧められた株や債券を買ったところで、平均的な成果以上を望めないのである。長い目で見れば、その逆もまた真実だと言える。防衛的投資家は、長期にわたって収益を上げている実績があり、財政状態の良い優良企業の株式しか買うべきではないのだ（有能な証券アナリストならば、そのような企業をリストアップできるはずだ）。積極的投資家は違うタイプの普通株を買うかもしれないが、それは賢明なアナリストのお墨付きの、明らかに魅力的な株であるべきだ。

この節を締めくくるにあたり、防衛的投資家のために三つの役立つ「おまけ」を付け加えよう。第一に、普通株のポートフォリオを構築する代わりに、定評のある投資ファンドを買うこと。または、さまざまな信託会社や銀行が運用する「信託ファンド」や「合同運用ファンド」を利用すること。第二に、もし資金が豊富ならば定評のある投資顧問会社のサービスを利用するということ。これでプロの手を借りて、基準のラインに沿った投資計画を実行することができる。最後に「ドルコスト平均法」を利用すること。これは毎月または四半期ごとに一定の金額を株式に投資することである。この方法を取ると、市場価格がより安いときにより多くの株式を買える、つまり保有株式の平均価格が満足できるものになるのである。厳密に言えば、これは「フォーミュラプラン投資」として知られる方法を応用したものである。われわれは第三の方法について既に、投資家は普通株の割合をマーケットの動きに反比例して最低二五％から最高七五％までの間で保有すべきだと述べている。この考え方は防衛的投資家にとってメリットがあるので、後の章でもっと詳細に述べるつもりである。

積極的投資家が手に入れるもの

積極的な買い手は当然、防衛的または受動的な買い手よりも全体的な利益を多く得ることを望み、また期待しているだろう。しかしまずは自分の収益が減らないことを念頭に置かなければいけない。ウォール街では、多大なエネルギーと知識と天分を活用しながらも、利益ではなく損失を出して終わることはいとも簡単だ。投資家としての優れた資質も、間違った方向に向けられれば、ハンディになってしまう。だからこそ何にもまして大切なのは、積極的な投資家がどのような行動を取れば正当な成功の機会を得ることができ、逆にどのような行動を取れば失敗するのかについて、明確な概念を持つことから始めることだ。

最初に投資家または投機家が一般的に、平均以上の収益を上げるためにどのような方法を取るかを見てみよう。

一．トレーディング

大抵の投資家は、市場が高騰しているときに株式を購入し、下落に転じた後に売る。厳選された株は市場平均よりもいい「値動き」をする傾向がある。わずかだが、ほとんど空売り専門のプロ投資家もいる。彼らは株式市場で定着した空売りのシステムを通して、所有もしていない、ただ借りているだけの株式を売るのである。彼らの目的は、それらを売ったときよりも安い価格で買い戻すことによって価格の下落から利益を得ることである（『ウォール・ストリート・ジャーナル』の記事について三二ページで引用した通り、「小口投資家」――この単語は、なくなるべきである！――さえ、きちんとしたテクニックもないのに空売りに挑戦することがある）。

二．短期的な銘柄選択

これは収益の上昇が見込める会社、またはその他の好ましい発展が見込める会社の株式を買うことである。

三．長期的な銘柄選択

この点については大抵、過去に目覚ましく成長した実績があり、またそれが将来も続くであろうということに重点が置かれる。他にも「投資家」がまだ大きな成果を出してはいないが、将来、高い収益力をつけることが期待できる企業を選ぶケースもある（このような企業はほとんどが技術系、たとえばコンピューターや製薬やエレクトロニクスなどで、特に見込みのある新製法や新製品を開発していることが多い）。

これらの方法で投資家が大きな成功の機会を得ようとすることについて、われわれは既に否定的な見解を示した。トレーディングについては、理論的かつ現実的な理由から、投資というものから除外する。株式のトレーディングとは、「徹底的な分析に基づき、元本と十分な収益を保証する」ようなものではない。株式のトレーディングについては後の章でさらに詳しく述べる。

投資家が近々または将来最も有望な株式を選ぼうと血眼になると、二種類の障害に突き当たる。ひとつは、人は誤りを犯すという本質を持っていることであり、もうひとつは競争する本性を持っていることである。将来の予測を誤るということもあり得るし、たとえそれが正しくても、現在の市場価格がその予測を既に完全に織り込んだものかもしれない。短期的な銘柄選択の場合、ウォール街では今年の企業業績はだれもが知るものとなっている。予測できる範囲内の翌年の業績も、既に慎重に計算されている。よって、主にその年度の優れた業績、または翌年の期待を根拠にして株式を選ぶ投資家は、他人もまた同じ理由で同じことをしていることに気づくだろう。

長期的な銘柄の場合も、投資家のハンディは基本的には変わらない。完全に予測を誤る可能性（「まえがき――本書の目的」において航空会社の例を挙げた）は、短期的な銘柄選択よりも間違いなく高い。専門家はこうした予測に惑わされることが多いので、理論的には、投資家はウォール街が誤った予測をしているときに正しい予測をすれば、大きな利益を得られる可能性がある。しかしそれはあくまでも理論上のことである。長期的に将来の収益を予想するというゲームにおいて、それを得意とするプロのアナリストを打ち負かせるだけの洞察力や予言力を持っていると胸を張って言える積極的投資家が、一体どのくらいいるだろう？

そこでわれわれは、論理的だが混乱を生むかもしれない次の結論に行き着く。継続的に平均以上の収益を上げたいなら、投資家は以下の方針に従うしかない。その方針とは、①本質的に安全で将来性のあることをする、②ウォール街では一般的ではないことをする――の二つである。

しかし、積極的投資家に役に立つ方針というものはあるのだろうか？　理論上ではイエスであり、実際にイエスと考えられるだけの理由はたくさんある。投機的な株価の変動は、たびたび一般市場から、そして多くは個別銘柄への投資からという両極端な二方向から起こることはだれもが知るところである。普通株は、無関心と根拠のない偏見が原因となって、一般からは過小評価されることがある。それどころか驚くべきことに、普通株のトレーディングにおいて、それに従事している人たちのほとんどは詳細について全く理解していないようだ。この本では、（過去の）

価格と価値の不一致について多くの例を挙げていくつもりである。よって数字に強い賢明な人なら、他人の愚かさをおいしいおやつにしながら、ウォール街で本当のピクニックが楽しめるだろう……が、そんな簡単な話ではないのだ。利益を得るために、人が見向きもしないような、つまり過小評価された株式を買うと、大体は長期にわたって苦労するはめになる。そしてあまりにも人気があり、ゆえに過大評価された株式を空売りすると、勇気とスタミナだけではなく、財布の大きさまで試されるはめになる。原則は堅実ということだ。しかしそれをうまく成功に結びつけることは、不可能ではないにしても、並大抵のことではない。

実にさまざまな「特別な状況」もある。それはこの分野を知り尽くしている人たちが、何年にも及んで最小限のリスクで年二〇％以上の利益を上げることができると考えているような状況である。たとえば裁定取引、不良債権流動化、そしてある種のヘッジ取引などである。最も典型的なケースは、企業の合弁や買収で、これによってある特定の株式の価格がその発表当日に大幅に上昇する。近年、このような取引の数は増加し、玄人にとってはかなり「おいしい」ケースであったはずである。しかし合弁発表の増加に伴い、問題も多く発生し、実現しない取引も増加した。かつては確実だったが、損をする人もごくわずかながら出た。恐らく、行き過ぎた競争によって全体的な利益率も減少した。

これらの特別な状況における収益の減少は、ある意味で自滅的な過程をたどった（これは収益低減の法則に似ている）。こうした現象は本書の初版が出版されて以来、起こったものである。

一九四九年、われわれはそれまでの七五年間における株式市場の変動の研究成果を発表した。そのなかで、ダウ平均の銘柄を「妥当な」つまり「内在」価値以下で買う、またはその価値以上で売ることを決める水準について、収益と現行金利に基づく公式を提唱した。

その公式とは、第一に「安きを買い、高きを売る」というロスチャイルド家の処世訓を応用したものである。「株価が上昇したら買い、下落したら売る」というウォール街に古くから伝わる有害な格言と全く逆のことをすると、儲かったのだ。しかし一九四九年以降は、このようなことをしても、もう儲からなくなった。

第二は、一八七九年から一九三三年の間の目覚ましい収益と、一九三四年以降のさらに疑わしい収益を比較した、株式市場の動きについての有名な「ダウ理論」によるものである。

第三の、そして最後の公式は、最近はないが、かつてはあった素晴らしいチャンスの例である。当時、ウォール街におけるわれわれの売買の大半は割安株であった。それらは設備資産や他の資産を考えず、単に在庫および債権から負債を差し引いただけの純流動資産（運転資本）から割り出される価格よりも低価格であることから簡単に判別できた。これらの株式は、明らかにその企業の価値よりもずっと安い価格で売られていた。大多数の株主は、自分が所有している株式をそのような安い値段で売ろうとは思わなかっただろう。奇妙なことに、そのような掘り出し物はごろごろ転がっていた。一九五七年に、市場で購入できるこのような銘柄二〇〇種のリストが公開された。するとそれらはすべて価格が上昇し、他のほとんどの投資よりもずっと多い平均年間収益を上げた。しかしその掘り出し物も一〇年後には実質的に株価上昇によって市場から消え、進取の気性に富んだ投資家のみが賢く収益を上げる売買の分野となった。ところが一九七〇年に相場が下落しているときに再び、そのような「運転資本以下」の株が大量に出回り、市場の力強い回復にもかかわらず、それらのほとんどが、大きなサイズのポートフォリオを作れるほど、その年末まで低価格を維持していた。

今日の状況における積極的投資家には、平均的収益よりも多くを達成できるさまざまな可能性がある。市場性の高い有価証券の巨大なリストには、論理的かつ合理的で信頼できる指標によって、割安と判断し得る多くの有価証券も含まれているに違いない。これらの有価証券は、ダウ平均などをはじめとする代表的な指数よりも、平均して満足のいく収益を生む。われわれは、投資家にとってこれらを探すことは、自らのポートフォリオの株式割合から得る平均年間収益に、五％の税引き前利益を追加することが望めない限り、努力に見合わないことだと考えている。積極的投資家がどのような株式を選ぶのかということについて、もう少し考えてみよう。

第2章　投資家とインフレーション

近年、インフレーション（以下、インフレ）とそれへの対処は、人々の大きな関心の的である。過去のドル購買力の低下と、とりわけ将来さらに下落することへの恐れ（投機家にとっては望むところだが）は、ウォール街の考え方に大きな影響を与えている。一定額の所得しかない人々は物価が上昇すれば生活が苦しくなるのと同様に、一定のドル資金しか持たない人々にも同じことが言える。一方、株主にとってドル購買力の低下は、配当金と持ち株の価格上昇によって相殺される可能性がある。

こうした否定の余地のない事実から、金融界の大御所の多くは次のように結論づけた。①債券投資は本質的に望ましい投資の形ではない、②よって株式投資の方が本質的に債券投資よりも望ましい。聞くところによれば、ある慈善事業団体などは資金運用法として、株式一〇〇％—債券ゼロ％のポートフォリオを組むようにアドバイスを受けているという。これは、信託投資が法律によって優良債券（とわずかな優先株）に制限されていた時代と全く逆である。

読者はその聡明さゆえに、どのような条件下でも——つまり株式市場がいかに高かろうと、株の配当利回りが債券の利回りよりいかに低かろうとも——たとえ優良株であっても、債券に比べたら決して良い買い物にはならないと認識してしまっているにちがいない。このような言い方は、何年か前には頻繁に耳にしたような逆の言い方、つまりどのような債券も株式よりも安全だというのと同じくらい理屈に合わない。本章ではインフレ要因に対するさまざまな尺度を用い、ある結論を導く。それによって将来の物価上昇によって投資家が右往左往しないようにはなるだろう。

他の金融分野の問題と同様に、この問題に対して、将来の方針を立てる際には、過去の経験から得られる知識に基づかねばならない。そもそも一九六五年以来続く深刻なインフレとは、米国では全く新しいものなのだろうか？　もしも過去に既に同じ程度（またはさらに深刻な）のインフレを経験しているなら、今日のインフレに対処するために、どのような教訓が得られるのだろう？　では、**表2—1**から始めよう。

表2-1　1915-1970年における5年ごとの物価水準、株式収益、株価

年	物価水準a 卸売価格	物価水準a 消費者価格	S&P500指数b 収益	S&P500指数b 価格	前回の水準との比較 卸売価格	前回の水準との比較 消費者価格	前回の水準との比較 株式収益	前回の水準との比較 株価
1915	38.0	35.4		8.31				
1920	84.5	69.8		7.98	+96.0%	+96.8%		− 4.0%
1925	56.6	61.1	1.24	11.15	−33.4	−12.4		+ 41.5
1930	47.3	58.2	.97	21.63	−16.5	− 4.7	− 21.9%	+ 88.0
1935	43.8	47.8	.76	15.47	− 7.4	−18.0	− 21.6	− 26.0
1940	43.0	48.8	1.05	11.02	− 0.2	+ 2.1	+ 33.1	− 28.8
1946[c]	66.1	68.0	1.06	17.08	+53.7	+40.0	+ 1.0	+ 55.0
1950	86.8	83.8	2.84	18.40	+31.5	+23.1	+168.0	+ 21.4
1955	97.2	93.3	3.62	40.49	+ 6.2	+11.4	+ 27.4	+121.0
1960	100.7	103.1	3.27	55.85	+ 9.2	+10.5	− 9.7	+ 38.0
1965	102.5	109.9	5.19	88.17	+ 1.8	+ 6.6	+ 58.8	+ 57.0
1970	117.5	134.0	5.36	92.15	+14.6	+21.9	+ 3.3	+ 4.4

a　年平均。表中では1957年の価格水準を100とする。しかし1967年を100とすると1970年の平均値は、消費者価格116.3、卸売価格110.4となる（株価指数）
b　1941-43年の平均を10とする
c　価格統制の影響を避けるため1946年を採用

これは過去における一般物価水準の推移と、同時に生じた株式の収益と市場価値の推移を簡単な表にしたものである。一九一五年以来の五五年間の数字を五年ごとに示してある（一九四五年は戦時のため価格統制があったので、それを避けて、一九四六年を採用した）。

この表でまず気づくのは、過去にインフレはあった——それもたくさん——ということである。最も高いインフレ率は一九一五～二〇年までの五年間で、人々の生活費はほぼ二倍になった。これは一九六五～七〇年にかけての一五％の上昇に匹敵する。この間に物価の上昇・下落の割合はさまざまだが、下落した期間が三回、上昇した期間が六回ある。これを見た投資家は、継続的または周期的なインフレが起こる可能性を考えざるを得ない。

ではインフレ率を予想することは可能だろうか？　**表2―1**から具体的な数字は出せない。この表はさまざまな数値があり得ることを示したにすぎないのだ。しかし、過去二〇年間における比較的一貫した記録からヒントを得るというのは賢明なことではないだろうか。この間の消費者物価指数の年平均上昇率は二・五％であるのに対して、一九六五～七〇年にかけては年四・五％、そして一九七〇年の一年間で五・四％である。政府は大規模なインフレには断固とした措置を講ずるという公式方針をとっており、連邦政府の方針によってすぐに効果が現れるというよりも将来にその効果を発揮すると信じるだけの理由は確かにある。そこで投資家が将来のおおよその（確実性からは程遠い）インフレ率、例えば年率三％という数字を基に考え（一九一五～七〇年までの平均は年二・五％であった）、決定するのは理にかなっている（この文章を書いたのは、一九七一年八月、ニクソン大統領が発表した〝ニクソン・ショック〟の物価および賃金の「凍結」以前である。これらの重要な発展は右の見解を確認するものとなろう）。

このような物価上昇はどのようなことと密接にかかわっているのだろう？　それは生活費が上がり、現在、優良非課税中期債から得られる収益（またはそれに相当する、われわれが想定する優良社債からの税引き後の収益）の約半分を消費してしまうことだ。これは深刻な購買力の低下につながるが、大げさに考えすぎる必要はない。なぜならこれは、投資家の資産の本来の価値や購買力が何年にもわたって減少するという意味ではないからだ。もしもたとえ年率三％のインフレがあったとしても、税引き後利息収入の半分を費やすだけで、この購買力は完全に保てる。

しかし次の疑問が自然と浮かぶ。「一九七〇～七一年にかけて、優良債券は空前の収益率を記録しているのにもかかわらず、投資家は優良債券以外のものを購入または保有することで、より多くの収益を得ると確信できるのだろうか？　例えばすべて株式で運用する方法は、債券・株式の分散運用よりも好ましくないのか？　普通株というのは本質的に、インフレに対する保護機能があるのではないか、そしてそれは何年にもわたって債券よりも多い収益をもたらすことがほぼ確実なのではないか？　われわれの五五年に及ぶ研究から、株式は債券よりも投資家にずっと良い思いをさせてくれたのではなかったか？」

これらの疑問に対する解答は、少々複雑である。事実、普通株は過去、長期にわたり債券よりも多くの収益を上げてきた。一九一五年に平均七七ポイントだったダウ平均は、一九七〇年には七五三ポイントへと上がり、複利で年率約四％上昇した。さらにこれに四％の平均配当収益が加わる（この時期のS&P指数でもほぼ同じ数字を示した）。この年間合計八％という数字は、同じ五五年間における債券からの収益よりも、もちろんはるかに多い。しかし現在の優良債券からの収益はさらに多い。すると必然的に次の疑問が浮かぶ。今後、普通株は過去五五年間よりもさらにいい値動きをすると信じるに足るだけの理由はあるのだろうか？

この重大な疑問に対するわれわれの答えは一〇〇％ノーである。今後も普通株は過去よりも多くの収益を上げるかもしれないが、それは決して確かなものではない。ここで投資成果にからむ二つの異なる時間的な要素を取り上げておく。第一の要素は、今後二五年くらいの長期的未来に何が起こりうるかということ。第二の要素は、今後五年以内の短・中期的将来に、投資家に――財政的にも心理的にも――何が起こりうるかということ。投資家は、考え方、希望、不安、達成感や不満、そしてとりわけ次に何をすべきかという決定を、投資人生を回顧することからではなく、年一年と積み重ねる経験によって導き出すのだ。

この点について、われわれは断言できる。インフレ（またはデフレ）状態と、普通株の株価・収益変動の間には密接な関係はない。良い例は、最近の一九六六～七〇年までのことである。この間、生活費は二二％上昇し、五年ごとに見た場合、一九四六～五〇年の期間以降で最も目覚ましいものだった。しかし株式収益や株価は一九六五年以来、全体的に落ち込んだ。それに先立つ五年間の記録では、生活費があまり上昇しなかったのに対し、株式収益は目覚ましく上昇するというような全く逆の現象が起きている。

インフレと企業収益

このテーマを解明するために、もうひとつの非常に重要な方法として、米国企業の資本利益率の研究が役立つ。この利益率はもちろん経済活動全般の変動により影響を受けたが、卸売物価や消費者物価とともに上昇する一般な傾向は見せていない。実際、利益率は過去二〇年の間、インフレがあったにもかかわらず大きく下落した（この下落はある程度、減価償却率を負担したことによるものである。**表2─2参照**）。われわれはさらに研究を進め、以下の結論に至った。投資家は、ダウ平均採用の企業の直近五年間の利益率──株価の後ろ盾となる正味有形資産（簿価）の約一〇％──を上回ることを見込むことはできないのだ（S＆P四二五の利益率は資産価値の約一一・五％だった。これはＩＢＭ社の巨額の利益を含むところが大きい。ちなみに同社はダウ平均三〇銘柄には入っていない）。

これらの株式の市場価値は簿価を軽く上回る（例えば、一九七一年半ばには市場価値九〇〇に対して簿価五六〇だった）ので、現在の市場価格を基にした収益率はたった六・二五％である（これは一般には逆の関係で表される。つまり、「株価は収益の何倍か」という方法で表現される──例えば九〇〇ポイントのダウ平均株価は、一九七一年六月期から一年の正味収益の一八倍に等しい、というように）。

この数字は、第1章で述べた「投資家は保有株式の市場価値の約三・六％の平均配当金と、利益の再投資による年間約四％の上昇を合計したものを想定する」という提案とまさに一致している（**注**　簿価が一ドル上がるということは、株価を約一・六〇ドル上昇させると想定）。

読者の抗議の声が聞こえる。結局、われわれの計算には、年三％としたインフレの影響からくる普通株の収益と価格の増加を全く見込んでいないではないか、と。その抗議に対するわれわれの答えは以下の通りである。過去における比較的大規模なインフレが一株当たりの利益に直接影響を与えたという証拠はどこにもない。過去二〇年間におけるダウ平均採用銘柄の大幅な収益増はすべて、収益の再投資による投資資本の大きな成長に比例したものだったということを、数字はいみじくも示している。もしもインフレが好ましい要因として機能していたら、その効果として、それまでの資本の「価値」は増加することになっただろう。つまり、それまでの資本に対する収益率が上昇し、その結果、新旧合わさった資本の利益率も上昇しただろう。しかし過去二〇年間にはそのようなことは一切起こらず、その間、卸売物価水準はほぼ四〇％上昇した（企業の収益率は「消費者物価」よりも、卸売物価に影響を受ける）。インフレが普通株の価値に与えられる唯一の好影響は、資本投資による収益率を上げることである。これまでに、このようなことはなかった。

過去の経済循環においては、好況時には物価水準の上昇が起こり、不況時には物価の下落が生じた。一般には「多少のインフレ」は企業収益増加の一助になると考えられていた。この考え方は一九五〇～七〇年にかけての歴史上の事実、すなわち経済発展と物価上昇が同時に起こったことと矛盾するものではない。しかし数字が明らかにしているのは、普通株の資本（株式資本）の収益力におけるこの総影響は非常に限定されており、事実、それは投資収益率を維持することにさえ役立たなかった。重大な相殺的効果もあり、そのおかげで全体として米国企業の実質収益が上昇するのを阻害してしまった。恐らく最も重要な影響は、①生産性の上昇率を上回る賃金の上昇率、②新たに莫大な資本金の必要性を生み出し、総資本営業利益率を抑制した――ということだろう。

表2―2は、インフレは企業と株主に利益を与えたどころか、全く逆効果であったことを示す。表中でひときわ目を引く数字は、一九五〇～六九年にか

表2-2　1950-1969年における企業の負債、利益および資本収益

年	企業の負債総額（10億ドル）	企業利益 所得税引前（100万ドル）	企業利益 所得税引後（100万ドル）	資本収益率 S&P データa	資本収益率 他 データb
1950	$140.2	$42.6	$17.8	18.3%	15.0%
1955	212.1	48.6	27.0	18.3	12.9
1960	302.8	49.7	26.7	10.4	9.1
1965	453.3	77.8	46.5	10.8	11.8
1969	692.9	91.2	48.5	11.8	11.3

a　当該年の簿価によるS＆P工業株の収益
b　1950年と1955年の数字はコトル・アンド・ウィットマン、1960-1969年の数字は『フォーチュン』誌より

けての企業の債務の上昇率である。驚くべきことに、経済専門家もウォール街もこの上昇に大して注意を払わなかった。企業の債務は、税引き前利益がほんの二倍にしかなっていないのに対して、ほぼ五倍に膨れ上がっている。この時期は金利も大幅に上昇したことから、企業の債務総額は今やかなり大きなインパクトを持った有害な財政要因となり、多くの企業で深刻な問題となっていることは明らかだ（一九五〇年において、金利支払い後の税引き前利益は企業債務の約三〇％だったのに対して、一九六九年にはたった一三・二％になったことに注目されたい。一九七〇年の数字はさらにひどくなっている）。要するに、一一％という企業資本収益率の大部分は、税引き後四％かそれ以下の新たな莫大な債務を負うことによって生まれている。もしもこれらの企業が一九五〇年の債務率を維持してしまっていたら、株式資本の収益率はインフレとは関係なく、もっと落ち込んでいただろう。

株式市場は、インフレの最たる犠牲者は公益企業だと考えている。公益企業は借入金コストの大幅な上昇と料金の値上げが難しいことの板挟みに遭うからである。しかしここは目の付けどころでもある。電気、ガス、電話それぞれの価格上昇が一般物価指標よりはるかに少ないという事実こそが、これらの企業を将来強力かつ有利な状況に置くからである（一九七一年のAT&T社の発表によると、一九七〇年における一般住居用電話サービス料金は一九六〇年よりわずかに安くなっている）。

法によって、こういった企業は投下資本に対して十分な収益が得られるように料金を設定してよいことが定められており、このことが株主たちを過去と同じく将来もインフレから守ってくれるだろう。

右記のことから、再びわれわれの結論に立ち戻る。投資家は一九七一年後半の価格水準で購入したダウ平均銘柄でポートフォリオを組むことによって、全体で平均八％以上の収益を期待する根拠はどこにもない。たとえこの期待値がかなり控えめに見積もられているとしても、すべてを株式に投資するべきではない。ただひとつだけ、将来も保証されているとすれば、それは株式ポートフォリオの収益と年平均市場価値が一律四％、またはそれ以上の率で成長することはないであろうことである。Ｊ・Ｐ・モルガン翁が印象的なことを言った。「相場は生き物である」。これが意味するところはまず、今日――または明日――の価格で普通株を購入する人は、その後何年にもわたってその株による収益に見合わないリスクを背負っていることになるだろうということだ。ゼネラル・エレクトリック（ＧＥ）社（およびダウ平均そのもの）は、一九二九年から一九三二年にかけての市場の大暴落で、その損失回復に二五年の歳月を費やしている。さらに、もしも投資家がポートフォリオを普通株に集中させたら、心踊る上昇か憂鬱な下落に非常に惑わされやすくなる。このことは投資家の根拠がさらなるインフレの期待と密接に連動している場合、特に言える。だから再び上昇相場になれば、彼はこれを次は必ず下落するという危険なサインとしてではなく、またたくさんの利益を求めて投資するチャンスとしてでもなく、むしろインフレの可能性の正当化として受け止めるだろう。またどれほど市場水準が高くても、またどれほど配当金が少なくても、普通株を買い続けるための理由として受け止めるだろう。かくして悲劇は起こるのだ。

インフレの防衛手段としての普通株の代替

通貨を信用しない人は世界中にいる。彼らの標準的な方針は金を買って保有することだった。これは一九三五年に制定された米国市民法に――幸運なことに――違反していた。過去三五年間、取引市場における金の価格は一オンス三五ドルから、一九七二年には四八ドルに、つまり三五％しか上昇していない。しかしこの間、金の保有者は投下資本から配当収益を得られなかったばかりか、保管のために毎年いくらか支出をしなければならなかった。物価は上昇したにせよ、それだけのおカネを銀行に預けておいたら利息が入り、金投資よりうまくいったことは明らかだ。

ドルの購買力減退に対する防衛手段として金を買うことがほぼ完璧に失敗したため、一般の投資家が自分のおカネを「物」に注ぎ込むことによってインフレから身を守ることは可能なのかという点に、重大な疑いを投げかけることになった。ダイヤモンド、名画、初版本、希少な切手や硬貨などといった、長年市場価値が上がり続けるような貴重品もわずかだがある。しかしこれらの多く、いや恐らくほとんどの場合、その相場価格には人為的、または不安定な、さらには非現実的な要素があるようだ。どう考えても一八〇四年と印された米国銀貨一枚（しかもその年に鋳造されてもいない）に、「投資対象」として六万七五〇〇ドルを払おうとは思えない（一九七〇年一〇月『ウォール・ストリート・ジャーナル』紙の記事による）。われわれはその分野に明るくないことは承知している。読者のなかでもその分野を安全に、しかも楽々と渡りきる人はほとんどいないだろう。

不動産所有に専念することも、対インフレ策として十二分に防御となる堅実な長期的投資と考えられてきた。しかし不幸なことに不動産価値もまた、立地や支払いなどの深刻なミスなどによる多くの不確定要素がある。営業の人間の甘いささやきには落とし穴があるのだ。つまるところ、いろいろなものに手を出して投資をすることは、ごく一般的な投資家には不向きなのである。ただし、普通株を持っていることと大差ないような投資組合への参加や特定のリスクを伴う新債の引き受けを協調して行うようなことは除く。これもまたわれわれの分野ではない。われわれが投資家に言えるのは、「投資をする前に、それが自分のおカネであることを肝に銘じておきなさい」ということである。

結論

当然、われわれが第1章で勧めた方針に立ち戻ることになる。将来のことは分からないのだから、投資家は手元資金すべてをひとつの籠に突っ込んではいけない――近年、空前の収益をもたらしているからといって、資金を債券だけに注ぎ込むのもよくないし、インフレが今後も続く疑念があるにもかかわらず、株式だけに注ぎ込むのもよくない。

投資家が自らのポートフォリオとその収益に依存すればするほど、不測の事態に対し、ますます警戒する必要がある。保守的な投資家ならリスクを最小限に抑えるように努めることは当たり前だ。七・五%に近い収益を生み出す電話会社の債券を買うことのリスクは、九〇〇ポイントのダウ平均（またはそれと同等の株式指数の）株を買うリスクよりもはるかに少ない。しかし大規模なインフレが起こる可能性はあるので、投資家はそれに対するある種の保険をかけておかなくてはいけない。株式がそのようなインフレに対して十分な保険となるという確証はどこにもないが、債券よりは確かである。

これは一九六五年版で述べたことであり、今、また同じことを述べる。

読者にとって、われわれがダウ平均が八九二という水準では普通株に何の興奮も覚えないことは明らかなはずだ。にもかかわらず、既に挙げた理由から、防御的な投資家は自らのポートフォリオのなかに相当量の普通株を組み込むべきである。われわれがそれを二つの悪弊の中でもましな方だと思っていても、である――大きな方の悪弊とは、すべてを債券で保有するという危険な行為のことである。

第3章　株式市場の歴史——一九七二年初めの株価

投資家の普通株ポートフォリオというのは、株式市場という恐ろしいほど巨大な制度の一断面を表すものである。投資家は株式市場の歴史に関して十分な知識を持つことが肝要だ。特に必要なのは、相場水準の大きな変動の歴史に関する認識、そして全体としての株価と収益・配当間の多様な関係についての知識である。現状況下にあって投資家は、そのときどきによって異なる相場レベルの魅力と危険性を判断するための、何らかの基準を作り出す必要があろう。幸運にもここに株価、収益、および配当のデータを、過去一〇〇年（一八七一年）までさかのぼって示す有用な統計資料がある（後半部分のデータに比較すると前半部分は空欄が目立ち精度に欠けるが、特に支障はなかろう）。本章では二つの目的を念頭に置き、この簡略化したデータを見ていく。その第一の目的は、過去一世紀にわたる幾多の経済循環を通じて、どのように株式の上昇基調が作られてきたかを示すことだ。そして第二の目的は、株価および収益と配当に関して一〇年ごとの平均でとらえてデータを見ていくことによって、この三つの重要な要素の多様な相関関係を明らかにすることである。この価値あるデータをもとに、一九七二年初めの株価水準の考察へと話を進めていく。

長期にわたる株価変動の概略は、二つの表とひとつの図で示されている。**表3―1**からは、過去一〇〇年において一九回存在した、弱気相場と強気相場へのサイクルの底と天井が分かる。この表では二つのインデックスを利用している。そのひとつは、コールズ・コミッションによる一八七〇年までさかのぼることができる研究データに、おなじみのS&P五〇〇種株価指数を継ぎ合わせたもの。もうひとつは、さらに有名なダウ平均であり、こちらは一八九七年以降のデータがある。ダウには米国電話電信会社（AT&T）のほか、計三〇の大企業が含まれている（公共企業と運輸――主に鉄道――企業については、S&Pとダウにはそれぞれ別個の株価平均が存在する。ニューヨーク証券取引所は一九六五年以降、全上場普通株銘柄の値動きを表す指数を算出している）。

表3-1　1871年から1971年にかけての大まかな株式相場の変動

年	コールズ・コミッション－S&P500 高値	安値	下落率(%)	ダウ平均 高値	安値	下落率(%)
1871		4.64				
1881	6.58					
1885		4.24	28%			
1887	5.90					
1893		4.08	31			
1897					38.85	
1899				77.6		
1900					53.5	31%
1901	8.50			78.3		
1903		6.26	26		43.2	45
1906	10.03			103		
1907		6.25	38		53	48
1909	10.30			100.5		
1914		7.35	29		53.2	47
1916–18	10.21			110.2		
1917		6.80	33		73.4	33
1919	9.51			119.6		
1921		6.45	32		63.9	47
1929	31.92			381		
1932		4.40	86		41.2	89
1937	18.68			197.4		
1938		8.50	55		99	50
1939	13.23			158		
1942		7.47	44		92.9	41
1946	19.25			212.5		
1949		13.55	30		161.2	24
1952	26.6			292		
1952–53		22.7	15		256	13
1956	49.7			521		
1957		39.0	24		420	20
1961	76.7			735		
1962		54.8	29		536	27
1966–68	108.4			995		
1970		69.3	36		631	37
1972初め	100		—	900		—

スタンダード・アンド・プアーズが提供してくれた**図1**から見て取れるのは、四二五の工業株指数が一九〇〇年から一九七〇年の間にどれほど変動しているかである（ダウ平均で同様のチャートを作っても、ほとんど似た結果となるはずだ）。この七〇年間に三つの異なる相場パターンが形成されており、それぞれのパターンがこの期間をほぼ等しく三分割している。

第一のパターンは一九〇〇年から一九二四年までで、この間のほとんどは、似たようなサイクルが三年から五年周期で繰り返されている。この期間における年平均上昇率はおよそ三％である。それに続くのは「新時代」の強気相場であるが、一九二九年に天井を打った後は市場の崩壊に苦しみ、その後は一九四九年まで非常に不規則な変動時代が続いた。一九四九年の平均レベルを一九二四年のそれと比較すると、年間上昇率は一・五％でしかないことが分かる。よって、この第二パターンの末期においては、人々の普通株熱は全く存在しなかった。

その反発とでもいうべき史上最大の強気相場幕開けの機が熟して、その後、第三のパターンが始まった。この上昇相場は一九六八年一二月、S&P四二五は一一八（S&P五〇〇は一〇八）で天井を打ったようである。**表3―1**から分かるように、一九四八年から六八年の間（特に一九五六～五七年、一九六一～六二年）にはかなり大きな相場の下落があったが、回復が非常に速かったために、そうした逆行は、サイクルを二分するというよりも単一の強気相場における一時的後退（歪曲された意味において）だと言われたほどであった。

図1

スタンダード&プアーズ株価指数
1941-1943=10
S&P
425銘柄の月間平均
125
100
90
80
70
60
50
40
30
20
18
16
14
12
10
8
6
5
4
2
1900 — 04
05 — 09
10 — 14
15 — 19
20 — 24
25 — 29
30 — 34
35 — 39
40 — 44
45 — 49
50 — 54
55 — 59
60 — 64
65 — 69
70 — 74

一九四九年半ばに一六二という低いレベルにあったダウは、一九六六年初めには九九五という高いレベルに達しており、一七年間で実に六倍以上となっている――この伸び率は、毎年、例えば三・五％受け取れたであろう配当を計算から除外しても、年複利平均で一一％となる（S＆P指数は一四から九六へと上昇しており、ダウ指数よりも幾分成長率が大きかった）。

この一四％以上の利益については一九六三年に論文で紹介され、後に別の研究で取り上げられて広く知られるようになった。当然のごとくウォール街はその素晴らしい数字に満足し、同じように奇跡的な結果が普通株にも今後期待できるかもしれないという、極めて非論理的かつ危険な認識が広まった。その成長が示しているのは「行き過ぎ」かもしれないなどと考える人は、ほとんどいなかったようである。

その後に起きた一九六八年の高値から一九七〇年の安値への下落は、S＆P指数では三六％（ダウ指数では二七％）の下落率で、真珠湾奇襲攻撃後の危機感を反映した一九三九年から四二年における下落率四四％以来の最大規模であった。ウォール街一流の派手な動きによって、両指数とも一九七〇年五月の安値以後は、大規模かつ素早い回復を見せ、S＆Pの工業株は一九七二年初めに史上最高値を更新した。一九四九年から七〇年にかけてのS＆P工業株指数の成長は年率でおよそ九％となる。もちろんこのように高い成長率は一九五〇年以前には達成されたことがない（だが後半の一〇年だけを見ると成長率はかなり低く――S＆P指数は五・二五％、ダウ平均は三％――なっている）。

値動きから過去一〇〇年間の株式保有による収支の全体像をとらえるためには、収益や配当といった数字も考慮に入れなければならない。そのために示したのが**表３―２**である。これらの数字すべてを注意深く掘り下げてもらうのが理想であるが、読者によっては興味深くてためになると思える作業だろう。

表３―２についての注釈は以下の通り。

毎年の変動をならして一〇年ごとで表示しているこれらの数字は、持続的な成長を大まかにつかむためのものである。収益と平均価格がマイナスとなったのは、データ初年以後九〇年間のうち二〇年だけ（一八九一～一九〇〇年および一九三一～四〇年）であり、一九〇〇年以降では平均配当の減少はみられない。だがこれら三項目の成長率にはかなりのばらつきがある。全体的に見てパフォーマンスが良いのは、第二次世界大戦以前よりも以後の方であるが、一九六〇年代の成長は五〇年代の成長ほど顕著ではない。今後一〇年で収益や配当、株価が何％上昇するかをこのデータから判断することはできないが、普通株投資のための首尾一貫した指針を決定するに当たって、投資家にとっては勇気づけられる材料である。

しかし、表からは読み取れないことを付け加えておかねばならない。一九七〇年はわれわれが投資しているほとんどの企業の全体的な収益動向が明らかに悪化した年であった。投下資本に対する収益率は、世界大戦時以後最低のレベルにまで落ち込んだ。さらには、この年かなりの数の企業が純損失を計上し、また多くの企業が「財政困難」に陥り、何件かの大型倒産が三〇年ぶりに発生した。一九六九〜七〇年のこの時期に、このような現実によって促される形で素晴らしい好景気時代に終焉が訪れたのである。

表3―2で目を引くのは、第二次大戦以降のPER（株価収益率）の変化である。一九四九年六月、S&P指数は適用される過去一二カ月の収益のたった六・三倍で売られていた。ところが一九六一年三月は二二・九倍である。同様に、同指数の配当利回りも一九四九年には七％強であったのが、一九六一年には三・〇％にまで落ち込んでいる。同じ期間に優良債券の利回りは二・六〇％から四・五〇％に上昇しており、その差は歴然である。これがまさに、一般投資家の姿勢が一八〇度変わった、株式市場史における大転換点であった。

投資経験が長く生来用心深い人々にとっては、極端から極端へと振れる相場は先行きに困難が待ち受けることを示す警告であった。彼らには、一九二六年から二九年にかけての強気相場と、それに続いた悲劇的結末が常に脳裏に焼きついている。だが、そうした恐怖は現実にはならなかった。実際に、ダウ平均の一九七〇年の終値はその六年半前時点の価格と同じであり、また、もてはやされた「黄金の六〇年代」は、後から見れば一本調子の上昇相場であった。それにもかかわらず、これまでのところ企業にも株価にも、一九二九〜三二年に襲った弱気相場と不景気のときのようなことは何ひとつ起きていないのである。

表3-2　株式パフォーマンスの概要（1871-1970年a）

期間	平均価格	平均収益	平均株価収益率	平均配当	平均配当利回り	平均配当率	年間成長率b 収益	年間成長率b 配当金
1871–1880	3.58	0.32	11.3	0.21	6.0%	67%	—	—
1881–1890	5.00	0.32	15.6	0.24	4.7	75	− 0.64%	−0.66%
1891–1900	4.65	0.30	15.5	0.19	4.0	64	− 1.04	−2.23
1901–1910	8.32	0.63	13.1	0.35	4.2	58	+ 6.91	+5.33
1911–1920	8.62	0.86	10.0	0.50	5.8	58	+ 3.85	+3.94
1921–1930	13.89	1.05	13.3	0.71	5.1	68	+ 2.84	+2.29
1931–1940	11.55	0.68	17.0	0.78	5.1	85	− 2.15	−0.23
1941–1950	13.90	1.46	9.5	0.87	6.3	60	+10.60	+3.25
1951–1960	39.20	3.00	13.1	1.63	4.2	54	+ 6.74	+5.90
1961–1970	82.50	4.83	17.1	2.68	3.2	55	+ 5.80[c]	+5.40[c]
1954–1956	38.19	2.56	15.1	1.64	4.3	65	+ 2.40[d]	+7.80[d]
1961–1963	66.10	3.66	18.1	2.14	3.2	58	+ 5.15[d]	+4.42[d]
1968–1970	93.25	5.60	16.7	3.13	3.3	56	+ 6.30[d]	+5.60[d]

a　このデータは、『Financial Analyst Journal』誌1960年5月号に掲載されたN・モロドフスキー執筆の記事「Stock Values and Stock Prices」に取り上げられた数値を基本としている。また、その記事自体は、コールズ・コミッションの出版による『Common Stock Indexes』（1926年以前に関して）、S&P500（1926年以降に関して）のデータを継ぎ合わせたものを基にしている

b　年間成長率の数値は、1890年、1900年……を終点とする各々の連続した21年間をベースにしてモロドフスキーが編集したものである

c　1958-60年から1968-70年にかけての成長率

d　これらの数値はそれぞれ1947-49年から1954-56年にかけて、1954-56年から1961-63年にかけて、1958-60年から1968-70年にかけての成長率を示したものである

一九七二年初めの株式市場の水準

一世紀分にもわたる大まかなデータを、株式、価格、収益、配当について見てきたところで、一九七二年一月の水準――ダウ平均が九〇〇、S&P五〇〇が一〇〇――に関する何らかの見解を述べたいと思う。

これまで版を新たにするたびに、執筆時点での株価水準について論じ、その水準が保守的な投資家にとって高すぎるかどうかについて答えを出そうと努めてきた。過去に下した結論を振り返ることは有益だ、と考える読者もおられるだろう。誤った判断を反省するためばかりではない。過去二〇年間における株式市場のさまざまな段階を結び付けるための一助ともなるであろうし、また現在の市場水準について見識をもって重要な見極めをしようとする、すべての人々が直面している困難を解き明かすことにもつながるだろう。まずは、一九四八年、一九五三年、一九五九年の分析概要について、一九六五年の版で述べた分をここに転載する。

一九四八年には、ダウ平均一八〇という水準を保守的な観点から分析し、「株式の本質的価値を考えれば高すぎることはない」という結論に達した。そして一九五三年、平均株価レベルは五年前と比較して五〇%以上上がり、二七五に達していた。われわれはこのとき再び、ダウ平均の二七五という水準は、健全な投資をするために高すぎるのか否かについて考えた。「われわれの主たる投資指針である株式の割安度という観点から見ると、一九五三年の株価水準は好ましいものであるとの結論に達する」と、当時はっきり述べてはいるが、実は一九五三年時点で当時の水準が魅力的なものかどうかについて、断定的な結論を下すのは決して容易ではなかった。

株価がその後目覚ましく上昇したことを考えれば不思議に思われるかもしれないが、われわれは一九五三年当時、株価平均が過去のほとんどの強気相場よりも長期にわたる上昇を続けており、その絶対的水準が歴史的な高さであることに懸念を抱いていた。歴史的な株高の事実と、にもかかわらず株価水準はなおも好ましいものであるとする考えを総合判断して、われわれは慎重な、すなわち妥協案的な方針をアドバイスした。

振り返れば、これはとりたてて素晴らしい助言であったとはいえない。優れた予言者ならば、その後の五年間で株価水準が一〇〇％上昇することを予知できたかもしれない。しかし、自己弁護のためにここで一言付け加えておきたいと思う。株価予想で生計を立てている人たち――われわれはそうではないが――のなかで、当時のわれわれ以上に優れた株価の将来見通しを描いていた人はほとんどいなかったのである。

一九五九年の初め、ダウ平均は史上最高値の五八四を記録した。これについてあらゆる角度からさまざまな分析を行ったが、要約すると以下のようになる（一九五九年版より）。「要するに、現在の株価は危険な水準にあると結論せざるを得ない。既にずばぬけて高すぎる水準にあるということだ。たとえ現在の水準はまだ危険なほどの高値ではないとしても、市場の勢いによって不当な高さにまでつり上げられる危険がある。率直にいって、大きな下落が起こらないというような、またすべての新米投資家が株式投資によって大きな利益を約束されるような相場など、想像できないのである」

一九五九年に発したこの警告は、一九五四年に述べた言葉よりも幾分正しかったということが、その後に証明された。だが完全に正しかったというにはほど遠いものであった。一九六一年にダウ平均は六八五まで上昇し、その後に下落に転じて、われわれが基準とする五八四より若干下回るレベル（五六六まで）まで下げた。その後、再び上昇に転じ、六一年の後半には七三五まで付けたが、その後の一九六二年五月には五三六にまで崩落し、六カ月という短期間における下落率は二七％にも及んだ。それと同時に、最も人気の高かった「成長株」にはさらに深刻な下落が起きた。その代表的銘柄はだれもが認めるトップ成長株ＩＢＭであり、一九六一年一二月の六〇七ドルが翌年六月には三〇〇ドルにまで落ち込んだのである。

同じ時期に、完全な総崩れを示したものがある。それは、バカ高い値段で一般に公開され、その後に無用な投機によって正気とは思えないレベルにまでさらに押し上げられていた、小企業の新規公開株式――いわゆるホット・イシュー――である。その多くは、わずか数カ月で九〇％以上も株価が下落した。

一九六二年前半の暴落は、自らを投機家と認める多くの人々や、そして恐らくより多くの無謀な自称「投資家」たちに、壊滅的打撃とまではいえないとしても大きな動揺をもたらした。だが、

	ダウ平均	S&P500
1961年12月	735	72.64
1962年 6月	536	52.32
1964年11月	892	86.28

その年の後半に起きた反転は、証券業界にとっては同じように思いがけないことだった。株価平均は再び上昇を始め、上のような結果をもたらしたのである。

株価回復と新たな上昇基調はまさに顕著なもので、それに応じてウォール街の気分は一変してしまった。安値の水準にあった一九六二年になされた予測は圧倒的に弱気のものばかりであったが、その年の終わりにかけて相場が少し戻してくると、予測は強弱まちまちとなり、懐疑的な空気が流れていた。しかし一九六四年の初めには、証券会社各社は元来の楽観論を取り戻し、ほとんどの予測は強気のものとなり、一九六四年いっぱいはずっとその状態が続いた。

続く文章のなかでは、一九六四年一一月の株価水準（ダウ平均は八九二）の評価を試みた。それに関してさまざまな角度から学術的に論じた後、大きく三つの結論に達した。その第一は「かつての評価基準がもう過去のものとなったようにみえる一方で、新たな基準は時間による証明がなされていないのでまだ真偽のほどは分からない」。第二は、投資家は「自らの投資方針の基本には、大きな不確実性の存在を据えるべきである。株価水準が長期にわたって大きく――例えば、五〇％、つまりダウ平均が一三五〇に——上昇するという極端な可能性がある一方で、同じだけ逆に振れてダウ平均が例えば四五〇近辺まで下落するという可能性もある」。第三の結論はもっと具体的な言葉で表した——「荒っぽい言い方をすれば、もし一九六四年の株価が高すぎる水準ではないとすると、一体どんな株価ならば高すぎるといえるのだろうか」。これらの事柄を取り上げた章は、次のような文章で締めくくった。

どの道を行くべきか

投資家のみなさんは、単にこの本の内容を鵜呑みにして一九六四年の株式市場の水準が危険な高さにあるとの結論を下すべきではない。みなさんはわれわれのこの考え方と、われわれと意見が異なる経験豊かで有能なウォール街の人々の説とを、比較考量しなくてはならない。最終的には各人が自ら結論を下し、その結論に対して責任を持つべきである。しかし、どの道を選ぶべきか迷っている投資家がいれば、慎重な方針を取ることを勧める。本書で述べてきた投資原理に従って重要度の高い順に挙げれば、一九六四年の状況下では次のような方針をとるべきであろう。

①有価証券を買い付けたり、保有するための借金はしない。
②資金に占める株式の割合を増やさない。
③ポートフォリオ中の株式部分を、必要ならば最高で半分にまで引き下げる。キャピタルゲイ

ン税を気前よく払い、株式売却によって生じた資金は優良債券に投資するか普通預金に預ける。

後述のドル・コスト平均法を一定期間にわたって着実に実行してきた投資家は、その定期的投資法を続行するか、あるいは市場水準がもう危険な域を脱したと思える時が来るまで、それを休止するのか、論理的にはどちらを選んでもよいであろう。ただし一九六四年末のような相場の水準のときに、決して新たにドル平均法を始めるべきではない。もしも始めてすぐに非常にまずい結果となれば、多くの投資家はその後もなおそれを続行しようという気力を持ち続けられないだろうからである。

このときにわれわれが慎重論を展開したのは、正しかったということができる。ダウ平均はさらに上昇して九九五まで付けたが、その後は不規則な値動きを見せながら一九七〇年には六三二にまで下げ、その年の年末は八三九で引けた。同様の大暴落は「新規公開株」の世界でも起きた。一九六一年から六二年にかけて襲った暴落のように、これらは九〇%も下落したのである。そして序文で述べたように、金融界全体が熱気を失い、懐疑的な空気に支配されてしまったようであった。それを象徴するような事実がある。ダウ平均の一九七〇年の引け値は六年前の水準以下であり、これは一九四四年以来、初の出来事だったのである。

以上のようなことが、過去の株式相場の水準を評価するためにわれわれのしたことである。これらから何か学習できることはあるだろうか？　相場水準に関して、一九四八年と五三年（後者については慎重にならざるを得なかったが）は投資するに好ましいレベルであると述べ、一九五九年は「危険」（ダウ平均が五八四）であるとし、一九六四年は「高すぎる」（八九二）と判断した。巧みな論法を用いれば、これらすべてを擁護することもできるだろう。だが果たして、これらが平凡なる助言――一方では首尾一貫し、統制のとれた株式投資の指針を支持しながら、他方では「市場を打ち負かす」、つまり「勝ち銘柄を見つける」ための努力に水を差すような――以上のものであったかについては疑問が残るのである。

しかし、株式相場の水準――今回は一九七一年終わりということになる――に関して新たな考察を示せば、たとえそれが実用的というより興味を抱かせるものであっても、また明快というより暗示的なものになったとしても、読者は何らかの利益を得られるだろうと考える。アリストテレスの著した『倫理学』の冒頭部分に、見事な一節がある。「ある人が教養ある人物かどうかは、ある特定の問題が元来有している正確さを推量する能力で決まる。数学者が下した単にもっともらしい結論を受け入れることと、演説者に厳密なる立証を求めることは、同じくらい不合理なことなのである」。証券アナリストの仕事は、数学者と演説者の中間辺りに位置するのである。

ダウ平均は一九七一年、さまざまな場面で前回の版で論じた一九六四年一一月の水準（八九二）を付けた。だが、今回行う統計的考察では、三〇種しか扱わないダウ工業株平均よりも市場全体像を包括的に反映する、S&P五〇〇（スタンダード・アンド・プアーズ総合五〇〇種株価指数）

の株価水準とその関連データを用いることとした。過去の版が出版されたころに近い四つの時期――一九四八年、五三年、五八年、六三年（プラス六八年）のそれぞれの年末――との比較にスポットを当てる（一九七一年から翌七二年の初めにかけて何度か記録された数値を便宜上、一〇〇とした）。**表３―３**がそのデータである。収益に関する数字は、前年のものと、暦年の三年間平均の双方を示した。一九七一年の配当については過去一二カ月の数字を用いている。また一九七一年の債券利率と卸売価格は一九七一年八月時点のものである。

同市場の一九七一年一〇月における過去三年の株価収益率は、一九六三年末と一九六八年末のそれよりも低い。それは一九五八年の数値に近いが、長期にわたる強気相場の初期のころと比較すればかなり高い。これは重要な指標であるが、これだけで一九七二年一月の相場水準が特に高かったと結論づけることはできないかもしれない。しかし優良債券の利回りを考えれば、この指標はさらに好ましくないものと映る。読者は表を見て、債券収益と比較すると株式収益（収益／株価）は統計期間を通じて悪化し、この点で見ると一九七二年一月の数値は株式にとってデータ初年以降最悪となっていることに気づくであろう。株式配当と債券の利回りを比較すると、その関係は一九四八年から七二年の間で完全に逆転してしまったのである。当初株の配当は債券利回りの二倍であったのが、今や債券は株の二倍以上の収益を生み出しているのである。

われわれの最終結論はこうだ。つまり、株式配当と債券収益が逆転してしまったことによって、一九七一年終わりにおける株価収益率が、過去三年の収益ベースのＰＥＲを上回っていたという

表3-3　さまざまな年におけるS&P500に関するデータ

年b	*1948*	*1953*	*1958*	*1963*	*1968*	*1971*
終値	15.20	24.81	55.21	75.02	103.9	100[d]
当該年の収益	2.24	2.51	2.89	4.02	5.76	5.23
過去3年の平均収益	1.65	2.44	2.22	3.63	5.37	5.53
当該年の配当	.93	1.48	1.75	2.28	2.99	3.10
一流債券の利率a	2.77%	3.08%	4.12%	4.36%	6.51%	7.58%
卸売物価指数	87.9	92.7	100.4	105.0	108.7	114.3
以下はすべて（比）率を示す						
株価/前年の収益	6.3 ×	9.9 ×	18.4 ×	18.6 ×	18.0 ×	19.2 ×
株価/3年間の収益	9.2 ×	10.2 ×	17.6 ×	20.7 ×	19.5 ×	18.1 ×
3年間の「収益利回り」c	10.9 %	9.8 %	5.8 %	4.8 %	5.15%	5.53%
配当利回り	5.6 %	5.5 %	3.3 %	3.04%	2.87%	3.11%
株式収益利回り/債券利回り	3.96×	3.20×	1.41×	1.10×	.80×	.72×
配当利回り/債券利回り	2.1 ×	1.8 ×	.80×	.70×	.44×	.41×
収益/簿価e	11.2 %	11.8 %	12.8 %	10.5 %	11.5 %	11.5 %

a　S&Pによる格付けAAAの債券の利回り
b　1948-68年までは暦年、1971年は6月までの1年
c　「収益利回り」とは収益を株価で割った数値を%で表したもの
d　1971年10月時点の株価（ダウ平均900に相当）
e　3年平均の数値

事実が、完全に相殺されてしまったということである。よって一九七二年初めの相場水準に関するわれわれの見解は、七年前に述べた見解とほぼ同様になるであろう。つまり、保守的投資という観点に立てば、魅力のない相場だということだ（このことは、一九七一年におけるダウ平均の変動幅のほとんど――例えば八〇〇から九五〇というような――についてもいえることであろう）。

一九七一年の状況を歴史的に見れば、相場の変動という点では、一九六九～七〇年の深刻な景気後退に対する変則的回復にすぎないように映ることであろう。だが過去においては、そうした回復が一九四九年に始まった周期的かつ持続的な強気相場のように、新たな段階への第一歩となっている（これが一九七一年のウォール街が抱いていた期待の念である）。一九七一年はまだ、一九六八～七〇年のサイクルにおいて質の低い普通株に手を出した一般投資家たちが手痛い目にあったばかりであり、相場が急騰するには時期が早すぎる。

したがって、今や相場における差し迫った危険を示す信頼できる指標がないということだ。その状況は、前回の版で考察した、ダウ平均が八九二という水準だった一九六四年一一月の状況と同じなのである。テクニカルの面から見れば、次の深刻な市場の後退あるいは崩壊が起きる前に、ダウ平均がかなり上昇して九〇〇を突き抜けるのは好ましいことのように思えるかもしれない。

しかし思考をさらに進めなければならない。われわれにとっては、一九七一年初めの相場がほんの一年以内に起きた悲惨な出来事を無視しているということが、不穏の兆しなのである。そんな相場の無頓着さがそのままで済まされるものだろうか？　投資家は行く先々で待ち受ける――一九六九～七〇年に起きた後退が短期間で再現される形で、あるいは相場に強気の風が吹き荒れた後でさらに壊滅的な崩壊へと続く形で訪れるかもしれない――困難な状況に備えておくべきなのである（この文章を書き始めたのは、ダウ平均が九四〇だった一九七一年初めである。ウォール街全体が抱いていたこれと反対の見解は、一九七五年のダウ平均を中程度の値である一五二〇と予測した詳細な研究によく表れていた。これは一九七一年半ばを割安レベル――例えば一二〇〇――としていることとも符合するであろう。ダウ平均は途中で七九八にまで下げながらも、一九七二年三月には再び九四〇になった）。

どの道を行くべきか

この章の「一九七二年初めの株式市場の水準」の項に転載した、前回の版で述べたことをもう一度読み返してほしい。ダウ平均が一九六四年の終わりと同水準――九〇〇近辺――にある現在（一九七二年初め）、それがわれわれの見解である。

第４章　一般的なポートフォリオ戦略――保守的投資家

ポートフォリオは、通常その所有者の姿勢や性格によって基本的特色が決まる。最も保守的なものとしては、貯蓄銀行や生命保険会社、そしていわゆる信託ファンドなどが挙げられる。かつては、多くの州法がこれらの機関投資家の投資対象に制限を設けており、優良債券や、州によっては優良優先株に限定されていた。そしてこのちょうど反対側に位置するのは、魅力ある買物だと思えばどんな債券や株式でもポートフォリオに加えていく、裕福で経験豊かな実業家である。

リスクを取る余裕のない人々は、投資資金に対して相対的に少ない収益で満足すべきであると、古くからいわれてきた。そのことから、投資家の期待できる収益率は、その人がどれだけのリスクを取る覚悟があるかにおおよそ比例するというものだという認識が一般に広まっているが、われわれの認識は違う。期待できる収益率は、むしろ、投資家が自発的に投資のためにどれだけの知的努力を注げるかにかかっているはずだ。元本の安全を第一に考え、煩わしい努力を嫌う受動的な投資家は、最低限の利益しか得られない。最大限の利益を得られる可能性があるのは、最大限の知性と技術を駆使する用心深い積極的な投資家なのである。一九六五年の版ではさらにこうも述べた。「利回り四・五％の月並みな債券を購入する場合よりも、大きな利益を上げる可能性のある『割安銘柄』を買う方が、かえって真のリスクは低いものである」。この言葉はわれわれが思っていた以上に真実を表していた。というのもその後、金利の上昇によって優良な長期債でさえも市場価値を大きく下げたからである。

債券と株式の投資比率を決めるときの基本的な問題

防衛的投資家のポートフォリオ作成方針については既に簡単に概略を示し、資金を優良債券と優良普通株に振り分けて投資するようにと述べた。

基本的なルールとして、株式の割合は、最低で二五％、最高で七五％の範囲内に、すなわち逆に債券の割合は七五％から二五％の間とすべきであると述べた。その言外の意味は、これら二つの主たる投資媒体への資金の配分は、基本的には五〇対五〇にすべきだということだ。昔ながらの考え方によれば、長引く弱気相場によって株価水準が「割安」となったときには、株式の割合を上げるのが堅実な選択といえるだろう。逆にいえばこれは、相場水準が危険なまでに高くなったと投資家が判断すれば、普通株の割合を五〇％以下に下げよということになる。

こうした平凡なやり方は、言うは易くとも、いざ実行するのは難しいものだ。なぜならそうしたやり方は、強気相場や弱気相場の行きすぎを生み出している、人間の本質に反しているからである。株価があるポイントを抜けたら持ち高を減らし、その後に同様の下げがあれば持ち高を増やすというのは、ごく普通の株式保有者が実行するのは非常に困難なことなのである。というのも、過去の大幅な上昇および下落局面において、彼らはこれとは逆のことを行ってきており、われわれは今後もこうした状況は変わらないと考えているのである。

投資と投機の区別が、かつてそうであったように今日も明確なものであるならば、投資家とは、自分の持ち株を高値のときに愚かで哀れな投機家に売り、株価が下落したところで彼らから買い戻すという、経験豊かで機敏な人々だと定義できるかもしれない。この図式は、過去においてはある程度真実味があったかもしれないが、一九四九年以降の発展をみた証券市場にこの構図を当てはめるのは難しい。ミューチュアルファンドなどといった専門家が運用するファンドでも、このようにやってきたとはいえない。ミューチュアルファンドの二つの主要ファンド——バランスファンドと普通株ファンド——が保有するポートフォリオにおいて株式が占める割合は、長年の間ほとんど変化をしていない。彼らが株式を売却しようとする場合の多くは、将来性の低い持ち株から高いものへと乗り換えようとする意図によるものなのである。

われわれが常々そう思ってきたように、株式相場の動きが過去の基準で律することができなくなっており、しかも新たな基準がまだ確立されていないとすれば、投資家が普通株の保有を最低線の二五%近くにまで下げ、その後、最大限の七五%まで増加させていくための、信頼できるルールを彼らに対して示すことはできない。一般論としてわれわれが強く言えることは、投資家は自分の株式ポジションに対してよほどの自信があり、なおかつ一九六九〜七〇年に起きた程度の株価下落ならば平静を保てるという確信を持てるのでなければ、投資銘柄のうち株式部分は五〇%以下にとどめるべきだということだ。一九七二年初めの株価水準で、そのような確信を持てる投資家がいるとは思えない。よって現時点で忠告できることは、普通株への資金配分は五〇%以上にすべきではないということになろう。だが、五〇%を大きく割った比率にまで下げた方がよいとアドバイスするのも、同様に難しい。もしもそうアドバイスできるとすれば、それは投資家が現在の相場水準に対して不安を抱いており、株式の比率を全資金の例えば二五%以下まで下げることによって安心を得られるような場合だけだからである。

このような理由から、多くの読者に最も単純と思われる五〇対五〇の方式を勧めるようになった。この方式の大原則は、債券と株式への資金配分を限りなく均等に近づけることだ。相場水準の上昇によって普通株の比率が例えば五五%になったら、株式ポートフォリオの一一分の一を売却し、その分を債券に振り向ければ均衡が取り戻せる。また反対に、株式の割合が例えば四五％に下がったなら、債券の一一分の一を売却してその分で株式を買い足すわけである。

エール大学では一九三七年以降、これに似た方式――ただし株式の通常保有率を三五％として――に従って資金の運用を行った。しかし一九五〇年代の初めには、一時は定評を得たこの定式を守るのを断念したようであり、一九六九年には転換社債を含む普通株でポートフォリオの六一％ほどを構成している（当時、七一大学の基金の運用総額は七六億ドルで、うち六〇・三％が普通株で運用されていた）。このエール大学の例から分かることは、相場に大きな上昇がみられれば、人気を博した定式的アプローチも、致命的というべき影響を受けるということである。にもかかわらずわれわれは、先ほど述べた五〇対五〇の定式が防衛的投資家にとっては意味あるものだという確信を持っている。これは極めて単純で、疑いの余地なくまともな手法である。またそれを実行する人は、少なくとも相場の変動に呼応した行動を取っていると感じることができ、そして最も重要なことは、相場が危険なまでに上昇を続けても、投資家が普通株に入れ込みすぎるのを防げることである。

さらに言えば、真に保守的な投資家ならば、上昇相場の局面ではポートフォリオの半分が生み出す利益に満足し、またひどい下落相場のときには、リスクを恐れない他の投資家たちよりはうまくいっているということに慰めを見いだせるであろう。

われわれが提唱している五〇対五〇の分割方式は、紛れもなく最も単純な「万能的プラン」であるが、運用成績という点でいえば、それは最良とはいえないかもしれない（もちろん、機械的アプローチに限らずどんな手法であろうと、それが他よりも良い結果を出すという確信なしに実行されることはないが）。代表的株式銘柄よりも優良債券の方がより良い収益を得られるという現在の状況は、債券の比率を増やすことに対する強い論拠となる。投資家が株式比率を五〇％にするかそれ以下にするかを決定するのは、恐らく主に個々人の気質や姿勢次第であろう。オッズだけを重視するような投資家ならば、株式を二五％という低い割合にまで下げたいと考えるだろう。現状況下においては、債券と株式を均衡点の五〇対五〇にするのは、ダウ平均採用銘柄の配当率が、例えば債券利回りの三分の二になるまで待とうと考えるからである。ダウ平均が九〇〇で、それに対する配当が三六ドルだとすると（主要株式銘柄の配当はそのままであると仮定すれば）、課税対象となる債券利回りが七・五％から約五・五％へと下がるか、あるいは債券の利回りが下がることなく配当が上がることもないと仮定すれば、ダウ平均が六六〇まで下落するか、これらのどちらかが起こらなければならないということである。また双方がともに半分ずつの変化を示せば、それも同様の「買いのポイント」となる。こうした実行プランはとりたてて複雑なものではない。難しいのは計画を決めてそれを貫くことである。あまりにも保守的なプランであったと後から判明する可能性があることについては、目をつぶらなければならない。

債券の部分

投資家のポートフォリオのうちで債券の選択に当たっては、大きく分けて二つの問題を考える必要があろう。課税の対象となる債券にするか、非課税のものを選ぶかがそのひとつであり、もうひとつは長期債にするか短期債にするかという問題だ。前者の税金に関しては、ほとんどが計算すれば解決できる問題であり、税率区分によって異なる収益を考えればよい。一九七二年一月における二〇年満期の債券の利回りは、七・五％（Ａａ格付けの社債）から五・三％（非課税債券）程度である（地方債および州債は、一般的には非課税債券である）。二〇年満期の債券では、社債と比較して地方債ではこのように三〇％ほど利回りが低い。よって、三〇％以上の最高税率が適用されている投資家は、地方債を選択することによって三〇％を超えた税金分がプラスとなり、最高税率が三〇％以下の投資家は、逆にマイナスとなるのである。三〇％の税率が適用されるのは、独身者ならば税引後の収入が一万ドルを超えるとき、既婚者に対しては夫婦の税引後収入が二万ドルを超えるときとなっている。かなりの数に上る投資家にとって、税引き後では良質の社債よりも良質の地方債の方が高収益となることは明白なのである。

長期債を選ぶか短期債を選ぶかというのは、先ほどとは全く性格の異なる問題である。つまり、①利回りが低くとも、②元本の価値が大幅に上昇する可能性を犠牲にしても、その投資家が債券価格の下落から身を守りたいと考えるかどうかということだ。この問題に関しては、後ほど第８

章で検討する。

過去長年にわたって、個人投資家が購入するのに適した債券は、政府貯蓄債券だけであると考えられてきた。その安全性については、過去もそして現在においても疑問の余地がない。政府貯蓄債券はその他の債券以上に高い利益を上げてきたし、さらには買い戻し条件をはじめとした特典が付与されていることによって、それは一層魅力あるものとなっていた。過去の版においてはひとつの章を割き、「連邦貯蓄債券──投資家への恩恵」という題目で取り上げたほどだ。

これから述べるように、連邦貯蓄債券には今も他の債券にはない長所があり、個人投資家が購入するのに適した投資対象であることに変わりはない。あまり多額ではない──例えば一万ドル以下──資金を債券に投資する人にとっては、今日でもこれは最も容易かつ最良の選択であろう。しかしもっと大きな資金を有する投資家には、さらに適切な債券があるかもしれない。

投資対象として考えられる主な債券を次に列記し、それぞれの一般的内容、安全性、利回り、市場価格リスク、所得税、その他の特徴に関して簡単に述べたいと思う。

一．連邦貯蓄債券E号およびH号

まずはその重要な条項に関して概略を述べ、次に、独特な魅力を持った非常に便利なこれら投資対象の数多い利点について、手短に検討する。H号債券は、他の債券と同様に利払いは半年ごとで、最初の一年は四・二九％、その後の九年間は満期まで一律に五・一〇％の利息が支払われる。Ｅ号債券の方はクーポンの支払いはなく、償還価値の増加によってその利息が支払われる形をとる。購入価格は額面の七五％であり、五年一〇カ月後の満期時には額面の一〇〇％が受け取れる。満期まで持ち続けた場合の利回りは、半年複利で五％となる。満期日以前に現金化すると、購入から一年以内ならば四・〇一％、その後の四年一〇カ月の間ならば平均で五・二〇％の利回りとなる。

これらの債券の利息は、連邦所得税の対象とはなるが、州所得税は免除されている。Ｅ号債券にかかる連邦所得税は、償還価値の上昇分について毎年支払っても、あるいは実際に現金化した段階でまとめて支払ってもよく、どちらの方法を取るかは所有者が選択できる。

Ｅ号債券の所有者は好きなときに（購入の直後であっても）、その時点における償還価値で債券を現金化することができる。Ｈ号債券も同様に、いつでも額面価格でコストを引いて現金化ができる。またＥ号債券はＨ号債券との交換が可能であり、その場合税金面での優遇がある。紛失したり、破れたり、盗まれた債券は、無料で新たに交付される。年間買い付け上限額が設定されているが、家族による共同所有の条項があるため、投資家のほとんどは買いたいだけ買い付けられる。

注釈

これらの債券は、①元本と利払いが完全に保証され、②いつでも全額現金化を要求することができ、かつ③最低でも一〇年間、五％以上の利息が保証される、唯一の投資対象である。以前発行されたE号は、保有者は満期を延ばすことができ、高い利息で価値を累積することができた。よってかなりの長期にわたる所得税支払いの延期が可能であり、これは大きなメリットである。われわれの計算によれば、これにより、正味の税引後受取金額は、典型的なケースの場合よりも三分の一も多くなる。購入価格あるいはそれ以上の価格で債券を現金化できる権利が債券購入者に与えられていたため、過去の低金利時期においては、債券投資家に元本割れのリスクを回避する手立てを与えた。債券投資につきものの元本割れリスクがゼロであったということである。また金利が上昇すれば、彼らは利回りの低い貯蓄債券を売ってハイクーポン債に切り換えることで、利益を得られる可能性があった。

現在は低利回りであっても貯蓄債には固有の優遇規定が備わっているため、その他の国債と比較してもまだ魅力度が高いというのがわれわれの認識である。

二．その他の米国国債

表面金利や満期日がさまざまな、数多くのものが存在している。そのいずれもが、利息と元本の支払いについては全く安全である。これらはいずれも連邦所得税の対象となるが、州所得税は免除されている。一九七一年の終わりにおける利回りの平均は、一〇年以上の長期のものでは六・〇九％、三～五年の中期のもので六・三五％、短期のもので六・〇三％となっていた。

一九七〇年は、さまざまな既発債を大幅な割引価格で購入することが可能であった。そうした債券のなかには、遺産税の支払い時に額面価格で充当できるものもある。これに該当するものは例えば、一九七〇年に六〇で売り出されて七〇年には七七以上で引けた、一九九〇年に満期を迎える表面利率三・五％の米国財務省証券などである。

興味を引くのは、米国政府が発行する間接債券は、多くの場合において同様の満期の直接債券と比較して、目に見えて利回りが高いことである。例えばこの政府機関債は七・〇五％の利息を提供している。同じ年（一九八六年）に満期となる直接国債よりも、まるまる一％利回りが高かったこの証券は、「トラスティース・オブ・ザ・ペン・セントラル・トランスポーテーション」の名称で実際に発行された。この債券は、「米国の信用と信頼の裏付けにより保証される」という米国司法長官の声明に基づいて売り出されたものである。政府は過去において、かなりの数に上るこの種の間接債務を引き受けており、そのすべてにきちんとした保証がなされている。

運輸長官によって「個人的（と思える）保証」がなされ、それにかかるコストは最終的に納税者が負担することになるというこうしたまやかしを、読者のみなさんは不思議に思われるかもしれない。間接債券が発行された主因は、議会によって政府に公債発行限度が課されていたことにある。政府が保証を引き受けたとしても、外見上それは負債とはみなされない――これは抜け目のない投資家にとって、思いがけない天の恵みである。こうした状況を受けて新規に売り出された債券の筆頭は、非課税の住宅債券であろう。これは政府保証と同様の保証がなされ、実質上唯一の、米国債と同等かつ非課税の債券である。別のタイプの政府保証債券で最近売り出されたものには「ニュー・コミュニティー・ディベンチュアー」があり、これの一九七一年九月における利回りは七・六〇％であった。

三．地方債

地方債は連邦所得税が免除されている。発行された州では、州の所得税も通常免除される。地方債には州やその下部機構の直接債務である場合と、金利の支払いを有料道路、橋梁、ビル賃貸による収入に依存する「特定財源公債」の場合とがある。免税債券のすべてが、防衛的投資家にとって格好の投資対象だというわけではない。これを選ぶに当たっては、ムーディーズやスタンダード＆プアーズなどによる格付けがひとつの目安となろう。Ａａａ（ＡＡＡ）、Ａａ（ＡＡ）、Ａといった最高の格付けがなされたものならば、十分な安全性を備えているはずである。これらの債券の利回りは、その質や満期までの期間によって異なり、短期のものほど低利回りとなっている。一九七一年の終わりにおけるＳ＆Ｐ地方債指数の銘柄を平均すると、格付けはＡＡ、二〇年満期で利回りは五・七八％となっていた。代表的な例としてニュージャージー州バインランドの地方債を挙げると、格付けはＡａからＡ、利回りは一年満期ものは三％、徐々に上がって一九九五年と九六年に満期となるものは五・八％となっている（比較的最近考案された産業歳入債の一部には、より高い非課税での利回りと十分な安全性の両方が得られるものがある。これには積極的投資家の方が興味を持つであろう）。

四．社債

これは連邦および州所得税の課税対象となる。一九七二年初めに、最も優良な社債で二五年満期のものは、ムーディーズＡａａ社債インデックスの公表利回りをとってみると、七・一九％となっていた。Ｂａａの格付けがなされた中程度以下の債券は、長期のもので八・二三％である。それぞれの格付けのなかでは、短期の方が長期よりも利回りが若干低くなっている。

注釈――右に述べてきたことから、一般投資家は優良な債券のなかからいろいろと選択できるのだということが分かる。高いほうの税率区分に属する人にとっては、課税対象となる債券よりも良質な免税債券に投資したほうが、正味高利回りを得られることは間違いない。他の人たちにとっての一九七二年初めの税込利回りは、下は特別なオプションが認められた連邦貯蓄債の五・〇〇％から、上は優良社債の約七・五％までとみてよいであろう。

高利回り債への投資

品質を落とせば、投資家は債券からさらなる収入を得ることもできる。だが長年の経験からみて、一般投資家はそうした高利回り債には手を出さない方が賢明であろう。全体でみたときに総合収益は優良債券よりも若干高くなるかもしれないが、大幅な価格の下落から実際の債務不履行まで、予期せぬ事態が発生する危険性があまりにも高いからである（低格付けの債券は実際に割安となる局面がしばしば訪れるが、それをうまく利用するためには特別の研究と才覚が必要なのである）。

ここで一点付け加えておくべきことがある。議会によって米国の直接債券発行に制限が設けられたことで、投資家が政府保証債券を買い付けるに当たり、少なくとも二種類の「割安価格」が生み出されてきたということだ。ひとつは免税の新住宅債券であり、もうひとつは最近新たに生まれた（課税対象となる）ニュー・コミュニティー・ディベンチュアーである。一九七一年六月に売り出された新住宅債（連邦税も州税もかからない）の利回りは五・八％にもなり、同年九月に売り出されたニュー・コミュニティー・ディベンチュアー（課税対象となる）の利回りは七・六〇％であった。どちらの債券も米国政府による「完全なる信用と信頼」のお墨付きを得ており、安全性には問題がない。そして正味の利回りでみると、これらは通常の米国債よりもかなり高利回りとなるのである。

債券の代わりとしての貯蓄預金

投資家は今日では、商業銀行や貯蓄銀行への普通預金（あるいは定期預金）によって、優良債券と同程度の高い利息を受け取ることができる。銀行預金は今後利率が下がるかもしれないが、現状では個人投資家にとって短期債券に代わる適当な対象である。

転換社債

転換社債については第16章で扱う。一般的な価格の違いについては、第８章で取り上げる。

任意償還条項について

過去の版において、任意償還条項に関してはさまざまなことを述べた。というのも、投資家がほとんど気づかないうちに重大な権利の侵害がなされてしまう恐れがあるからである。典型的な例を挙げれば、債券は発行後ほんのわずかの時間しかたっていなくとも、適当なプレミアム――例えば五％程度――を発行価格に加算して中途償還ができるようになっていた。つまり、一般金利が大きく変動している状況下において、それによって生じる損害は債券投資家がまるまる被り、利益の方はほとんど享受できないということである。

分かりやすい例を挙げよう。一九二八年、アメリカン・ガス&エレクトリック社は期間一〇〇年、表面利率五％の無担保社債を価格一〇一で売り出した。恐慌の最中にあった四年後、その良質な債券の値は下がり、価格は六二と二分の一、利回り八％にまでなっていた。市況が反転したことで一九四六年までには、こうした類の債券に適用される金利は三％にまで下がっており、この五％利付債ならば一六〇近くまで値が付いたはずであった。しかし、この時点でアメリカン・ガス＆エレクトリック社は任意償還条項を発動し、この銘柄はわずか一〇六という価格で償還されてしまったのである。

債券に付されたこのような任意償還条項は、「表が出れば私の勝ち、裏が出ればあなたの負け」方式をカモフラージュしたものにすぎない。近年、機関投資家からの強い要求によってついに、長期のハイクーポン債のほとんどは、発行後最低一〇年は償還できないようになった。それでもなお債券の値上がりは制限されることになるが、不公平となるものではない。

現実問題としてアドバイスすると、長期債に投資する人は、利回りが多少低くなろうとも二〇年や二五年は満期前償還が発動されないと保証されたものを選ぶとよいだろう。同様にいえることは、数年以内に償還されてしまう可能性のある、額面価格近辺で売られているハイクーポン債を購入するよりは、割引されたロークーポン債を買ったほうが有利だということだ。というのは、例えば、表面利率三・五％の債券が、割引率六三・五％、利回りが七・八五％となることによって、中途償還によるリスクを相殺することができるからである。

ストレート――非転換の優先株

優先株について大まかにみてみよう。本当に良質の優先株は現実に存在する。だがこれは、優先株固有の性質が決して良いものではないにもかかわらず、良質なものもなかにはあるという意味である。優先株の安全性は、その企業の普通株に対する配当支払い能力およびその意向によって左右される。ひとたび普通株への配当が滞れば、あるいはその危険性があるというだけで、優先株主の立場は危うくなる。というのも、普通株が無配となっている場合には、取締役会は優先株主への配当金を支払う義務がないからである。他方においてほとんどの優先株は、企業の利益に対して、定められた配当以上の恩恵を得ることはない。このように、優先株は、債券保持人（債権者）に認められるべき法的請求権も、普通株主（パートナー）の有する利益配分の可能性も持たないのである。

優先株のこうした法的地位における弱点は、不況が訪れるたびに表面化する傾向がある。時代の流れにかかわらず確固たる優良投資対象の地位を守り続ける優先株は、ほんの一握りにすぎないのである。経験から学んだ優先株の買い時とは、一時的な逆境で株価がひどく落ち込んだときだけである（そうした状況は、積極型投資家にとっては絶好の機会であろうが、防衛的投資家にとっては冒険が大きすぎるであろう）。

換言すれば、優先株は割安水準のときに買うか、さもなくば買うなということである。転換社債とそれに類似した特典が与えられたものについては、後ほど述べる。これらは特殊な利益の可能性を有するものであるが、いずれも、通常は防衛的投資家には向かない投資対象である。

優先株を通常保有する場合の特色で、述べておくべきことがある。それは税法上、個人投資家よりも企業の方が、優先株購入によるメリットが大きいということである。企業の場合、通常の利子についてはその利子所得全体に対して所得税を支払わねばならないが、配当金として受け取った金額は、その一五％に対してのみ所得税を支払えばよいのである。一九七二年からは企業の税率は四八％となっており、つまり一〇〇ドルの受取金があった場合、それが優先株の受取配当金ならばわずか七・二〇％の税金しかかからず、片やそれが債券の利息であれば税金は四八ドルに跳ね上がるのである。他方で個人投資家は、近年なされたごくわずかの免税を除いては、優先株の配当に対する税金も債券利息に対する税金も同一である。つまり、免税債券はその所得税を支払う投資家が買い付けるものであるように、投資適格のすべての優先株は企業が買い付けるべきものだということなのである。

証券形態

これまで述べてきた債券および優先株は、分かりやすくて比較的単純なものだ。債券保有者は、一定利率の金利を受け取り、かつ確定日には元本の支払いを受け取る権利を有する。優先株の保有者は、一定の配当金を受け取れる以上の権利はない。その配当金の支払いは、普通株に優先して行われるべきものである。また元本は一定期日に支払われるというものではない（配当は累積的、非累積的の双方の場合がある。議決権の有無もまちまちである）。

右の説明は標準的な条項によるものであり、もちろん大多数のものを示しているわけであるが、標準の形から逸脱したものも多々ある。よく知られているものとしては、転換権付きのものやそれに類似したもの、収益社債などがある。収益社債は、その企業に利払い分の収益がなければ、利子を支払う必要がない（未払い利子は将来の収益に対する請求金額として累積されるが、累積される期間は通常三年以下に限定されている）。

企業はもっと収益社債を利用すべきである。収益社債が敬遠されるのは、経済史におけるちょっとした不幸な過去に起因したものだろう。というのも、収益社債が最初に発行されたのは鉄道会社の再編成に伴う状況であったため、財政上立場が弱く投資対象としての魅力がないものだというイメージができてしまったのである。だが収益社債は、形態そのものにいくつかの実際的な利点がある。近年発行されたさまざまな（転換）優先株と比較したりその代用として考えた場合、その利点はさらに顕著である。その筆頭に挙げられるのは、収益社債の利子が企業の課税収入から控除される点であり、それによってこの形態の資本にかかるコストは実際半分となっている。

投資家としての観点に立てば、①相応の収益を企業が上げたときには無条件で利払いを受け取れる権利と、②収益が上がらず利払いがなされないときに、破産手続き以外の形態で自己防御するための権利を確立することが、ほとんどの場合で最善策であろう。収益債券の条項は、借り手と貸し手の双方に有利となる形に個々に作り上げることができる（もちろん転換権が付与される場合もある）。

本質的に立場の弱い優先株がみんなに買われ、強い立場にある収益債券が敬遠されるという現実は、新たな視点が必要とされる状況に置かれているにもかかわらず、ウォール街では昔ながらの機関投資家たちが往々にして過去のやり方に固執しがちであることを表す、非常に興味深い好例である。われわれはこの先どんな楽観論や悲観論が金融界に吹き荒れようとも、歴史も、時間によって証明された原理をも捨て去る用意があるが、自分たちの哲学には迷うことなく断固として執着していくつもりである。

第５章　防衛的投資家のための株式選択

普通株投資の長所

一九四九年の初版では、ポートフォリオに普通株を多く組み入れることについて長い説明を加えた。株式に対する当時の一般認識は、非常に投機性が高く、ゆえに危険だというものであった。というのも、株価は一九四六年の高い水準からかなり下落しており、それが投資家を引きつけるどころか、株に対する信頼を失墜させるという逆の効果を生み出してしまっていたからである。

われわれは、その後二〇年続いているこれとは反対の状況について所見を述べてきた。この間に株価が大きく上昇し、実際には相当なリスクをはらんでいるかもしれないのに、株はかつてないほど安全で利益の上がる投資対象だと思われるに至ったのである。

株式に関して一九四九年に述べた事柄は、大きく分けて二つある。その第一は、債券にはインフレによる資金価値の目減りから投資家を守るという効果が全く期待できないのに対して、株式にはその効果が相当程度まで期待できるという点である。株の持つ第二の利点として述べたのは、他の対象に投資するよりも、相対的に高い収益を得られるということだ。これは、良質の債券よりも株の平均配当のほうが上回っていたことと、配当金として支払われずに内部留保された利益を再投資に回した結果、株価が長年にわたり上昇基調にあったことの二点から生み出されたものだ。

これら二つの利点は非常に重要なものであり、それによって過去長期にわたって株式は債券よりもはるかに高い利益を上げてきたわけだが、投資家たちがあまりに高い株価を支払ってまでも株を買うようになれば、こうした状況が崩れ去る可能性があると、われわれは一貫して警告を発してきた。それはまさに一九二九年に起きたケースであり、一九二九〜三二年にかけて徹底的に落ち込んだ相場水準から元のレベルにまで戻すのに、実に二五年も要したのである。しかし、一九五七年以降、債券利回りに対して伝統的に優位を保ってきた普通株の配当利回りが、株高現象によって再びその優位性を失ってしまった。インフレと経済成長によってこの重大なる逆転現象を補うことができるかは、今後の成り行きを見なければならない。

一九七一年終わりのダウ平均九〇〇という高い株価水準では、われわれが株式に強い投資意欲を抱くことはないことを、読者にはっきりと示しておきたいと思う。しかし既に述べた理由から、防衛的投資家ですらポートフォリオにかなりの株式を組み入れざるを得ないであろう（債券のみに投資するよりは、多少はリスクが低くなるという程度のことでしかないとしても）。

組み入れ株式の基準

防衛的投資家のポートフォリオに組み入れる普通株銘柄を選ぶのは、比較的簡単である。みなさんに勧める四つの基準を挙げたいと思う。

①十分な、しかし過度にならない程度の分散投資を行うこと。例えば、一〇銘柄以上三〇銘柄以下くらいが望ましいであろう。

②財務内容の良い有名な大企業を選ぶこと。漠然とした基準に思えるかもしれないが、その意味はほぼ明白であろう。この点については、この章の最終項目を参照のこと。

③長期にわたる継続的な配当金支払いの実績があること（ダウ平均に採用されている銘柄は一九七一年現在、すべてこの要件を満たしている）。具体的にいうと、少なくとも一九五〇年以降、

継続して配当が支払われていることを目安にすればよいであろう。

④ある銘柄を買い付けるに際しては、過去七年程度の平均企業収益に照らして支払うべき価格の上限を決めること。この上限価格としてわれわれが目安としているのは、過去七年間の平均企業収益の二五倍、そして過去一二カ月の企業収益の二〇倍である。しかしこの基準によって、ほとんどすべての有力人気銘柄が投資不適格ということになってしまう。特に、投機家と機関投資家の双方にここ数年人気の高い「成長株」の範疇に含まれる銘柄を、実質的にすべて除外しないとならなくなる。このような思い切ったことを提唱する理由を次に述べる。

成長株と防衛的投資家

「成長株」という言葉は、過去に一株当たりの利益が一般の株式よりもずっと高い割合で増加してきており、かつ将来的にもその状況が続くと見込まれる株式のことを指している（真の成長株とは、一〇年間で一株当たりの利益が少なくとも二倍以上になる、すなわち複利で七・一％以上の割合での増加が見込まれる銘柄であるという専門家もいるだろう）。だれが見ても、こうした株式は買って保有する魅力があるものだ。ただし、法外な価格でなければ、という条件が付く。そしてもちろん、問題はここである。というのも、成長株は直近の収益に対して長期にわたり高値で売られてきており、そして過去の収益に比較すると株価はさらに高い倍率となっているからである。このことによって成長株全体の投機性が相当に高まり、成長株の売買で成功するのは非常に困難な状況となっているのである。

長期にわたり成長株の代表格と目されているのはＩＢＭであり、かつてこれを買って手放さずに持ち続けた人々は、莫大な利益を手にしてきた。だがわれわれが既に指摘したように、この「最高の銘柄」は、一九六一年から六二年にまたがる六カ月の株価下落によって実際に五〇％も値下がりしており、一九六九年から七〇年にかけてもほとんど同程度の下落を示している。その他の成長株はさらに逆境に弱く、なかには株価が下落したばかりか収益まで減少したものもあり、そうした企業の株主たちは二重の失望を味わったのである。その例として次に挙げるのはテキサス・インスツルメンツ社である。同社の株価は無配のまま六年間で五ドルから二五六ドルにまで上昇し、その間に一株当たり利益は四〇セントから三ドル九一セントにまで増加している（株価が収益の五倍のスピードで上昇している点に注目してほしい。これは人気株の特徴である）。しかし、二年後には利益が五〇％近くも落ち込み、株価は五分の一まで下落して四九ドルになってしまった。

これらの例から、成長株全般が防衛的投資家の投資対象としてはあまりに不確実でリスクが高いと、われわれが考える理由を理解してもらえるだろう。もちろん、個々の投資家が正しい銘柄選択を行い、それを適正な株価水準で買い付け、大幅な値上がり後の来るべき下落が訪れる前に売り抜けることができれば、奇跡も起こり得る。だが今日、普通の投資家にとって、これはカネのなる木を探すようなものである。これと対照的に、比較的人気のない、ゆえに合理的な株価収益率で入手できる大企業群こそが、一般大衆投資家にとって（目を見張るような素晴らしい結果とはいかないまでも）健全な投資分野となると、われわれは考えるのである。この点については、ポートフォリオの選択に関する章で詳しく述べることとする。

ポートフォリオの変更

手持ちの全証券リストを定期的に点検して、その質が向上する可能性があるかどうかを調べるのは、今や日常的に行われている。もちろんこれは、投資顧問会社が顧客のために行うサービスの核となる部分である。ほとんどの証券会社もこれに類したことを無料で行っており、その見返りとして証券取引の委託売買注文をもらっている。証券会社によっては投資サービスを有料で提供しているところもある。

防衛的投資家のみなさんは少なくとも年に一度、投資を始めたばかりのころに求めたような、ポートフォリオ組み入れ銘柄の変更に関するこうした助言を受けた方がよいであろう。しかしだれに頼ればよいか分からないであろうから、最も評判の良い会社を選ぶことが肝心である。さもなくば、無能あるいは非良心的な者の手に落ちてしまう可能性が高いのである。いかなる場合でも重要なのは、こうした投資相談の際には必ず、先に述べた株式銘柄選択の四つのルールを固守するつもりである旨を、相手にはっきりと伝えることである。加えて述べれば、最初に適切な銘柄選択がなされてさえいれば、何度も頻繁に組み入れ銘柄を変更する必要は生じないはずである。

ドル・コスト平均法

ニューヨーク証券取引所では、投資家が毎月一定額を投じて一銘柄以上の株式を買い付けていくという、「マンスリー投資プラン」を広めようと多大な努力を費やしている。これは、ドル・コスト平均法として知られる「フォーミュラ投資法」の応用形である。一九四九年以来の圧倒的上昇相場の間、こうした方法には大きな成功を見込むことができた。その主因は、こうした手法をとることで悪い時期に集中的に買い付けを行うことを避けられたからである。

ルシル・トムリンソンはフォーミュラ投資プログラムに関する広範な研究（『プラクティカル・フォーミュラ・フォー・サクセスフル・インベスティング』一九五三年、ウィルフレッド・ファンク社）のなかで、ダウ工業株平均採用銘柄にドル・コスト平均法を用いた場合の運用結果を試算している。データ分析は一〇年を一単位としており、一九二九年に至る一〇年から一九五二年に至る一〇年まで、二三の期間について行っている。そのすべての場合において、期間終了のころか、その後五年以内に利益が出るという結果となった。二三の各期間終了時における、配当を除外した平均利益は、二一・五％となっていた。当然ながら、なかには一時的に相場が大きく下落したケースも含まれている。

トムリンソン女史はこの超単純な投資方式に関する論文を、次のような印象的な言葉をもって結んでいる――「証券価格が変動しようとも最終的には成功するという確信をもって実行できる、ドル・コスト平均法以上に優れた投資方式は、いまだ見いだされていない」

ドル・コスト平均法は手堅い投資原則ではあろうが、実際問題としては非現実的であるという理由から、彼女の意見に反対する人もいるだろう。毎年毎年一定額を、例えば二〇年といった長期にわたって株式に投資し続ける忍耐力のある人など、ほとんどいないと思えるからだ。だがこうしたもっともらしい反論の説得力は、近年かなり落ちてきているように私には思える。それは貯蓄投資計画の健全なる手段として、株式投資が一般に受け入れられるようになってきたためだ。

よって、規則的かつ画一的に株を買い付けることは、連邦貯蓄債や生命保険に資金を投じ続けることと比較して、必ずしも心理的、財政的に大きな負担とはならないであろうし、むしろこれらを補足する位置付けとしてとらえるべきである。月々投じる金額が少額であっても、二〇年以上にわたって投資を続ければ、その結果は投資家にとって非常に重要なものとなり得るのである。

投資家個々の事情

この章の初めで個々の投資家の状況について簡単に触れたが、それに関連して引き続き述べたポートフォリオ選択の一般方針に焦点を当ててもう一度考えてみよう。投資家個々の状況は、有価証券の選択にどれほどの影響を与えるべきものであろうか。話を分かりやすくするために、状況が大きく異なる三つのケースである、①二〇万ドルの遺産で自分と子どもたちの生活を支えなければならない未亡人　②貯金が一〇万ドルあり、さらにそれが毎年一万ドルずつ増えていく壮年の医師　③週の収入が二〇〇ドルで、年に一〇〇〇ドルの貯蓄をする青年――を取り上げよう。

未亡人の場合、生計を立てるための定期的な収入を得ることが死活問題となる。他方においては、投資金の保全がとても重要になる。彼女の二つの目的を満たすための折衷案であり、われわれが防衛的投資家に勧めているのことにも一致するのが、米国債と優良株とで資金の振り分けをほぼ半々にすることである（心理的に耐えることができ、かつ高すぎる水準で買っていないという確信がほぼ持てるのならば、株式比率を最高七五％まで引き上げてもよいだろう。しかし一九七二年初めの株価水準は、明らかにこうした状態にはない）。

われわれは、未亡人が積極的投資家として資金を運用する可能性を否定しているわけではない。ただしその場合、投資目的もその手法もかなり異なったものとなろう。だが未亡人が絶対にしてはならないことがある。それは、さらに「利益を上乗せする」ための投機的行為である。投機的行為とはつまり成功を保証するための必要な手法も持たずに、やみくもに高い収益を求めようとすることだ。根拠の乏しい投機行為によって財産の半分をリスクにさらすよりも、元本から毎年二〇〇〇ドルを引き出してその範囲内でやりくりする方が、はるかに望ましいことであろう。

裕福な医者には未亡人のような精神的プレッシャーや制約などはないわけであるが、その投資選択は未亡人の場合とほとんど同じであるべきだとわれわれは考える。裕福な医者が投資という行為に自ら進んで真剣に取り組むであろうか？　もし彼に投資に対する熱意や才覚が欠けているとすれば、最も良い成績を上げられるのは防衛的投資家が取る単純な手法に従った場合である。よって、彼のポートフォリオの構成は「典型的」な未亡人のそれと同一となるべきであり、株式比率の決定には未亡人と同様に個人的裁量の余地がある。また毎年の貯蓄額も、資金全体と同じ比率で投資すべきである。

一般的に言って医者の場合、未亡人よりは積極的投資法を選ぶ者の比率が高いであろうし、またそれによって成功する確率も未亡人より高いであろう。しかし、医者には大きなハンディがある。投資に関する勉強をしたり資金を管理するための、十分な時間が取れないということだ。実際、医療関係者が有価証券取引で失敗するというのは定説となっているほどだ。その理由として挙げられるのは、彼らのほとんどが自分の知性に関して過剰な自信があり、高い利益を上げたいという強い欲望はあっても、成功するには投資に関して十分な注意を払い、証券価値に対する専門的研究が必要であるということを認識していないからである。

最後は、毎年一〇〇〇ドルを貯蓄し、その後、収入の漸増が期待できる青年であるが、理由は違っても、彼らもまた同様の投資選択をすることになる。彼らは貯蓄の一部を自動的に連邦貯蓄債券E号に投資すべきであるが、その残額をもって積極型投資を行おうとすれば教育的訓練や精神鍛錬が必要となり、少ない金額のためにそこまでする価値はほとんど認められないように思えるのである。よって防衛的投資家のための基本プランに単純に従うことが、彼らにとって手っ取り早く合理的な方針といえるのである。

ここで忘れてはならないのが人間の本質である。証券投資は限られた資金しか持たない多くの聡明な青年たちにとって、大きな魅力がある。彼らにとって、毎月もらえる給料と比べれば投資収益の重要性はかなり低いとしても、貯蓄の活用には賢明かつ積極的に臨みたいと考えるはずである。こうした姿勢は非常に望ましいものだ。若き資本家が財務の勉強を始め、早いうちに実際経験を積むことは大きな強みとなる。彼らが積極的投資家を目指せば、必ず何度かは判断ミスを犯して多少の損を出すことになろうが、若者は失望を乗り越え、それを糧にすることができるものだ。証券投資の初心者にわれわれが強くアドバイスすることは、市場に勝ちたいという一心で時間とカネを浪費するなということだ。証券の価値を研究し、まずは株価とその価値について、自分の判断の正しさを、最小限の金額を投じて証明してみるのがよいであろう。

買い付ける証券の種類や期待される収益率は、投資家個々の財力ではなく、証券投資に必要な知識や経験、性格といった資質によって決まるものだと冒頭に述べたが、ここで再びその話に戻ろう。

「リスク」の概念について

良質の債券は良質の優先株よりもリスクが低く、その良質の優先株は良質の普通株よりもリスクが低いと、昔から言われてきた。このことから、普通株は「安全」ではないという偏見が広まり、そうした偏見は、連邦準備制度理事会による一九四八年の調査にも表れている。「リスク」と「安全」という単語が証券に関してはそれぞれ二つの異なった意味で用いられ、その結果、思考に混乱を招いているということを指摘したいと思う。

債券は、利息や元本の支払いが滞れば安全でないことがはっきりと証明される。同様に、優先株の場合、あるいは普通株であっても、所定の配当が支払われ続けるという期待で買った場合、減配になったり無配になることがあれば、それは安全ではないということになる。価格が取得原価を大きく下回ったときに投資家がそれを売却しなければならない可能性が高いとすれば、その投資もまたリスクをはらんでいるといえる。

しかし、証券価格が下落する可能性がある場合に、その下落が周期的かつ一時的なものであり、またそうした状況下でわざわざ売却する必要性がないようなときでも、リスクという概念が拡大されて用いられることが多い。こうした可能性は連邦貯蓄債券以外のどんな証券にもつきものであり、一般的には優先証券よりも普通株の方が高いものである。だがこれは真の意味でのリスクではないと、われわれは考える。ある建物を抵当に取っている人は、不利な状況の時にそれを売却しなければならないとすれば、かなりの損失を被ることになるかもしれない。だが不動産担保貸付の安全性やリスクを判断する上で、通常そうした要素が加味されることはなく、唯一の判断基準となるのは、期限通りに確実に支払いがなされるかという点である。同様に、一般の商取引に伴うリスクは損失を出す可能性によって決まるものであり、もしもその所有者が売却を強要されたらなどということは問題ではないのだ。

善意の投資家は、保有株が値下がりしたからといってカネを失うわけではなく、ゆえに下落の可能性があるとしても真の損失リスクを負っているとはいえない（これについては、第8章で説明する）。きちんとした銘柄選択がなされた株式ポートフォリオが、かなりの期間にわたって満足のいく利益を上げているとすれば、そのポートフォリオの「安全」は証明されたといえる。投資期間中に市場価値は変動するが、購入価格を下回る株価のときに売ったりはしないだろう。もしもそれが「危険」ということになるならば、その投資は危険である反面、安全でもあるということになってしまう。こうした混乱を避けるためには、リスクという概念を、現実の売却によって損失が確定した場合、投資先企業の経営状況が著しく悪化したために株価が下落した場合、そしてこれが恐らく最も多いパターンであるが、証券の内在的価値に照らして高すぎる株価で買い付けた結果の値下がりに絞って用いればよいのである（近年では投資判断を行うための数学的アプローチにおいて、「リスク」を平均株価変動である「ボラティリティ」によって決定するというのが一般的手法となっている。この件に関しては、一九六九年にリチャード・ブリアリーが書いた『イントロダクション・トゥ・リスク・アンド・リターン』を参照してほしい。だが「リスク」という言葉のこうした使われ方は、相場変動に重点を置きすぎているという意味から、堅実な投資判断を行う上では実用的というよりは有害である）。

多くの普通株は、こうした株価下落のリスクをはらんでいる。だが適切な分散投資がなされた株式ポートフォリオにはこのような本質的なリスクは存在せず、よって単に株価変動という要素をとらえて「危険」だとすべきではない。しかし、内在価値に照らして明らかに高すぎる株価で買ったかもしれないという危険があれば、その後、深刻な値下がりが回復する可能性があったとしても、そこには本質的なリスクが存在することになるのである。

「財務内容の良い有名な大企業」とは

本項の見出しに掲げたのは、長年にわたって継続的に配当が支払われてきたことを条件に、防衛的投資家が買い付けるべき株式を形容するため、この章の初めの部分で用いた表現である。形容詞によって表現される基準は、常にあいまいなものだ。財務構造の健全さ、知名度、企業規模について、一体どこで線引きをすればよいのだろうか？　第一の点に関しては、一般に受け入れられている考えに従って決めた、ある程度はっきりした基準を示すことができる。事業会社の場合で保守的な財務内容と言えるのは、株主資本純資産が、すべての銀行借入までを含めた総資産の少なくとも半分以上のときである。鉄道会社や公益企業ならば、この数字は三〇％以上となる。

「有名な大企業」という概念は、その業界内で主たる地位を占め、かつ相当の事業規模を有している企業に対して用いられるものだ。そうした企業のほとんどは「一流」といわれ、それ以外の企業の株式は「二流」と呼ばれる。例外は成長株で、通常これらとは別個にランク付けされている。具体性を増すために数字で示せば、今日「大企業」といえるのは、五〇〇〇万ドル以上の資産を有しているか、あるいは五〇〇〇万ドル以上の売上がある企業であり、「有名企業」は規模の大きさが業界内で上位四分の一、あるいは三分の一以内に入る企業である。

しかし、このような便宜上の基準に固執するのはバカげたことであろう。これらは手引きを必要とする人のための指針にすぎないからだ。反対に、投資家が自分自身で定めた基準であっても、それが一般常識の範囲内で「有名企業」であり「大企業」といえるものならば、それはそれでよいのである。当然ながら、防衛的投資家に適した銘柄に含めるか否かで、人によって意見が分かれる企業が数多く存在するはずであるが、それは問題ではない。実際、そうしたことで株式市場は有益な影響を受けてきたのである。なぜなら、そのために一流と二流の境界に確たる線引きがなされず、両者が徐々に入れ替わることが可能になっているからである。

第6章　積極的投資家の分散投資――消極的な方針

基本方針という意味では、「攻撃的」投資家も防衛的投資家も同じでなければならない。すなわち資金を適切な価格の優良債券と優良普通株とに分散投資するということである。やがて攻撃的投資家の関心は、他の証券投資へと枝葉を伸ばしていくのだが、それぞれに踏み込んでいくには相応の根拠が必要となる。この問題を理路整然と論ずることは難しい。なぜなら積極型の投資において、たったひとつの理想的な方法などというものはないからである。選択の幅は広く、しかもその選択はそれぞれの投資家の能力やテクニックのみならず、それと同じくらい彼の興味や好みによるものなのである。

積極的投資家にとって最も役立つ一般法則とは、消極的なものである。優良な優先株は機関投資家に任せること。劣後債や優先株は、それらが割安価格――高利回り債券では少なくとも額面の三〇％以下、低利回り債券ではそれよりさらに低い価格――でなければ手を出すべきではないこと。利回りがいくら魅力的であっても外国政府債は避け、一見とても魅力的な転換社債や優先株、またここ数年に限って特に素晴らしい収益をもたらした普通株などの新規発行証券についても用心すべきであること、などが挙げられる。

標準的な債券投資については、積極的投資家も防衛的投資家に勧められている方法に従えばうまくいく。つまり優良課税債券（現在、利回り約七・二五％）と、良質な非課税債券（長期満期で利回り五・三〇％）との間で選択をすればよいのである。

二流債券と優先株

一九七一年後半以降、利回りが七・二五％あるいはそれ以上の高格付け社債が市場に出回っているので、単に高収益だからといって、二流債券を買うというのは全く意味のないことだろう。事実、過去二年間、信用状態が芳しくない企業が市場で「普通社債」、つまり非転換社債を発行することはほぼ不可能だった。ゆえにこうした企業は転換社債（またはワラント付社債）を発行することによって資金調達をしてきた。このため、これらの企業は特別な範疇に収められることになった。当然の結果として、実質的に格付けの低い非転換社債はすべて、大幅な割引価格で売られる既発債となる。つまり二流債券は将来的に有利な状況下において、元本の価値を大きく増す。ここでの有利な状況とは、その企業の信用格付けが上がり、かつ金利も下がった状況である。

しかしいくら安価で、元本が増える可能性があっても、二流債はより良質な銘柄と競争しなくてはならない。一九七〇年には、一ドルに対して約五〇セントほどで売られていた「旧式」表面利率（二・五％から四％）の違約罰付捺印債務証書付き債券もあった。例としては、AT&T社の一九八六年満期の表面利率二と八分の五％ものが五一ポイント、アチソントピーカ&サンタフェRR社の一九九五年満期の表面利率四％ものが五一ポイント、マグローヒル社の一九九二年満期の表面利率三と八分の七％ものが五〇・五ポイントなどが挙げられる。

一九七一年後半は、積極的投資家は優良債券を大幅な割引価格で買うことができ、おおよそ望み得る限りの収益と価格上昇の機会を得られるだろう。

本書では至るところで、過去にあった明確かつ長期的な相場状況が将来再び起こる可能性について触れる。よって優良債の価格や利回りが元の標準レベルに戻った場合、積極的投資家はどのような方針を取るべきかを考えなければいけない。そこで一九六五年版で述べたこの点についての所見を再掲する。ちなみに当時、優良債の利回りはたった四・五％だった。

ここで二流債への投資について述べる。二流債は、利回りが八％以上という特徴があるため、容易に判別できる。一流と二流の債券では何が違うかといえば、支払利息に対して企業収益が何倍あるかということである。例えば一九六四年初め、シカゴはミルウォーキーのセントポール・アンド・パシフィック鉄道の六八ポイントの値がついた五％収益利付無担保社債の利回りは七・三五％だった。しかしこの鉄道会社の税引前総収益は支払利息のわずか一・五倍だった。われわれは、安全な鉄道債というためには、それが五倍以上であることを条件としている（一九七〇年、ミルウォーキー鉄道は巨額の赤字を報告した。これによって収益社債の利息支払いは滞り、五％収益利付無担保社債の価格は一〇ポイントまで下落した）。

投資家の多くはこのような債券を、「収入が必要」、そして一流債のわずかな利息ではやっていけないという理由で買う。しかし単に利回りがいいというだけで適正な安全性を欠く商品を買うのは賢明ではないということは、過去の経験から明らかである（ここでいう「単に」とは、この銘柄の時価が大幅な割安となっておらず、よって元本から大きな利益を得られるチャンスはないという含みがある）。そのような二流債を満額、つまり一〇〇ポイントよりも大幅に下がらない価格で買うと、将来その価格が下落する可能性が高い。だから不景気や、または単なる相場の下落からも、このような銘柄は大きな影響を受けやすく、利息や配当の支払いが停止されたり、少なくともその危険にさらされたりする。さらに業績はさほど悪くないにもかかわらず、その債券価格が著しく下がることもしばしばある。

こういった二流債の性質を具体的に表すものとして、一九四六～四七年における鉄道一〇社の収益社債の価格変動を見てみよう。これらはいずれも一九四六年には九六以上で売られており、最高価格は平均一〇二・五だった。しかしその翌年までにこの一〇社の収益社債は平均六八となり、ごく短期間に三分の一も市場価格が下落したのである。奇妙なことに、米国の鉄道会社は一九四六年よりも一九四七年の方がはるかに高収益を上げていた。だからこのような大幅な価格の下落は業績と反するものであり、相場全体が売り込まれていたことを反映している。しかし注目すべきは、この収益債券の値下がり率はダウ平均の約二三％という数字よりも大きかったことである。明らかに、この収益社債を一〇〇以上で買った人は、この債券価格がそれ以上値上がりすることは期待していなかったはずだ。唯一の魅力はその四・二五％という高利回りであり、これは当時の一流債の平均利回り二・五％と比較すると、年間収益で一・七五％高かった。しかしこの二流債を買った人が、年収においてわずかばかりの得をするために元本の大部分を失うという危険を冒していたことを知るのに、時間はかからなかった。

この例は、「ビジネスマン投資」と皮肉られる一般的な過ちに対して敬意を払わせるものである。ビジネスマン投資とは、一流銘柄よりも利回りが高く、それ相応の高リスクを背負っているような証券を購入することである。たかだか年一～二％余計に利益を得るために、元本を損なうという明らかな危険を受け入れることは、取引としては失敗である。何らかのリスクを負ってもいいのは、もしうまくいったら必ず元本価値の上昇から相当な利益を得ることが確実なときだけである。だから利回り五・五～六％の満額の二流債は、ほとんど損に終わる。七〇ポイントほどの価格の二流債ならまだ意味はあり、もし辛抱強く待っていればその水準で買える時が恐らく来るだろう。

二流債や優先株には、賢明なる投資家が心に留めておくべき二つの矛盾した特質がある。これらの証券は相場がよくない時期にはこぞって価格の下落に苦しむが、相場が再び好転すれば大部分が元の状態に回復し、そして終局的には「うまくいく」。このことは、（累積的に）何年間も無配が続いた優先株にさえ当てはまる。一九四〇年代初期には、一九三〇年代の長い不況の結果、このような証券がたくさんあった。一九四五～四七年の戦後ブームの間に、このように累積未払い配当金の多くは現金または新証券の形で支払われ、元本もほとんど償還された。結果、その数年前、これらの銘柄が安く売られていたときに買っていた人は大きな利益を得た（例えば、シティーズ・サービスの額面価格六ドルの第一優先株は無配当で、一九三七年は一五ドル、一九四三年には二七ドルという安値を付け、累積未払い配当金は一株当り六〇ドルにも上っていた。一九四七年にそれは一株につき一九六・五ドルの表面利率三％の無担保社債に交換回収され、その後、一八六もの値が付いた）。

二流債や優先株で得られる高利回りは、全体的にみると、回収できない元本の損失を埋め合わせる結果となる。つまり、このような銘柄をすべて発行価格で買った投資家は、長期的に見ると、一流債にのみ投資した人と同じか、若干それを上回る結果を得られる可能性があるのだ（全米経済研究所が行った詳細な統計調査から、こうしたケースが実際にあったことが証明された）。

しかし実際には問題がある。結果のいかんにかかわらず、二流債を満額で買った人には、その価格が暴落する不安がつきまとう。さらに彼には「平均的な」収益を保証するほどの銘柄を十分買う資力はないし、収入の大部分を結果的には永久に失われる元本の損失の「償却」にあてることは不可能である。最後に、長年の経験から、相場が弱気になれば七〇ポイントか、それ以下で買えそうな二流債をほぼ満額で買うことを控えるのは、単なる常識であることを付け加えておく。

外国政府債

投資家ならば、それほど経験のない人でも、一九一四年以降、外国債の投資実績が全体的に芳しくなかったことを知っている。これは二つの世界大戦と、その間に起きた未曾有の世界恐慌を考えると、避けられないことだった。しかし数年ごとに相場は回復し、ほぼ額面価格で新規外国債が発行できるようになるものである。この現象は、債券分野だけに限らず、平均的な投資家の心の動きをよく現している。

オーストラリア、ノルウェー国債などのような、格付けの高い外国債の将来を懸念すべき具体的な理由はない。しかし有事の際には、外国債の所有者には自らの権利を行使するための法的手段が何もないことは明らかである。一九五三年に表面利率四・五％のキューバ国債を一一七ポイントという高値で購入した人は、その金利が未払いとなり、一九六三年にはその購入価格の二〇%という安値で売却した。この年のニューヨーク株式市場の上場債券には、表面利率五・二五%で三六ポイントのベルギー領コンゴ債、表面利率七%で三〇ポイントのギリシャ債、さらに七ポイントという安値を付けたポーランド債などがあった。表面利率八%のチェコ債が一九二二年に初めて九六・五ポイントで発行されて以来、繰り返されている変動を知る読者がどれほどいるだろう？　それは一九二八年に一一二ポイントまで上昇し、一九三二年に六七・七五ポイントまで下落し、一九三六年には一〇六ポイントまで回復したものの、一九三九年には六ポイントまで暴落し、そして一九四六年には信じられないほど回復して一一七ポイントとなり、その後一九四八年には三五ポイントまで急落し、一九七〇年には八ポイントという安値になったのである！

何年か前、外国債の購入に関して、われわれのような豊かな債権国は道徳的義務から、外国に対して貸し付けを行うべきであるというような議論が起こった。時間とは非常に多くの報復をもたらすもので、アメリカも今や大変難しい国際収支問題に取り組んでいる。この一因として、米国の投資家が少しでも有利な利回りを求めて大量に外国債を購入したことが挙げられる。過去何年もの間、われわれは買い手にとってそのような投資にそれなりの魅力があるかどうか疑問に思ってきた。しかし、恐らく外国債を購入しない方が国にとっても本人にとっても良かったであろうということを、ここで付け加えておく必要があるのだろう。

新規発行債一般について

新規発行債はその品質や魅力がさまざまなので、これを十把ひとからげに一般論で述べるのは愚かなことと思われるだろう。確かに、規則に例外はつきものだ。われわれが唯一できる忠告、それは、投資家は新規発行債に対して用心深くならなければならないということである。要するに、購入前には念入りな調査と厳しい吟味が必要なのである。

これには理由が二つある。ひとつは、新規発行債の背後には特別な販売テクニックがあるので、それにふさわしい対応をしなくてはならないこと。もうひとつは、ほとんどの新規発行債が「市場状況が良好」なときに販売されている――つまり売り手にとっては有利であるが、買い手にとってはそれほど好ましくないということである。

このようなことを考慮に入れることの効果は、一流債券から二流債券、そして普通株へと下がるにつれて大きくなる。過去に、既に発行済みの債券を繰り上げ償還価格で償還し、より利回りの低い新規債に乗り換えるということがよく行われた。これらほとんどは優良債や優先株だった。この買い手は主に機関投資家で、自分たちの利益を守るだけの十分な能力を備えていた。したがって、これらの新規発行に際しては比較対象債券の市場レートを注意深く見ながら値付けされているので、セールスマンの強烈な販売術もさほど影響しなかったのである。ただし金利の低下に伴い買い手は新規発行債に対して高い金額を払うことになり、それらのほとんどは後に大幅に値下がりしてしまった。これは発行者にとって市場条件が最高のときに新規債券を発行するという、あらゆる種類の証券に共通した傾向のひとつである。しかし一流債券の場合、買い手にとってこの悪影響は、深刻というよりはむしろ不愉快という程度のものだった。

ところが一九四五年～四六年および一九六〇年～六一年の間に売り出された低品質の債券や優先株を見ると、状況は若干異なる。これらにおいては、販売努力の効果がより顕著に表れている。なぜなら、これらの債券の大部分は恐らく経験の未熟な個人投資家に売りさばかれたと考えられるからだ。これらの債券について特徴的なのは、過去の相当な年数にわたるその企業の業績を見ても、それでは十分に判断できないことである。その企業が大きく減益せずこつこつと収益を上げているようなら、ほとんどの場合、その企業は十分安全と思われた。これら低品質な債券を市場に持ち込んだ投資銀行は恐らくこの仮定を受け入れたのであり、そしてセールスマンらも自分自身と顧客を納得させるのに苦労はなかったのである。しかし、実はこれは不健全な投資方法であり、結果的には高くつくものなのである。

相場が強気のときには、通常多くの個人企業が上場をする。これは一九四五年～四六年にも、一九六〇年にも起こった現象である。この新規公開の過程は、一九六二年五月に破滅的な終末を迎えるまで、驚くべき規模に膨れ上がっていった。そして数年間の「休息期間」の後、一九六七年～六九年にかけて悲喜劇は確実に繰り返された。

新規普通株の発行

以下の文章は、一九五九年版の文章に若干の注釈を加えたものである。

株式による資金調達には二つの形がある。ひとつ目は既に上場されている企業の場合で、追加発行の新株式は既存株主の持株数に応じて割り当てられる。発行価格は時価よりも低く設定され、この「新株引受権」が当初から金銭的価値を持つ。新株式の発行については、通常ほぼ一社またはそれ以上の投資銀行によって引き受けられることになっているが、新株式は既存株主による新株引受権の行使によって購入されることが期待されている。このように上場会社の新株式の発行は、これを売りさばくための証券会社による積極的な販売活動は通常必要としない。

二つ目は、個人企業の株式を一般に上場する場合で、多くはその企業の過半数の株式を保有している大株主たちが有利な市場価格で持株を売却し、その現金を他に投資するという形で資産を分散するものである（前述の通り、企業の資金需要のために資金調達が行われるときは、優先株を発行することが多い）。こうした個人企業の新規公開株は非常に明確な形をとり、証券市場の性格上、大衆に大きな損失と失望とをもたらす。この株式を売り出した企業自体の性格と、売り出しを可能にした市場の環境の両方から危険は起こるのだ。

今世紀の初めに米国の大企業の株式はほとんど公開された。やがて株式を公開していない一流企業はほとんどなくなり、よって株式の新規公開は小企業へと集中するに至った。それに伴い、一般大衆が大企業を好む傾向が強くなり、小企業に対して逆に強い偏見を持つようになってきたのである。この偏見は、他の偏見と同様に、強気相場が盛り上がるにつれて弱まった。短期間に大きな利益を得られることを見せつけられると、大衆の批判機能は麻痺し、貪欲な本能が頭をもたげるのだ。確かに、素晴らしい業績を上げている未公開企業もあまたあった。しかしそれは素晴らしい業績を示してはいるものの、一〇年またはそれ以上さかのぼって見た場合、多くは決して素晴らしい数字を示してはいない。

こうした要因から結論はこうなる。上昇相場のなかごろから新規公開が始まり、その価格はそこそこ魅力的なものであり、初期の公開株式を買った人は大きな利益を手にすることができる。相場上昇が続くと、この種の株式が相次いで公開され、それにつれて上場する企業の質が次第に下がってくる反面、公開時の売り出し価格は法外なほど高くなる。上昇相場の終焉を示す確かな兆候のひとつとして、得体の知れない小企業の株式が、株式市場において長い歴史を持つ中堅企業の株価よりも高値で売り出されることが挙げられる（特筆すべきは、この種の株式の公開には一流の投資銀行は通常関係しないことである）。

大衆の思慮の浅薄さと、儲かるものなら何でも売りつけてやろうという証券会社のやり方の結果、必然的に価格が崩落する。多くの場合、このような新規公開銘柄は公開価格から七五％かそれ以上、下落する。大衆は軽卒にも飛びついて買ってしまった小企業の株式が底値になると、すっかり嫌ってしまうという事実によって、事態はさらに悪化する。多くは、以前はその真価よりもはるかに高値だったが、今度はそれと正反対に、価値以下にまで下落するのである。

上昇相場の期間にあって新規公開銘柄を売りつけるセールスマンの口車に乗らない能力が、賢明なる投資家の第一条件である。新規公開株のなかで、質・価格ともお眼鏡にかなうものが一つや二つあったとしても、このようなものに巻き込まれるのはよくない。もちろん、セールスマンは過去に大幅に値上がりしたこのような銘柄をたくさん挙げるだろう。そのなかには売り出されたその日に、驚異的に値上がりしたものもあるだろう。しかしこれはすべて投機的雰囲気のなかのことであって、初めは儲かっても最終的に当初の利益の二倍程度の損失で終われば幸運と考えなくてはならないのである。

このような銘柄のうち、あるものは素晴らしい買物となる。しかしそれは二～三年たってだれからも見向きされなくなったとき、その真価の何分の一かの値段で入手できる場合である。

一九六五年の版で、われわれはこのテーマについて次のように続けた。

一九四九年以降の株式相場の動きは、過去の経験を分析したところで予測はできなくなっているが、新規公開株の場合についてはまさしく過去の経験則が当てはまる。一九六〇～六二年と同じほど多くの新規株式が公開され、それが極めて低品質で、そして価格が崩落したことは、過去になかっただろう（スタンダード・アンド・プアーズの『株式ガイド』で、そのような四一社の銘柄を見てみると、うち五社が九〇％以上も下落しており、三〇社が半値以下になり、全体平均でも約三分の二の下落を示している。『株式ガイド』に記載されていない銘柄でも、全体的にほとんどの株が暴落していた）。

株式市場全体がこの災難から急速に立ち直ったのは実際に驚くべきことだが、これは一九二五年のフロリダの不動産価格大暴落を、記憶の底からよみがえらせる。現在の上昇相場が終わる前に、このような株式公開熱が再燃するかどうかは神のみぞ知ることである。しかし賢明なる投資家ならば、一九六二年の出来事を決して忘れず、次にこのようなことが起こったら、短期的利益とその結果としての痛ましい損失は他のだれかに任せ、自分たちは手を出さないことを肝に銘じているはずである。

一九六五年版ではこの後に、「恐るべき実例」の引用を記載した。すなわち一九六一年に九ドルで売り出されたエトナ・メンテナンス社の株式のことである。その後、株価は一五ドルまで上昇した。しかし翌年、二と八分の三ドルまで下落し、一九六四年には八分の七ドルまで落ちた。この会社のその後の業績は劇的に向上したが、この一連の現象は最近の米国経済に別の形で起こった。興味のある読者はこの企業の新旧の歴史を補遺四で見ていただきたい。

このような悲劇のさらにひどい例は、一九六七年から七〇年にかけて掃いて捨てるほどある。

しかしわれわれの目的に最も適しているのはＡＡＡエンタープライズ社の例である。同社はなぜか一流企業となり、スタンダード＆プアーズの『株式ガイド』に載った。同社の株式は一九六八年に一四ドルで一般公開され、すぐ二八ドルに上がった。しかし一九七一年初めには、なんと二五セントまで暴落したのである（この価格でさえ、同社を最大限に過大評価していた。なぜならもはや経営に望みはなく、破産裁判に入ったところだったからである）。以上の話から学ぶところは限りなく多く、ここに重要な警告がたくさんある。というわけで、第17章では、さらに詳細に検討する。

第７章　積極的投資家の投資――積極的な方針

当然のことながら、積極的投資家は平均以上の投資成果を上げることに心血を注ぐ。これまでに述べてきた一般的な投資方針のなかで、われわれは主に積極的投資家のために、債券投資についていくつかの提案をした。積極的投資家は、以下のような特別な債券に興味があると思われる。

①事実上、米国政府に保証されている非課税の新住宅債。
②課税されるが高収益が見込める新地方債。これも米国政府に保証されている。

③非課税地方自治体事業債。しかしこれは大企業からの賃借料支払い金によって定期的に利払いがなされる。

これらの変則的な債券については、第4章を参照していただきたい。

これらの債券の対極には、まるで大売り出しのような低価格で買える悪質な債券がある。しかしこれは「特別な状況」下での債券であり、そのような状況では、債券も株式も本当の意味では区別はつかない。

普通株の売買

積極的投資家が普通株を売買するとき、以下の四つの行動が特徴的に表れる。

①相場が下がっているときに買い、逆に上昇しているときに売る。
②よく吟味した「成長株」を買う。
③さまざまなタイプの割安株を買う。
④「特別な状況」下の株式を買う。

相場全般の方針――分散投資の割合をどのタイミングで変えるか

相場が停滞しているときに買い、急騰した段階で売るという方針の可能性と限界については、次の章で述べる。過去何年にもわたり、少なくとも相場の周期的な変動を記録したグラフを一目見れば、この素晴らしい方針はたやすく実行できるかのように思われていた。しかし残念ながら、過去二〇年間の相場の動きは、この方針での売買に数学的な根拠を与えるものではなかったことを認めざるを得ない。実際、相場に小さからぬ変動が起こったとき、投資家がそれに乗じて利益を得るためには売買の特別な才能、または「感覚」が必要とされる。これは読者がお持ちであろう知性とは全く別物であり、われわれはそのような技術に基づいた売買については、投資家としての活動から除外している。

われわれが防衛的投資家に向けて第4章で提唱した株式と債券を半々で分散投資する方法は、一九七二年の段階では、最高の分散投資法としてあらゆる投資家に勧めることができる。しかしわれわれは普通株を保有する際、最低二五％から最高七五％までという広い幅を設定している。それは投資家によって、相場が危険だと判断するか、または魅力的だと判断するか異なるからである。二〇年ほど前は、普通株の保有割合を変えるという明確なフォーミュラを、いくつも詳細に、実際に役立つという確信を持って述べることができた（例えば、ルシル・トムリンソン著『プラクティカル・フォーミュラ・フォー・サクセスフル・インベスティング』一九五三年、シドニー・コトルとW・T・ホイットマン共著『インベスティング・タイミング』『フォーミュラ・アプローチ』一九五三年)。

しかし有効なフォーミュラを示せる時代は過ぎ、現在、一九四九年以降の相場パターンから売買の新しい基準を決めようとしてもほぼ無意味だ。短期間のうちに激しく変動したため、将来に信頼できる方針を与えることができないのである。

成長株への投資

投資家ならばだれもが、今後数年間にわたって平均以上の業績が期待できる企業の株式を選ぼうとするだろう。成長株とは、過去に好ましい業績を上げ、今後もそれが期待できる株式と定義することができよう(厳密には、月並みの業績しか上げていない企業は成長企業とはいわないし、将来に平均以上の収益が期待できるというだけでは「成長株」といわない。それは単なる「将来性のある企業」にすぎない)。だから賢明なる投資家は成長株の選択にのみ全精力を傾けるべきだ、と言うともっともらしく聞こえるだろう。しかし実際には問題はそれほど単純ではないのである。

過去に「平均以上の業績を上げた」企業は、その数字さえ見れば分かる。投資家は証券会社から五〇社でも一〇〇社でも、このような企業のリストを入手することができる。ならばなぜ、このリストから一五～二〇社ほどの良さそうな株式を選び出すだけではいけないのだろうか？　これで成功を約束された株式ポートフォリオが完成するのではないのか？

この考え方には二つの落とし穴がある。第一に、これまで株価に陰りがなく、この先もないであろうと思われる普通株は、それ相応に価格が高い。投資家がその企業の将来に対して正しい判断を下したとしても、思うようにその株価が上がらないこともある。それはその企業の将来性を目いっぱい（またはそれ以上）見込んだ価格で株を買ってしまったからにすぎない。第二に、その企業の将来に対する判断を誤ることがある。急速な成長というのはおよそ長続きしないものだ。企業が既に大成長している場合、その規模が大きくなりすぎたことから、さらなる躍進はより難しくなる。いつしかその成長は横ばいになり、多くの場合、下降線をたどることになる。

過去の経験を基にして二～三の株式に絞り込んで投資を行えば、成長株の分野では成功するか失敗するかのどちらかである。ここでどれだけの収益を得られるかを正しく判断できる人などいるだろうか？　成長株を専門に組み入れている投資ファンドの運用実績を見れば、論理的に納得のいく結論が導き出せる。ニューヨーク証券取引所の会員であるアーサー・ヴィーゼンバーガー＆カンパニーが毎年刊行する『インベスメント・カンパニーズ』という信頼できる便覧には、一二〇の「成長株ファンド」の過去からの実績が記載されている。そのうちの四五ファンドの記録は一〇年以上に及ぶ。これらの企業が運営するファンドの平均運用益――ファンドの大きさは考慮に入れない――は一九六一年から一九七〇年にかけて一〇八％上昇した。ちなみにＳ＆Ｐ指数は一〇五％、ダウ平均では八三％の上昇だった（**表7―1**参照）。
一九六九年と一九七〇年の二年間、一二六の「成長株ファンド」の大多数は、Ｓ＆Ｐ指数とダウ平均のどちらよりも収益率が低かった。われわれは以前の研究でも同じような結果を得ている。ここで明らかになったのは、普通株一般と比較したとき、成長株への分散投資では大きな成果が期待できないということである。

平均的な賢明なる投資家がいくら努力をしたにしても、成長株の購入でこの分野を専門とする投資会社よりも良い成果を、何年にもわたって得られるとは考えにくい。実際、これらの機関が抱える頭脳集団と調査方法は、一個人の限界をはるかに超えているのだ。以上のことから、われわれは積極的投資家による典型的な成長株への投資に反対する。こうした成長株は、市場において将来の目覚ましい成果が既に十分認識されていて、既に二〇倍以上のＰＥＲ（株価収益率）になっている（防衛的投資家には、過去七年間の平均収益の二五倍という価格を上限として購入することを勧めた。この二つの基準はほとんどの場合、同じになる）。

ひとつのカテゴリーとして成長株を見たときに注目に値するのは、その市場価格が極端に変動する傾向である。これはゼネラル・エレクトリック（ＧＥ）やＩＢＭのような歴史ある大企業にさえ当てはまる。規模の小さな新興の企業は、こうした傾向がより強い。このことは、一九四九年以降の株式市場における最大の特徴とは、目覚ましい業績を上げ、それゆえに投資格付けが高まった企業の株式に強い投機的な要因が加わったことだという、われわれの理論を裏づけるもの

表7-1　1961-1970年における「成長株ファンド」の平均結果a

	1970年	1966-1970年	1961-1970年	1970年の配当収益
17の大型成長ファンド	− 7.5%	＋23.2%	＋121.1%	2.3%
グループA（106の小型成長ファンド）	−17.7	＋20.3	＋102.1	1.6
グループB（38の小型成長ファンド）	− 4.7	＋23.2	＋106.7	1.4
「成長」の文字が含まれる15のファンド	−14.2	＋13.8	＋ 97.4	1.7
S&P指数	＋ 3.5%	＋16.1	＋104.7	3.4
ダウ平均	＋ 8.7	＋ 2.9	＋ 83.0	3.7

a　ヴィーセンバーガー・フィナンシャル・サービスの数字による。

である（これらの企業の信用状態は最高であり、最低の金利で借金することができる）。このような企業の投資価値は長期にわたって変わらないだろうが、その株式のリスクは株式市場の変動に左右される。一般大衆がそれに対して熱狂的になるほどに、そしてその企業収益の実際の伸びと比べて株価が上昇するほどに、リスクは増すのである。

しかし読者は疑問に思うだろう。普通株で莫大な富を得たのは、その企業の将来に対して大きな自信が持てたために創業当初から多額の投資を行い、その株価が一〇〇倍以上になっても手放さなかった投資家だったのではないか、と。まさに答えは「イエス」である。しかしひとつの企業に投資したことによって巨額の富を手にしたのは、ほとんどの場合、その企業の一員であるか、オーナーの親族であるなどといった強いつながりを持った投資家なのである。彼らはその立場ゆえに自らの財源の大部分をただひとつの対象に絞り込み、その価格の変動に躍らされることなく保持し続けたのだ。その途中では高値になり、明らかに売りだと思われるような時も幾度となくあったことだろう。このような密接なつながりのない投資家は、その企業に対する自分の投資金額が多すぎるのではないかという迷いから自由になれない。そして価格が下落するたびに――結局、それは一時的なものであることが分かるのだが――いよいよ迷いが生じ、内的そして外的な圧力がかかり、ほどほどと思える程度の利益を手にするために売却という道を選び、最終的に大金をつかむことができなくなる（このような売却についてのウォール街の古くからの言い伝えがある。「天まで伸びる木はない」「雄牛（ブル＝強気市場）もクマ（ベア＝弱気市場）も儲かる。

しかしブタ（貪欲なこと）は儲からない」などである）。

積極的投資家に勧める三つの分野

投資において、長期的に平均以上の成果を得るためには、次の二つの観点を考慮に入れた選択もしくは運用のポリシーが必要となる。①客観的かつ整合性のある基準からみて、根本的に堅実であること、②大多数の投資家や投機家のやり方とは異なっていること、である。われわれの経験と研究から、この基準を満たす三つの方針をお勧めする。これらの方針は互いに性質が異なるため、それぞれのやり方を試みるためには個別の知識と気質が要求される。

比較的人気のない大企業

急成長していたり、何らかの理由で魅力がある企業の株式を過大評価する習性が市場にあるとすると、論理的には、停滞しているために注目を浴びることのない企業の株式は、少なくとも実際よりも過小評価されると考えられる。これは株式市場の基本的な法則で、投資にこの法則を用いれば防衛的でしかも確実に収益を上げられると考えられる。

ここで積極的投資家にとって一番重要なことは、一時的に人気の停滞している大企業に投資を集中させることである。小企業のなかにも同様の理由で過小評価されていて、時がたてば収益も株価も上がる企業も多くあるだろう。しかし小企業は収益が全くのゼロになる危険があり、また収益が上がったとしても市場から無視され続ける危険性もある。よって大企業にはメリットが二つあるといえる。第一に、豊富な資本と頭脳があるため、逆境を乗り切り、再び十分な収益を得られる状態に戻れる点。第二に、市場はこれらの企業が何らかの向上を示すと、きちんとそれを反映する点である。

ダウ平均の不人気な銘柄の値動きを観察していると、まさにこのとらえ方が正しいことを示す実例が見つかる。ここで、その年または前年の株価収益率が最低だった六〜一〇のダウ平均銘柄に、それぞれの年ごとに投資したとする。これらの銘柄は「最安」株と呼ばれ、投資家や証券トレーダーにあまり人気がないゆえに安い。さらに購入したこれらの銘柄を一〜五年の保有期間後に売却したとする。この投資結果をダウ平均全体および株価収益率が最高の（つまり最も人気の高い）株式の投資結果と比較してみる。

ある詳細な研究報告を用いると、過去五三年間に毎年株式を購入したと想定した場合の結果が分かる（これには二つの研究がある。ひとつはわれわれの仲間であるH・G・シュナイダーの一九一七年から一九五〇年の間の研究で、一九五一年に『ジャーナル・オブ・ファイナンス』誌に発表された。もうひとつはニューヨーク証券取引市場会員のドレクセル・ファイアストン社の一九三三年から一九六九年の間の研究である。彼らの厚意によって、この二つのデータを使用させていただく）。

初期のころ、つまり一九一七年から一九三三年までは、株価収益率の低い株への投資で高収益を上げることはできなかった。しかし、一九三三年以降は非常に良い成果を上げている。ドレクセル商会（現ドレクセル・ファイアストン）が、一九三七年から一九六九年にかけて三四銘柄を一年間保有した場合を試算したところ、ダウ平均の収益を下回った低株価収益率の株は三銘柄のみであった。六銘柄はほぼ同収益であり、二五年間についていえば、株価収益率の低い株は明らかに平均以上の収益を上げている。**表７―２**において株価収益率の低い株の五年ごとの平均実績を、ダウ平均株や株価収益率が高い株一〇銘柄と比較した。この表から株価収益率の低い株が継続的に好収益を上げていることが分かる。

ドレクセル商会の試算によれば、一九三六年に一万ドルを株価収益率の低い株に投資し、運用の原則に従って買い替えていくと、一九六二年には六万六九〇〇ドルになる。一方、同じことを株価収益率が高い株で行うと二万五三〇〇ドルにしかなら

表7-2　5年ごとの平均年間損益率の比較（1937-1969年）

期間	株価収益率が低い10銘柄	株価収益率が高い10銘柄	ダウ平均30銘柄
1937–1942	− 2.2	−10.0	− 6.3
1943–1947	17.3	8.3	14.9
1948–1952	16.4	4.6	9.9
1953–1957	20.9	10.0	13.7
1958–1962	10.2	− 3.3	3.6
1963–1969（8年間）	8.0	4.6	4.0

ない。また同様の売買をダウ平均三〇銘柄すべてについて行っても、結果は四万四〇〇〇ドルにしかならない。

このように「人気のない大企業」の株式を購入し、しかもそれをグループ単位で運用するという考え方は、実にシンプルである。しかし個人企業について考えるときは、逆の意味で重要な要因を考えなければならないこともある。さまざまな方法で収益を得ているために本質的に投機的である企業の株は、好景気時には比較的高い価格かつ低株価収益率、逆に不景気の時には低価格かつ高株価収益率となる傾向がある。この関係について、クライスラー株の変動を**表7―3**に例示した。

こういった場合、市場はこのような高収益が長く続くはずはないという猜疑心を持つために、異常なまでに高い収益を控えめに評価する。逆に収益が低い、またはゼロのときには、低い収益を高めに評価する（**注**

表7-3　クライスラー社の株価および収益（1952-1970年）

年	1株当たり収益	株価（高値/安値）	株価収益率
1952	$ 9.04	H 98	10.8
1954	2.13	L 56	26.2
1955	11.49	H 101½	8.8
1956	2.29	L 52 (in 1957)	22.9
1957	13.75	H 82	6.7
1958	(def.) 3.88	L 44[a]	—
1968	24.92[b]	H 294[b]	11.8
1970	def.	L 65[b]	—

a　1962年の安値は37・5
b　株式分割調整済
H　高値　　L　安値

計算上、企業は収益が「ほぼゼロ」だと、その株式は極めて少ない収益がベースとなり高い株価収益率がつくことになる）。

主要銘柄で構成されるダウ平均の構成銘柄であるクライスラー社にこのようなことが起こったのは異例のケースであったので、株価収益率が大幅に上昇するということは起きなかった。過去の平均収益や似たような試算から、株価が安いかどうかを検証するという作業を併せて行うことによって、低株価収益率のポートフォリオにこのように変則的な株式を組み入れることは簡単に避けられるであろう。

今回の改訂にあたり、われわれは一九六八年末に一群のダウ平均の低株価収益率銘柄を購入したとして、一九七一年六月三〇日時点で再評価してみた。その結果は実に残念なものだった。低株価収益率（六～一〇倍）銘柄においては著しい損失を出し低収益で、高株価収益率銘柄は高い収益を上げたのである。これは、前述の約三〇の試算結果を否定するものではない。しかしこのことは、特に逆の重要性に対して注意しなくてはならないことを意味する。恐らく攻撃的な投資家は「低株価収益率」銘柄から投資を始めるべきなのだろう。しかしポートフォリオの作成に当たっては、質・量の両面に対してさらなる基準を加えなければならないのである。

割安証券の購入

われわれが定義する割安証券とは、詳細に分析した結果、現在の価格よりも大幅に価値が高いと思われる銘柄であり、普通株だけではなく、額面割れしている債券や優先株も含まれる。この定義をできるだけ正確にするため、その価値が価格と比較して、少なくとも五〇%以上高いものだけを、「割安」銘柄と呼ぶこととする。では、どのような事実によって、この価値と価格の大きな不一致が生じるのだろう？　いかにして割安銘柄が出来上がり、またどうしたら投資家はそれで利益を得られるのだろう？

割安株を見つけだす方法は二通りある。第一に、見積りによる方法。これは主に将来の収益を見積もり、それにそれぞれの株に当てはまる要因を掛け合わせていく方法である。この結果出た数値が市場価値を十分上回るもので、投資家が自分の取った方法に自信が持てるなら、それは割安株といえる。第二は、その事業者にとっての価値を計る方法である。この価値もまた主に将来の収益見積りによって決まることが多いので、結果は第一の方法と同じである。しかし第二の方法では資産の換金価値、とりわけ純流動資産、つまり運転資本により注意が払われる。

これらの基準を用いると、一般的に相場が低迷しているときの普通株の大部分は割安株である（典型的な例が一九四一年に三〇ドル以下で売られたゼネラル・モーターズ社の株式である。これは一九七一年の株式に換算すると、たった五ドルである。当時、ゼネラル・モーターズ社の収益は一株当たり四ドルを超え、三ドル五〇セントかそれ以上の配当を支払っていた）。実際、現在の収益と目先の見通しは悪くても、将来の状態を冷静に評価すると、現在の価格よりもはるかに高い価値を示すことがある。以上のことから、市場が低迷している時期にこそ勇気を持つことがいかに賢明かということが、経験だけではなく、信頼できる価値分析法によっても証明できる。

株式市場に繰り返し割安状態を作り出す相場の気紛れは、あらゆる相場水準において割安銘柄を生み出している。相場というのは、些細なことを大げさに評価したり、ありがちな変動をも大幅な下落のように誇張したりする。その銘柄に対する興味や情熱が欠けているだけでも、株価を途方もない下落へ導く。以上のことから、株価を過小評価する原因が二つ考えられる。①一時的な業績の不振、②長期にわたる無関心および不人気――である。

しかしこれらの原因を個別に考えた場合、どちらも株式投資を成功に導くための頼りにはならない。一体だれが、現在の不振は一時的なものであると確信を持って言えるだろう？　確かにこのような実例は枚挙にいとまがない。鉄鋼株はかつて景気循環株として知られ、目利きの買い手は低収益のときに低価格で購入し、人気が出たときに売却して相当の利益を得た。その顕著な例がクライスラー社株である（**表7―3参照**）。

これが収益の変動する株式の標準的な動きだとすれば、株式市場で利益を上げるのはいともたやすいことである。しかし残念ながら、収益と価格が下落した後に自動的に上昇しなかった例が多々ある。そのひとつがアナコンダ・ワイヤー・アンド・ケーブル社である。同社は一九五六年までに大きな収益を上げ、同年、株価は八五ドルという高値を付けた。その後六年間、収益は不規則に減少し、一九六二年には株価は二三・五ドルにまで下落した。そしてその翌年には親会社(アナコンダ・コーポレーション)に一株当たりわずか三三ドルで統合されてしまったのである。

このような事例から、投資家が株式を購入するときには、収益と価格の下落以外にも判断基準が必要だということが分かる。投資家は少なくとも過去一〇年かそれ以上にわたってその企業が安定した収益を上げていること、言い換えれば赤字の年がないことに加え、将来起こり得る低迷に備えた十分な規模と財政的な力があることを確認しなければならない。よって理想的なのは、過去の平均価格、平均株価収益率と比較して大幅に安い優良大企業の株式を買うことである。ところがクライスラー社のような企業の場合、この方法では、間違いなく利益を得る機会を失ってしまうのである。なぜならこうした企業では株価の下落に伴って株価収益率が高くなるからである。しかし断言するが(後でもう一度述べるが)、「後知恵による利益」と「現実の利益」とは全く別物である。クライスラー社のような変動の激しい株式が積極的投資家にとって適しているかどうかについて、われわれは甚だ疑問を感じている。

先ほど、株価が過度に下落する第二の原因として、長期的な無関心または不人気があると述べた。この良い例が最近のナショナル・プレスト・インダストリーズだろう。一九六八年の強気相場において同社の株式は四五ドルという高値を付けたが、これはその年の一株当たり利益五・六一ドルのたった八倍である。一九六九年も一九七〇年も一株当たり利益は増えたが、一九七〇年に株価は二一ドルにまで下がった。これは、その年は（最高）収益を記録したにもかかわらず、一株当たり利益の四倍以下であり、しかも純流動資産価値以下である。一九七二年三月、同社の株価は三四ドルとなったが、それでもまだ直近の報告収益の五・五倍にすぎず、増大した純流動資産とほぼ等価でしかない。

もう一例、スタンダードオイル・オブ・カリフォルニア社株について述べる。一九七二年初頭、同社の株価は一三年前とほぼ同じ五六ドルだった。同社の収益はずっと安定しており、一度だけわずかに低迷したものの、少しずつ順調に成長してきた。同社の簿価は市場価格とほぼ等しかった。この一九五八年から一九七一年までの保守的な好成績においても、同社の年平均株価は当期利益の一五倍よりは高くならなかった。一九七二年初めの株価収益率は一〇倍にすぎない。

普通株にむやみな安値が付く第三の原因は、市場がその真の収益状況を認識できない点にある。その良い例がノーザン・パシフィック鉄道の株式で、一九四六〜四七年の間に三六ドルから一三・五ドルにまで下落している。同社の一九四七年の実質収益は一株当たりほぼ一〇ドルだった。配当は一株当たり一ドルしか出さなかったので、株価は低かった。同社の株式もまた、鉄道会社独特の経理方法によってその収益力の多くの部分が隠蔽されてしまっていたため、投資家に顧みられなかったのである。

最も見分けやすい割安株は、優先負債をすべて差し引いた後の純運転資本以下の価格で売られている株式である。つまりこの株式の購入者は、建物や機械などの固定資産や、その企業ののれ

表7-4　割安銘柄への投資による利益(1957-1959年)

取引所	企業数	1株当たり正味流動資産の合計	1957年12月の株価合計	1959年12月の株価合計
ニューヨーク証券取引所	35	$ 748	$ 419	$ 838
アメリカン証券取引所	25	495	289	492
ミッドウエスト証券取引所	5	163	87	141
店頭市場	20	425	288	433
合計	85	$1,831	$1,083	$1,904

ん代といった無形資産に対して一銭も払わないで済む。このような株式は多々あるが、実際にその価値が運転資本以下になることはほとんどない。むしろ驚くべきは、割安価格を付けられた株式を容易に市場で購入できるという事実である。一九五七年の市場水準は決して低くなかったが、集計の結果、このような株式が約一五〇銘柄もあった。そこで表7―4に、一九五七年一二月三一日にスタンダード&プアーズの月報『株式ガイド』に掲載されていたなかから八五の割安銘柄を選んでその株式を一株ずつ購入し、その後二年間保有した場合の結果をまとめた。

偶然ではあるが、二年間で各グループの株価総額は正味流動資産価格の総計とほぼ同程度まで上昇した。しかも、この間の全「ポートフォリオ」の収益は、S&P四二五工業株が五〇％上昇したのに対して七五％も上昇した。さらに驚くことに、大幅に下落した銘柄はひとつもなく、二年前と同じ水準だった七銘柄を除けば、残りの七八銘柄は高収益を上げている。

われわれはこうした銘柄をポートフォリオに組み入れた結果、一九五七年以前には良い成果を得ている。よってこれは過小評価されている割安株を見極め、それを利用することによって安全に高収益を得られる方法だと断言できる。しかし一九五七年以後、市場が全体に上昇したためにこのような機会は非常に限られ、入手できたものの、ほとんどがわずかな利益しか出さず、損失さえ与えるものもあった。一九六九～七〇年にかけての市場の下落は、株価総額が「総流動資産以下」の株という新たな産物を生み出した。これらについては、第15章の「積極的投資家の株式銘柄選択」で述べる。

二流企業の割安株の場合。われわれは二流企業を、重要産業における主要企業以外の企業と定義した。よって二流企業は重要産業分野においてその規模は小さいが、それ以外の分野ではトップ企業という場合もある。例外として、成長株としての地位を確立した企業は、通常「二流」とはみなさない。

一九二〇年代の上昇相場のころは、業界のトップ企業とその他の上場企業の間には、後者がそれなりの規模である場合は明確な区別がなかった。一般大衆は中規模の企業に対して、逆境を乗り切るだけの体力、そして既に成長した企業よりもはるかに大きく成長する可能性を感じていた。しかし一九三一～三二年の不況で、一流以下の企業はその規模と安定性に壊滅的なダメージを受けた。このことから投資家は業界のトップ企業への明らかな偏好を見せるようになり、それに応じて一般の二流企業の株式には興味を示さなくなった。つまり、収益や資産と株価の関係で考えると、二流企業の株価は一流企業のそれよりもずっと割安になった。さらに、それら多くの株価が下落し、いわゆる割安株の仲間入りをしてしまったのである。

投資家は二流企業の株式を否定したことによって、それが比較的安値であっても、そのような企業の悲惨な将来に対する信念つまり恐れを露呈したことになる。実際、少なくとも潜在意識下では、二流企業はどのみち消滅してしまうのだから、どのような価格でも高すぎる、と算盤をはじいていたのである。それは一九二九年の、将来の可能性の無限性ゆえにどのような価格でも高すぎることはないという「ブルーチップ」の理論と対をなしている。この二つの見方はどちらも誇張的で、多くの投資家に重大な錯誤を与えた。実際、典型的な中堅上場企業といえども、普通の個人企業と比較すれば大企業なのである。こうした企業が営業を続け、米国経済の特質である変動を乗り切りながら、総体的にはその投下資本に対して大きな利益を上げることができない理由など、どこにもない。

以上のことから、二流企業に対する株式相場の見方は非現実的になりがちで、その結果、通常、大幅に過小評価された割安株を生み出すことが分かる。第二次大戦中や戦後のブームは、大企業よりも小企業に、たまたま有利に働いた。それは当時、通常の販売競争が一時的になくなり、小企業はその売上と利益を劇的に伸ばせたからである。よって一九四六年までに、相場の動きは戦前と全く逆になった。一九三八年末から一九四六年にかけての強気相場において、ダウ平均の主要銘柄の上昇率は四〇％にすぎなかったのに対し、同じ時期にS&Pの低株価銘柄は二八〇％以上高騰したのである。投機家や多くの自称投資家たちは、株式市場にかかわる人特有の忘れっぽさで、つまらない企業の株式をそれが新しいか古いかなど構いもせずに、異様に高騰した価格で買いあさった。このようにして振り子は逆方向に大きく振れたのである。かつては大部分が割安株だった二流株は、過度な熱狂をもって過大評価されるようになったのだ。この現象は、一九六一年と一九六八年に形を変えて繰り返された。しかも対象は二流に及ばない零細企業の新規公開株式や、「エレクトロニクス」「コンピューター」「フランチャイズ」など特定人気分野の企業群の株式に変わっていったのである。

そして予想通り、それに続く市場の下落が過大評価された二流株に重くのしかかった。なかには振り子がまさに正反対の「過小」評価にまで振れた例もあった。

ほとんどの二流株が過小評価される傾向があるとすれば、投資家がそれで利益が得られると信じるに足る理由は何だろう？　この過小評価の状態が続くなら、投資家がそれを購入したときと同じスタンスを取り続けるわけにはいかないのではないか？　この問いに対する答えは少々複雑である。二流株を割安価格で買って莫大な利益を得るパターンはいろいろある。第一に、配当が比較的高いこと。第二に、再投資された収益が株価より多く、それが最終的に株価に大きく影響すること。五〜七年期間で見たとき、これらの利点は適切なポートフォリオに対してはかなりいい作用を及ぼす。第三に、強気相場は普通、低価格の株式に対して最も有利に働くため、典型的な割安株が少なくとも妥当な水準まで引き上げられる傾向がある。第四に、相場が比較的特色のない期間ですら絶えず株価は調整されているので、過小評価されている二流株も、少なくとも正常と思われる水準まで上昇すること。第五に、企業の業績が芳しくないときには必ず何らかの要因があるが、この原因は多くの場合、何らかの新しい条件または新しい経営方針または経営者の交替などによって是正されるものであること、などである。

さらに近年、重要かつ新たな要因として、大抵の場合は経営多角化計画の一環としての、大企業による小企業の吸収合併が挙げられる。このような場合、大抵、支払われる対価は莫大で、直近の割安水準をはるかに超える。

一九七〇年よりも金利が大幅に低いとき、割安証券の分野は大きく額面割れした債券や優先株にまで拡大された。最近では、信頼性の高い債券でさえ、表面利率四・五％以下ならば、大幅な値下げ価格が付く。例としては、一九八六年満期の表面利率二と八分の五％のＡＴ＆Ｔ社債が一九七〇年に五一ポイント、また一九八三年満期の表面利率四・五％のディア社債が六二ポイントという安値になったことなどがある。もしも金利が大きく下落したら、これらはすぐに割安状態になる。より伝統的な意味での割安債ということで、現在経営危機に陥っている鉄道会社の、二〇～三〇ポイントの優先抵当権付債券にもう一度立ち戻るべきなのだろう。このようなものが素人の投資家に向かないのは、この分野での本当の価値が分からず、痛い目を見る可能性があるからだ。しかしこの分野の相場の下落には行きすぎの傾向があり、全体的に見れば、詳細かつ勇敢な分析が報われるといえる。一九四八年までの一〇年間、何十億ドルという債務不履行を起こした一連の鉄道債券が、この分野に素晴らしいチャンスを与えた。このようなチャンスはその後ほとんどなくなったが、一九七〇年代には再び姿を現しそうである。

特殊状況での算段棒――「骨折り仕事」

最近まで、やり方を心得ている人にとって、これは魅力的な収益を得ることがほぼ保証される分野であったが、このことは一般相場のどのような状況でもいえることだった。実際、一般大衆の参入も禁止されてはいなかった。この方面での直感を持った人は、長年の研究・勉強を重ねなくともコツを覚え、立派な実践的投資家となった。またこの方法の堅実さを認識し、主にこれらの「特別な状況」に投じた資金の運用を聡明な若者たちに任せる人もいた。しかし最近では、後に述べる理由から、「裁定取引や特別な状況」の分野はリスクが高まり、利益も少なくなった。だが今後何年かのうちには、この分野の状況も好転するだろう。いずれにせよ、こうした売買の一般的な性質と起源の概要を、分かりやすい例を交えて述べることに価値はある。

製品の多様性という福音を受け入れる経営者が増えるにつれて、大企業による小企業の吸収合併が増加し、そこで典型的な「特別な状況」が生じている。このような大企業は、参入したい分野での新たな事業をゼロから始めるよりは、そこに既にある企業を獲得する方が得策だと考える。このような合併を可能にするために、そして獲得したい小企業の株主の賛成大多数を得るためには、ほとんどの場合、現在の株価をはるかに上回る価格を提示する必要がある。このような企業買収は、この方面に精通し、豊富な経験から的確な判断力を体得した人々にとっては、利益を得る面白いチャンスとなる。

それほど昔のことではないが、倒産した鉄道会社の社債を購入して大金を得た、抜け目のない投資家たちがいた。彼らは、鉄道会社が最終的に再建されたあかつきには、この社債の価値は買い付け価格をはるかに超えることを知っていたのである。再建計画が発表されると、新規債券の「発行日取引」市場が出現した。新債券はほとんどの場合、結果的には新債券に交換される旧債券の原価を大幅に上回る価格で売却することができた。再建計画が頓挫したり、予期しない遅れが生じたりするリスクはあったが、全体的にそのような「裁定取引」は大きな収益をもたらした。

一九三五年にできた法律に従って公益事業持株企業が解体し、それによって同じような機会が生まれた。これらのほぼ全企業が、持株会社から一連の各事業会社へ移行したときに価値が増大したのだ。

この原因は複雑な法的手続きを伴う有価証券を過小評価する市場の傾向である。ウォール街のことわざに、「裁判沙汰に巻き込まれるな」というものがある。これは手持ちの有価証券を素早く売買しようとしている投機家には有益なアドバイスだろう。しかし大多数の人々がこのことわざ通りに行動すると、これに影響を受けた証券が割安になる機会が生まれやすくなる。なぜならば、それらに対する偏見が価格を途方もなく下げるからである。

投資において特別な状況を利用するということは、やはり特別なテクニックと、特別な感覚を必要とする。恐らく積極的投資家のなかでも、この分野に手を染める人はわずかだろう。そして本書は、このことを詳しく解説するのにふさわしい場所ではない（一九七一年にあった実際の例

について は、第15章参照)。

われわれの投資法則の持つ広い意味

以上のことから、投資方針はまず、その投資家が防衛的（受動的）な立場をとるか、攻撃的（積極的）な立場をとるかによって決まる。積極的投資家は証券価値に関する知識を相当持っていなければならない。その量たるや、自分の証券取引をひとつの事業として考えるほど必要なのである。この考え方において、受動的、積極的という二つの立場の中間などないし、どちらかへの移行もない。多くの、恐らくほとんどの投資家は、このような中間に自分を位置づけたがる。われわれはこれを妥協とみなす。このような考え方では、達成感よりも失望を味わうばかりである。

資金に対して通常のビジネスの半分の利益が得られればいいから「副業としての投資家」になりたいと言っても、それは無理というものである。

つまり大多数の投資家は、防衛的な態度をとるべきなのである。彼らはサイドビジネスとして投資を始めるだけの時間、決意、そして精神力を持ち合わせていない。よって彼らは防衛的なポートフォリオから得られる（またはそれ以下の）収益で満足すべきであり、収益を増やそうとして他の道に踏み込む誘惑には断じて逆らわなければならない。

積極的投資家は、投資について十分訓練を積んで判断力を身につけ、どのような証券においても、確固としたビジネス基準に照らし合わせたときに確実に見込みがあると思って初めて、それに投資するべきである。

この種の投資家に対する忠告または警告として、われわれはこのビジネス基準を根底に置いてきた。防衛的投資家には、安全性、シンプルな選択、満足のいく結果が約束されているという三つのことを、心理的かつ数字的に満たすべく教えてきた。以上の基準を採用したことから、われわれは通常ならばあらゆる種類の投資家に適すると思われるさまざまな証券を、勧められないものとして投資対象から除外した。除外項目は第1章に記した。

これらの除外項目について、以前よりも詳しく考えてみたい。われわれは次の三種類の証券について、それを「満額」で買うべきではないと述べた。それは、①外国債、②通常の優先株、③新規公開を含む二流株――の三種類である。「満額」とは、債券や優先株ならばほぼ額面通りの価格を、また普通株ならばその企業の事業価値を正しく表していると思われる価格のことをいう。ほとんどの防衛的投資家は、価格にかかわらずこのような証券を避け、積極的投資家は、それが割安価格――われわれの定義する割安とはその証券の評価価値の三分の二以下であることである――のときのみ購入する。

しかし、すべての投資家がこの忠告に従ってしまったらどうなるだろう？　この問題については、外国債に関して第6章で考察したので、これ以上は述べない。投資適格の優先株については、保険会社などのこれを所有することによって税法上特典が受けられる企業以外は購入しないと思われる。

われわれの除外に関する方針で、最もやっかいなのが二流株の問題である。もしもほとんどの投資家が防衛的で、これに全く手をつけないとすると、極めて限定された人しかこれを買わなくなる。さらに、もしも積極的投資家がこれらを割安価格でしか買わないと、これらは非知性的な買われ方をする場合を除けば、適正価値以下の価格で売られることになる。

そのようなことはあり得ないと思われるかもしれない。しかし実際に、われわれは過去四〇年のほとんどの間にこの分野で起こっていた現実を述べているにすぎない。二流株の価格は、その本来の価値よりもずっと低い水準を中心に上下している。その価格が本来の価値に追いついたり、それを超えたりすることもある。しかしそれは強気相場の天井で起こるのであり、実際には相場が過熱しすぎていて、価格が不健全な高さにつり上がっている場合が多い。

つまりわれわれが忠告したいのは、積極的投資家は二流株の性質を知り尽くし、これらの銘柄にとって標準と思われる相場水準を、購入の際の基準として受け入れるべきだということである。

ところがここに逆説がある。平均的な上質の二流企業は、平均的な一流企業と同程度に将来性があるということもある。小企業が本質的に安定性に欠けているということは、逆に大きな成長の可能性を生じやすいということでもある。というと読者は、このような二流株をその「企業価値」をすべて考慮に入れた上で購入するのは「賢明ではない」とすることはおかしい、と考えるだろう。われわれは、最も強固な論理とは経験から生み出されるものと信じている。金融の歴史が証明しているのは、投資家は二流株をその企業のオーナーにとっての価値よりもずっと低い価値、つまり割安価格で買ったときのみ、平均して満足のいく収益を得られるということだ。

この原則は一般の外部の投資家について述べている。二流企業を支配できる人、またはそのような支配力を持つグループの一員である人については、「未公開企業」やその他の個人企業に対して投資する基準でその株式を買うというのが取るべき方針である。企業の内部にいるか外部にいるかの違い、そしてそのことを受けた投資方針は、その企業の規模が小さいほど重要になる。一流の大企業では、どの株を取り上げても、その企業の大株主が所有する株式と価値が変わらない。二流企業では、一株の平均市場価値はその企業のオーナーにとっての一株の価値よりもかなり低い。この事実ゆえに、株主と経営者の関係の問題および社内・社外の問題が、一流企業よりも二流企業においてさらに重要なものとなり、また問題にもなっているのである。

第5章の終わりで、一流企業と二流企業の間に明確な線は引きにくいと述べた。この境界線上にある企業の株式の多くは、中間的な価格変動を見せる。投資家がこのような株式を額面通りまたは評価価値からわずかに低い価格で買うのは、決して非論理的なことではない。理論的には、これは一流企業の株式とほとんど変わりなく、そして遠からぬ将来、一流の格付けに入る可能性があるからである。

つまり、一流銘柄と二流銘柄の区別をあまりにも厳密にする必要はないのである。というのは、それをしてしまうと、わずかな質の違いが正当な購入価格に大きな違いを与えてしまうからである。こう述べることによって、株式の分類における中間地帯を認めたことになる。しかし投資家の分類において、このような中間地帯を認めているわけではない。このことは一見矛盾しているかもしれないが、次のような理由がある。ある証券についての見方に不確実な点があっても、それによって大きな害が起こることはめったにない。なぜならそれは例外的なことであり、実害はほとんどないからである。しかし投資家が防衛的な立場をとるか、積極的な立場をとるかという選択は、本人にとって大きな違いを生むものであり、この初歩的な選択においては、決して混同したり妥協したりしてはならない。

第８章　投資家と株式市場の変動

比較的短期（七年以下程度）の優良債券を買っている限り、投資家は債券価格の変動によって大きな影響を受けることはない。よって相場の変動を考慮に入れる必要はない（これと同じことが連邦貯蓄債についてもいえる。貯蓄債の保有者は常に買付価格以上の値で現金化することができるからだ）。しかし長期債は、満期までの間にかなりの価格変動にさらされる可能性があり、株式ポートフォリオに至っては、数年単位でみた場合、価格変動の波を免れることはほとんど不可能である。

投資家はこうした可能性を理解し、財政的にも心理的にも備えておかねばならない。投資家が望むことは、相場水準の変化によって保有する株式の値が上がったり、また有利な価格で株を売買することで利益を上げることである。投資家が利益を追求するのは必然的であり、理にかなったことだ。だが、その思考こそが真の意味での危険を伴うものであり、投資家を投機に駆り立てるものなのである。投機行為をするなと口で言うのは容易であるが、困難なのは読者がその忠告を守ることだ。初めに述べた事柄をここでもう一度繰り返しておきたいと思う――投機をしたければ、最終的には恐らくカネを失うであろうことを覚悟し、すべてを承知の上でやりなさい。そして必ずリスクにさらす金額の上限を定め、投資プランとは全く別個のものとして取り組むのである。

まずは重要度の高い株価の変動について取り上げ、続いて債券へと話を進めていく。第3章では過去一〇〇年の株式相場を歴史的に検証した。この章では時折その話に立ち返りながら、投資銘柄をあまり入れ替えることなく保有を続けたポートフォリオが相場の変動を通じて長期的に上昇する形、あるいは弱気相場の底値近くで買って強気相場の天井からさほど落ちない値で売る可能性について、過去のデータから投資家が何を学べるのかを確かめたい。

投資判断の指針としての株価変動

投資に適した優良銘柄株であっても、周期的に訪れる株価の大きな変動を避けることはできない。ゆえに、賢明なる投資家はそうした株価の揺れから利益を得る可能性を注意深く探るべきである。そのために考えられる方法は二つある。タイミング手法とプライシング手法である。タイミング手法とは、市場の動きを予想して、今後株価が上向きそうなときには買い付け（保有を続け）て、下げる見通しのときには売る（買い控える）ことである。プライシング手法とは、本来の価値以下の値が付いているときに買い、実質価値以上に値が上がったら売ることである。野望に満ちてプライシングを行おうとするのでなければ、高すぎる価格を支払って株を買うことのないように努力するだけでよい。このやり方は、株式の長期保有に関心を持つ防衛的投資家に適した方法であり、そのときどきの相場水準には必要最低限の注意を払えばよいのである（その例外は、適正な株価水準のときに始めたドル・コスト平均法を継続している場合だけであろう）。

賢明なる投資家ならば、どちらのやり方でプライシング手法を行おうと、満足のいく結果を生み出せるとわれわれは確信している。しかし、もしも彼が株価予想に重点を置くタイミング手法をとれば、その人は投機家に成り下がり、投資結果も投機家のそれと同様に終わるであろうことも確かである。このように投資家と投機家を区別することを、一般の人はくだらないと思うであろうし、そうした区別はウォール街全般に受け入れられているわけでもない。株式仲買人や投資サービス業に従事する人々は、職業柄あるいは妄信的に、株を買う投資家も投機家も、相場予測に十分な注意を払わなければならないという原則に凝り固まっているように思える。

しかし、ウォール街の実態をさらに深く観察すると、相場予測やタイミングといったものへの過大評価に対して疑念が湧いてくる。日々出される、望めば簡単に手に入る数え切れない株価予測をいちいち真剣に検討することなど、到底不可能である。だが、多くの投資家が相場予測に注意を払い、それに従って行動を起こしている。その理由は、将来の株価について何らかの見解を持つことが重要であると彼らが思い込まされてきたからであり、また証券会社などが下す予測は少なくとも自分の予測よりは信頼できるものだと、彼らが考えているからに他ならないのである。

相場予測の是非についてここで紙面を割くことはできない。だが確かなことは、多くの優秀な人々が相場予測を行っており、一部の人は間違いなく、正しい相場分析を行った結果としてカネを手に入れているということだ。しかし、一般の人々が相場予測で儲けられるなどという考えはバカげている。所定の売買シグナルが出たことで大衆投資家たちの利食い売りが殺到した場合、誰が買うというのだろうか？　もしもあなたが、何らかのシステムや相場予測の指示に従って売買することでカネ持ちになりたいと考えているとすれば、無数の人々と同じことをして、数知れない競争相手よりもうまく立ち回ろうとしていることになる。一般の投資家が、自分自身もその一員である一般大衆以上に的確に相場の動きを予測できるなどという根拠は、理論的にも経験上においても存在しないのである。

「タイミング」の原理には、ほとんどの人が見落としている側面がある。早々に利益を上げたい投機家にとってタイミングは心理面に重大な影響を及ぼす。買った株の値が上がるまで一年待つなどという考えは、彼らには我慢ならないことなのだ。片や投資家は、一年程度ならば何とも思わず待ってしまう。信頼できる（ように思える）買いのシグナルが出るまで投資を控えることで、一体どんなメリットがあるのだろうか？　投資家がこうしたやり方で成功したといえるのは、待つことによって株価が十分な安値を付けたときに買い付けることができ、逸失した配当収入を相殺できたときだけである。すなわちタイミングというのは、それがプライシングと見合っていなければ――つまり、以前売った価格よりも相当安い株価で買い戻すことができるのでなければ――真の価値はないのである。

この点に関して、有名なダウ理論のタイミング売買の歴史を振り返るのは興味深い。この手法を簡単に説明すれば、平均株価上昇局面におけるある種の「ブレイクスルー」を買いのシグナルとし、株価下落の局面においても同様のブレイクスルーを売りのシグナルとするものである。この方法に従って、一八九七年から一九六〇年代初めにかけて売買した場合の（必ずしも実際の投資結果とはいえない）計算値は、ほとんど途切れることなく利益を上げ続けたことを示している。こうしたデータが紹介されたことで、ダウ理論の実用的価値は完全に立証されたかのようにみえた。疑念の余地があるとすれば、この公表された「記録」が、市場におけるダウ理論の実践結果として信頼に足るものかどうかということである。

データの数値を細かく検証していくと、ダウ理論が金融市場で大きな注目を浴び始めてから数年後の一九三八年以降、その投資結果が本質的に変化したことが分かる。それ以前に達成された華々しい投資結果とは、一九二九年に起きた大暴落の一カ月前に三〇六で売りのシグナルを出したり、その後一九三三年に八四を付けて相場が常態を回復するまでの長引く弱気相場の間は、理論支持者に投資を勧めなかったことによるものであった。だが一九三八年以降のダウ理論は、かなりの高値で売りのシグナルを出し、後にはさらなる高値で買いのシグナルを出すということに、ほとんど終始した。その後、約三〇年に関していえば、単にダウ銘柄株を買って持ち続けた場合の方がはるかに良い結果となったのである（しかし、ダウ理論の権威であるロバート・M・ロスによれば、直近に出された二つの買いのシグナル――一九六六年一二月と一九七〇年一二月――は、先の売りポイントよりもはるかに低い）。

この件に関してかなりの研究を行ったわれわれの見解は、ダウ理論投資結果がこのように変化したのは単なる偶然ではないというものだ。そうした変化は、ビジネスや金融の世界における将来予測や売買フォーミュラといったものの固有の特徴といえる。こうしたフォーミュラの支持者が増えて重要性が増した理由は、一定期間にわたってそれが機能してきたから、あるいは単に過去の統計データにもっともらしく当てはまったということである。だが支持者が増加するにつれて、その確実性は低下傾向をたどることになる。その理由は二つある。第一の理由は、時間の経過とともに状況が変化し、古いフォーミュラが新たな状況に適合しなくなること。第二の理由は、あるトレーディング理論が株式市場で広まると、それ自身が相場の動向に影響を与えることになり、結局はそれが利益を上げる可能性を奪ってしまうことである（人気が高まることによって理論が正当化されたように思えるのは、売買シグナルに従った理論支持者たちの売買行為そのものによって相場が上下するようになるからである。当然ながらこの種の「総崩れ」は、一般のトレーダーにとって利益とならないばかりでなく危険なものである）。

安きを買い、高きを売る

一般の投資家が株価動向を予測して儲けることは不可能であると、われわれは確信している。それでは、大きな下落の後で買い、大きな上昇の後で売るというようなやり方ならば利益を上げられるのであろうか？　一九五〇年以前の相場変動パターンでは、そのような考えに希望が持てた。実際、「抜け目のない投資家」という言葉は、「みんなが売っている弱気相場で買い、みんなが買っている強気相場で持ち株を売り尽くす人」という意味で使われていたほどである。S&P指数の一九〇〇年から一九七〇年までの変動を示した**図1**（七一ページ）と、それに関連した**表3―1**（六九ページ）を見れば、ごく最近までこうした考えが妥当なものに思えた理由を容易に見て取ることができる。

一八九七年から一九四九年までの間には、弱気相場の底から上がって強気相場の天井を付け、再び弱気相場の底へ戻るという、完全な相場サイクルが一〇回ほど存在した。そのうち六回はひとつのサイクルが四年以下であり、四回は六～七年、そして一回はかの有名な「新時代」サイクルであり、一九二一～三二年まで一一年間に及んでいる。底値から天井までの上昇率は四四～五〇〇％にわたっており、ほとんどは五〇～一〇〇％の間であった。株価上昇後の下落率は二四～八九％であり、多くは四〇～五〇％であった（下落率が五〇％であれば、下落前の一〇〇％の上昇率が完全に相殺されるということに注意しなければならない）。

強気相場のほとんどは、いくつかの際立った共通的特徴を有している。例えば、①歴史的に高い株価水準、②高いPER（株価収益率）、③債券利回りとの比較における低い配当利回り、④信用取引による投機の増加、⑤低品質普通株の新規公開件数の増加――などである。かくして株式相場の歴史を学んだ者は、「賢明なる投資家は循環する弱気相場と強気相場を正しく見極め、弱気で買って強気で売り、そして売買のほとんどを短い間隔のうちでやることができたはずだ」と考えることだろう。バリュー要因や株価変動率、あるいはその双方を基にして一般株式相場における売買水準を決定するための、さまざまな理論的手法も発展をみせた。

しかし、注意しなければならないことがある。それは、一九四九年に始まった未曾有の強気相場以前ですら、非常にさまざまなパターンの相場サイクルが繰り返され、安く買って高く売るという望ましい売買プロセスが複雑化し、時にはその適用が不可能な局面もあったということである。その最も顕著な例が、一九二〇年代終わりの大強気相場であり、そこではすべてのやり方が通用しなくなった。ゆえに、弱気相場で安く買って強気相場で高く売ることを投資方針の中心に据えることで利益を上げられるという確実性は、一九四九年の時点でさえ全く存在しなかったといえるのである。

その後、結局は逆が真であったことが明らかになった。過去二〇年の相場動向は、それ以前のようなパターンをたどることはなく、かつては確実なものとされた危険シグナルは役に立たなくなり、また投資家は、安く買って高く売るという古いルールに従うことで儲けることができなくなったのである。ある程度の規則性を持った昔のようなブルベア相場パターンが再び戻ってくるかどうかはわれわれにも分からない。だが現時点において投資家が、昔ながらの、つまり明白な弱気相場が訪れるまでは一切の株式買い付けを行わないという方式を基本に据えようとすることは、非現実的な試みに思える。われわれが勧める投資方針は、株の価値を判断基準に据え、株価水準に応じて本人の意思でポートフォリオの株式と債券の比率を変える心づもりをしておくことである。

フォーミュラ・プラン

一九四九年から五〇年にかけて始まった上昇相場の初期のころは、株式相場のサイクルを利用して利益を上げるさまざまな方式が大きな注目を浴びた。これらが「フォーミュラ投資プラン」

と呼ばれるものであり、ドル平均法の単純な手法を除くそれらプランの中心的手法とは、相場が大きく上げたら投資家は株式のいくらかを自動的に売るというものである。株価水準の非常に大きな上昇は、多くのプランにおいて全保有株の売却という結果につながるものである。また、どのような状況下でも株のごく一部は保有し続けるというプランもある。

こうした手法には、人々の目に論理的（かつ保守的）なものとして映り、また過去のデータでシミュレーションしてみると何年にもわたり素晴らしい結果を示すという、二重の魅力を備えていた。だが不幸にも、まさにこのやり方が最も機能しない運命となったときに、その人気が頂点に達したのであった。一九五〇年代半ばごろには、フォーミュラ・プランを実行していた投資家の多くが完全に、あるいはほとんど相場から遠のいている状況であった。確かに、彼らはまずまずの利益を手にしてはいたが、広い意味でいえば、その後相場は彼らから「逃げ去った」ことになり、フォーミュラに従う限り株式ポジションを買い戻す機会はほとんどなかったのである。

一九五〇年代初めにフォーミュラ投資を行っていた人々と、その約二〇年前に純粋に機械的な形でダウ理論を実践していた人たちは、似たような体験をしている。つまり、どちらのケースも、流行し始めたのとほぼ同時にその手法が効果的に機能しなくなったということである。われわれ自身もダウ工業株平均の売買レベルを決定する「セントラルバリュー方式」を以前独自で開発したが、同じような失敗を喫した。教訓としていえることは、株式市場においてカネを儲けるための手法として、原理が簡単で多くの人が追随し得るものは、それがどんなものであろうと、単純かつ安易すぎるために長続きすることはないということだ。スピノザが用いた結びの言葉は、哲学だけでなくウォール街にも当てはまる――「卓越したものというのはすべて、稀有であると同時に困難なものである」。

相場の変動と投資家のポートフォリオ

株式投資を行うすべての者は、長年の間に手持ち株の株価が変動することを覚悟しなければならない。財務内容の良い有名な大企業株のみを保有する防衛的投資家の株式ポートフォリオ評価額と、ダウ工業株平均は、前回の版が書かれた一九六四年以降、似たような推移をたどったであろう。ダウは、一九六六年には約八九〇の平均水準から九九五にまで上昇し（一九六八年には再び九八五を付け）、一九七〇年には六三一にまで下落したが、一九七一年の初めにはほぼ完全な回復をみせて九四〇まで戻した（個々の銘柄が高値安値を付けた時期はそれぞれ異なるので、ダウ銘柄全体としての変動は、個々の銘柄の変動と比較すると緩やかなものとなっている）。多様な銘柄を含むポートフォリオや保守的なポートフォリオといった、タイプの異なるポートフォリオの評価額の推移を追った結果、ダウ平均との比較で全体的に際立った違いは認められなかった。概していうと、株価変動率が高いのは一流企業株よりも二流企業株である。しかし定評のある企業ならば、大企業ではなくとも、長期にわたり株価が低迷するとは必ずしも言えない。いずれにせよ投資家は、今後五年間さまざまな局面において、持ち株評価額が安値のポイントから五〇％あるいはそれ以上上がり、またそこからその上げ幅に相当する三分の一あるいはさらに下がるということを、単なる可能性としてとらえるのではなく見込んでおいた方がよいであろう。

思慮深い投資家は、日々の、あるいは毎月の株価変動によって自分のカネが増減するものではないと考えているであろう。しかし変動幅が大きく長期にわたる場合はどうであろうか？　ここで実際的な問題が生じてくるわけであるが、心理的な問題の方はより複雑である。相場が大きく上昇すれば投資家は満足し、また慎重な思考を促す動機ともなるが、それは同時に軽率な行動へと投資家を導く誘惑の魔の手ともなり得るのである。あなたの持ち株が上がった。結構なことだ。あなたは以前よりもカネ持ちになった。大いに結構。しかし、株価が上がりすぎたとして、売却を考えた方がよいのだろうか？　あるいは株価水準が低かったときにもっと株を買っておかなかったことで、自分を責めるべきなのか？　はたまた——これは最悪パターンであるが——強気相場の空気に飲まれ、群衆（結局はみんなその一員なわけだが）の熱気とうぬぼれと貪欲さに感化され、大きく危険な売買をすべきなのだろうか？　活字としてこの内容を見れば、最後の問いかけに対する答えがノーなのは自明であるが、賢明なる投資家でさえも、群集に同調しないためにはかなりの自制力が必要なのである。

計算上の利益と損失を考えるより、むしろ投資家のポートフォリオにおける債券と株式の比率を機械的ともいえる形で決める方法をわれわれが好むのは、こうした人間の本質を考慮してのことである。それによる最大の利点は恐らく、そうしたフォーミュラに従うことで投資家に「すべきことを示す」という点であろう。株式相場が上がれば、投資家はその時々に持ち株の一部を売却してその資金で債券を購入し、下がればその逆のことをするのである。こうした行動によって、投資家のエネルギーが鬱積するのを防ぐことができるのだ。本当の投資家であれば、自分が群集とは全く逆の売買をしていると考えることに充足感を覚えるものなのである。

業績評価と株式市場評価

市場の変動が投資家の状況に実際どのような影響を与えるかについては、さまざまな企業の部分所有者という、株主としての側面からも考えることができよう。市場性が高い株式を保有する者は、実のところ二つの立場を有しており、よって自らの選択によってどちらかを利用できるという特権を持つ。一方における彼の立場は、個人企業の少数株主や物言わぬ共同出資者の立場と似ている。その投資結果のすべては、企業の収益や資産価値の変化によって決まる。そうした個人企業株の価値を測ろうとすれば、直近のバランスシートに示された純資産から、自分の持ち分を計算すればよいだろう。もう一方における株式投資家の立場とは、印刷された株券の所有者である。株は市場が開いている限り、刻々と変化する株価で短時間のうちに売ることができるものであり、株価は往々にしてバランスシート上の価値とはかけ離れたものになるのである。

過去数十年において株式市場が発展したことによって、一般の投資家たちは以前よりも市場動向によってさらなる影響を受けるようになり、かつてのように自らを単なる共同出資者と考えることができなくなった。その理由は、成功した企業に集中的に投資していれば、大抵は企業の純資産価値（一株当たり純資産、すなわち「バランスシート上の価値」）以上の値で売ることができるからだ。市場そのものが売買の成否を決めてしまうために、投資家はこうしたプレミアムを支払うことによって貴重なる未来の成功を運命に託すことになるのである。

これは今日の投資家にとって最も重要な要素でありながら、今まであまり注意を払われなかった事柄である。株式市場は、値付けに固有の構造的な矛盾を抱えている。業績や将来の見通しが良い企業ほど、その株価と一株当たり純資産が連動しなくなるのだ。しかし、一株当たり純資産に上乗せされたプレミアムが大きいほど、その内在価値を決定するための基準があやふやになる――つまり、この「価値」が移り気な市場のムードによって左右されることになるのである。ここでわれわれは最終的なパラドクスに到達する。すなわち、成功した企業ほど、株価の変動が大きくなる傾向にあるということだ。このことが真に意味するところとは、少なくとも平均的な品質の株よりは、優良な銘柄ほど投機的な値動きを示す傾向が強いということである（われわれが述べた事柄は、既に定評を築いた主要成長企業についても大半が当てはまる。事業自体が投機的なために非常に高い投機性を示している銘柄に関しては、ここでは取り上げない）。

右に述べてきたことから、最も成功を収めた素晴らしい企業の株が、なぜ往々にして不規則な値動きをたどるかが分かるであろう。そうした銘柄の代表的存在が、ＩＢＭである。その株価は一九六二年から六三年にかけての七カ月間で六〇七から三〇〇にまで下げ、その後、二度の株式分割を経て、一九七〇年には三八七から二一九にまで下落した。同様に、ここ数十年でＩＢＭ以上に目覚ましい収益力を誇ったゼロックスは、一九六二年から六三年にかけて一七一から八七まで下げて、一九七〇年には一一六から六五にまで下落した。これらの著しい株価下落は、ＩＢＭとゼロックス両社の将来的な長期成長に対する不信感を示すものではなく、これらの素晴らしい有望株に対してどれだけのプレミアムを上乗せするかについて、株式市場側の確信が欠如していたために起きたのである。

先ほど述べた事柄から、保守的な株式投資家にとって実際的な重要性を持つ結論が導き出される。すなわち、投資銘柄の選定に際して特別な注意を払うのならば、企業の有形資産価値と極めて近似した価格――プレミアムが付いてもその三分の一以下――で売られている株に投資を集中させるのが最善であろうということだ。そうした水準あるいはそれ以下で買い付けた株は、その企業のバランスシートに基づいて選択したものであると、また市場価格が変動したとしても自分が支払ったのは適正な株価であると、論理的にみなすことができる。一株当たり純資産に上乗せされたプレミアムは、証券取引所に上場していることと、それによって生じる株の市場性という利点に対して支払われる、いわば特別なチップのようなものだと考えられるのである。

ここで用心しなければならないことがある。企業の資産価値に見合った株価で買い付けたというだけでは、堅実な投資とはいえないということだ。それ以外にも、株価収益率が満足のいく数字であり、財務状態が極めて良好で、かつ今後数年にわたり少なくとも収益が現状を割り込むことはないという見通しが立つ銘柄を選ばなければならない。妥当な株価の付いた銘柄に、こうした要件は厳しすぎるように思えるかもしれないが、危険なまでに株価水準が高い状況でなければ、それほど難しい条件ではない。華々しい将来性のある――つまり予想成長率が平均以上の――銘柄をあきらめさえすれば、これらの要件を満たすさまざまな株を探し当てるのは、困難なことではないのである。

株式銘柄の選択に関する章（第14章、第15章）では、一九七〇年末時点でダウ銘柄の半数以上がこの「資産対価値」の基準を満たしていたということを、データによって示したいと思う。株主数が最大のAT&Tは現実に、先ほど述べた有形資産価値以下で売られている。さまざまな投資メリットがある電力株のほとんども、現在（一九七二年初め）では資産価値近辺で買うことができるのである。

このような一株当たり純資産に裏付けられた株式ポートフォリオを有する投資家は、収益と有形資産双方に対して何倍もの金額を支払った人よりも、株式相場の変動を気にせずに超然としていられる。そして、持ち株の収益力が満足のいくものであり続ける限りは、相場の気紛れな変動にほとんど注意を払わなくともよい。さらに、時には相場のそうした気紛れを利用して、安く買って高く売るというマスターゲームもできるのである。

Ａ＆Ｐ社の例

ここで、過去の版でも取り上げた実例を再度紹介したいと思う。何年も前の事例ではあるが、企業および投資にまつわる多くの事柄が含まれており、われわれにとって非常に興味をそそるものである。その内容を以下に抜粋する。

食料品のチェーンストアであるグレート・アトランティック・アンド・パシフィック・ティー社（Ａ＆Ｐ社）の株は、一九二九年にニューヨーク・カーブ取引所（現在のアメリカン証券取引所）に上場され、四九四の高値を付けた。その後、経済全般が悲惨な状況にあっても同社の収益は以前とほとんど変わらなかったが、株価の方は一九三二年までに一〇四に落ち込んでいた。一九三六年のレンジは一一一～一三一であった。その後の一九三八年には景気後退と弱気相場によって、株価は三六という最安値を更新した。

これは異常な株価である。現金だけで八五〇〇万ドル、運転資本（純流動資産）として一億三四〇〇万ドルを有していたにもかかわらず、同社の優先株、普通株のすべてを合計して時価一億二六〇〇ドルにしかならない計算だ。Ａ＆Ｐ社は、世界一ではないにせよ、米国一の規模を誇る小売企業であり、長年にわたり継続的に素晴らしい収益を上げていた。にもかかわらず一九三八年にウォール街では、この卓越した企業に対してその流動資産以下にしか評価していなかったことになる。つまり、順調な業績を上げているにもかかわらず、清算価値以下の株価が付いていたのである。なぜだろうか？　第一にチェーンストアに対して特別税が課されるといううわさがあったこと、第二として前年に純利益が減少したこと、そして第三の理由としては相場全体が低迷していたことが挙げられる。このうち第一の点に関しては、結局は根拠のないうわさにすぎなかった。そして第二と第三は、典型的な一時的要因だったのである。

例えば、Ａ＆Ｐ株を一九三七年にその過去五年間の一株当たり平均収益の一二倍、つまり八〇ドル前後で購入していたとしよう。その後の三六ドルまでの株価下落が、投資家にとって大したことではないなどというつもりは毛頭ない。注意深く情勢を調べて、計算ミスを犯していないかを確かめるのが賢明であろう。しかしその結果、思っていた通り、自分の投資が間違いでなかったことを確信したならば、証券市場の一時的な気紛れとして相場の下落を無視してもよいのだ。また、もしも資金と勇気を持ち合わせていれば、状況を逆手に取って割安な株価で買い増すこともできるのである。

その後の動向と所感

翌一九三九年、Ａ＆Ｐの株価は前年の安値の三倍である一一七・五にまで持ち直し、二年前の平均水準も優に超した。このように株価が反転するのは決して珍しいことではないが、Ａ＆Ｐのケースはそれが非常に顕著であった。一九四九年以降の同社の株価は、相場全般の動きとともに上向きに推移していったが、一九六一年の株式分割（一対一〇）後には七〇・五という高値を付けた。分割前の一九三八年ならば七〇五となる計算である。

注目すべき点は、一九六一年の七〇・五という株価が一株当たり利益の三〇倍であったという事実である。同年のダウ銘柄の平均株価収益率は二三倍であり、それに比肩するこのような株価収益率によって、A&P社には将来的に目覚ましい収益成長が望めるとみんなが考えたに違いない。だがこの楽観論は、直近の収益によって裏付けられたものではなく、完全に誤りであったことが判明した。収益は急速に伸びるどころか、その後は減少傾向をたどったのである。七〇・五の高値を付けた翌年には、その半分以下の三四にまで株価は下がった。しかしこのときの株価は、一九三八年の安値のような割安価格とはいえない。同社の株はその後さまざまな株価変動を経て、一九七〇年には二一・五、一九七二年には一八という安値まで下落し、業績の方でも創立以来初の四半期赤字を計上したのである。

この歴史から見て取れるのは、アメリカの主要企業がほんの三〇年ほどの期間にどれほど大きな浮き沈みを経験し得るかということであり、また人々がどのような計算ミスを犯し、あるいは行きすぎた楽観論や悲観論を抱くことによって、その株を評価してきたかということである。A&P社の場合一九三八年には見向きもされずに安く売られ、一九六一年には驚くような高値で人々がこぞって買いに走った。その後、急速に株価は半値に下落し、数年後にはさらなる落ち込みをみせたのである。こうした間に、傑出していた同社の収益力は平凡なものとなり、世の中が好況に湧いた一九六八年の利益は一九五八年のそれを下回ったが、少額の配当は収益の裏付けなしに続いていた。一九六一年や七二年当時のA&Pは、企業規模では一九三八年当時よりも大きいわけであるが、経営状態も収益力もさらには企業としての魅力も、一九三八年の方が上だったのである。

この話から二つの大きな教訓を得ることができる。その第一は、株式市場は誤った方向に大きく振れることがたびたびあり、機敏かつ度胸のある投資家は、その歴然たる誤りから時として利益を得られるということ。第二は、ほとんどの企業は長年の間にその特徴や質が変化するものであり、以前より良くなる場合もあるが、大抵は悪い方へ向かうものだということである。投資家は自分の手持ち銘柄に関して、その企業の業績を厳重に見張る必要はないが、折に触れて厳しい目で業績チェックをしなければならない。

さてここで、市場性が高い株式の保有者と、個人企業の出資者の比較に話を戻そう。前者は、自分が投資するさまざまなビジネスの単なる部分所有者、あるいはいつでも望んだときに市場価格で売却可能な株券の保有者のどちらと考えてもよいと、既に述べた。

だが心に留めておくべきことがある。真の投資家が持ち株を売らざるを得ない状況などめったになく、そういった状況以外のときには株価を無視しても構わないということだ。相場にどれだけの注意を払ってそれに従うかは、自分で決めればよいのである。したがって、正当な理由なき市場価格の下落によって、驚いて逃げ出したり過度に不安がるという投資家は、基本的な強みを逆に弱みにしてしまっていることになる。そうした人にとっては、市場価格など存在しない方が幸せであろう。そうであれば、他人の誤った判断に起因する精神的苦悩を味わわなくて済むからである。

ついでに述べると、一九三一〜三三年の暗黒の不況期には、実際にそのような状況が広範囲で存在した。当時は相場が存在しない対象に投資していたほうが、心理的に有利だったのである。例えば、不動産の第一抵当権を有する人たちは、その担保物権には市場価格が存在しないために、利払いに滞りがなければその投資の価値は全く下がっていないと、自らに言い聞かせることができた。一方、品質も高く根本的な強さを備えた多くの上場社債は相場の大幅下落を被り、その結果、債券保有者たちは、その価値が日増しに下がっていると考えたのである。しかし、現実には価格が下落しようとも、それが上場証券であるがゆえに、債券保有者は決して悪い状況ではなかった。というのも、自らが望み、あるいはそうせざるを得なければ、少なくとも債券を売却することが可能であり、さらに割安なものへと乗り換えることもできたかもしれないからだ。あるいは、市場の動きを一時的で無意味なものとして無視してもよい。しかし、手持ちの証券に相場が存在しないという理由のみによって価値が減少していないと考えるのは、自己欺瞞にすぎない。

一九三八年のA&P株の話に戻ると、A&P株を保有し続ける場合、株価の下落による投資家の損失は、株の基本的な内在価値の縮小による価値下落の範囲を超えることはない。つまり、内在価値に縮小がみられなければ、それは投資家が、株価はいずれ一九三七年の水準あるいはそれ以上に戻すだろうと考える根拠となる――そして実際に翌年そうなった――のである。この点において彼らは、株式を公開していない個人企業の出資者以上に安心できる状態にある。というのは、一九三八年の不況によって企業がどのような影響を被ったかに応じて、保有株の買付価格の一部を頭のなかで切り離してもよいと考えられるからである。

株式投資のバリューアプローチを批判する人々は、個人企業の出資分を評価する場合と同様の方法では上場株式を適切に評価することはできないと主張する。その理由は、上場株式には組織化された証券市場が存在するため、「株を保有することに対して、極めて重要な流動性という新たな特性が加わる」ためだ。だがこの流動性の意味とは、第一に、株式相場で持ち株の評価が日々変化するという便宜性――それが価値あるものかは別にして――を投資家が得られるということであり、第二に、本人が望めば、そのときどきの市場価格で保有株を増減できるということである。要するに投資家は、市場の存在により、もしそれがなければ得ることのできないある種の選択権を得ているのである。だが市場が存在するからといって、持ち株に対する価値評価を市場以外の基準で行おうとする投資家が、現在の市場価格に基づく値段を押しつけられているわけではない。

この項目の締めくくりとして、例え話をしよう。ある個人企業に一〇〇〇ドルの出資をしていると想像してほしい。共同出資者の一人には、ミスター・マーケットという名の非常に世話好きな男がいる。彼は、あなたの持ち分の現在価値に関する自分の考えを毎日教えてくれ、さらにはその価格であなたの持ち分を買い取ってもいいし、同じ単位価格で自分の持ち分を分けてもいいと言ってくる。彼の価値評価が、企業成長やあなた自身が考える将来性に見合っており、適切なものに思えるときもあるだろう。その反面、ミスター・マーケットはしばしば理性を失い、あなたには彼が常軌を逸した価格を提示しているように思えることもある。

もしもあなたが慎重な投資家あるいは思慮深い実業家ならば、自分の出資分一〇〇〇ドルに関する価値評価を、ミスター・マーケットの言葉によって決めるだろうか？　そうするのは、あなたが彼と同意見のとき、また彼と取引したいと望むときだけである。彼が途方もない高値を提示してきたときに全持ち分を彼に売ることができたり、あるいは安値のときに彼の持ち分を買い取ることができれば、それはあなたにとって幸運だろう。しかしそれ以外のときには、事業内容や財務状況に関する報告書に基づいて、持ち分の価値評価について自分なりの考えを持つのが賢明なのである。

上場株を保有している場合にも同じことがいえる。真の投資家は自身の判断や意思に従い、日々の相場価格を利用して儲けようが、それを無視しようが構わない。ただし自分なりに下した価値判断を活用するためには、株価の重大な変化を見逃してはならない。時には株価の変化が用心を促す警戒信号に思えるときがあるかもしれない――要するに、株価が下がったとき、さらに状況が悪化するという予感から持ち株を売却するということである。われわれの考えでは、そうした警戒信号は有用であるのと同時に、投資家を誤りに導くものでもある。基本的に、真の投資家にとって、株価変動の持つ重大な意味はひとつしかない。相場が急落すれば抜け目なく株を買い付け、急騰すれば売却するチャンスなのだ。それ以外のときには株式市場のことなど忘れ、受け取る配当金と企業業績に注意を注いでいた方が良い結果につながるものなのである。

まとめ

投資家と投機家の最も現実的な相違は、その人が市場変動に対してどのような態度で臨むかという点である。投機家の最大の関心事は、株価の変動を予測してそれによって利益を得ることであり、投資家の最大の関心は、適切な証券を適切な価格で取得して保有することにある。相場の動向は投資家にとって実際に重要なものだ。なぜならば、それによって賢明な買い付けができる安値水準と、買い付けを控えて売却した方が賢明であろう高値水準とが、交互に生み出されるからである。

一般の投資家は安値水準が到来するまで買い付けを控えるべきだという考えは誤りである。なぜなら、そのためには長期間待たねばならない可能性があり、その間の配当収入を失うこととなり、また投資機会を逃すことにもなりかねないからである。一般的にいえば、しっかりとした価値基準に照らして一般株価水準が高すぎる場合を除いて、株式投資用の資金があるならば投資家は株式を買い付けるのが賢明であろう。抜け目ない投資を行いたければ、個々の銘柄のうちで割安となっているものを探せばよい。

一般株式相場の予測ということとは別に、ウォール街では極めて短期間で平均以上に「値の上がる」銘柄や業種を探すことに、人々の努力と研究が注ぎ込まれている。こうした試みは一見論理的に思えるかもしれないが、真の投資家には不向きで不要なものだとわれわれは考える。その最大の理由は、これと同様のことをしている数多くのトレーダーや一流のアナリストたちと競うことになるからである。株の基本的価値よりも値動きを第一に考えるというこうしたやり方を繰り返す知的な人々の努力は、長年のうちに自ら無力化し、失敗につながる傾向にある。

堅実な銘柄からなるポートフォリオを持った投資家は、その株価が変動することを肝に銘じて、大きな下落に気を揉んだり大きな上昇に興奮してはならない。市場価格というものは自分にとって身近で便利なもので、利用しても無視してもよいものなのだと常に念頭に置くべきである。株価が上がったから買い、下がったから売るということは、決してしてはならない。投資家が大きな間違いを引き起こすことがないよう、これをさらに明快に述べておこう――「株価が大幅に上昇したすぐ後には絶対に株を買ってはならない。また、大幅に下落したすぐ後には絶対に売ってはならない」。

株式の平均市場価格には経営者の能力を測る尺度として重大な意味があるということに関して、少し述べたいと思う。株主は自分の投資が成功しているかどうかを、受け取った配当とその株式の平均市場価格の長期トレンドとによって判断する。そして論理上は、それと同じ基準を使って企業経営者の能力や株主に対する姿勢を評価することができるはずである。

そんなことはあまりに当然だと思われるかもしれないが、強調して述べておく必要がある。というのは、経営者が市場の意見によって評価を下されるための方法は、まだ確立していないからである。一方で経営者たちは、自分の企業の株価がどうなろうが自分たちにはいかなる責任もないと、常に主張している。もちろん、これまでわれわれが述べてきたように、株価の変動が企業の根本的な状態や価値とは無関係なものであれば、彼らに説明義務などないことは確かである。しかし、この責任免除を株価が永続的に低迷を続ける場合にまで拡大するとすれば、それは一般投資家たちの注意力や知性の欠如に他ならない。優れた経営者は望ましい平均市場価格を作り出し、無能な経営者は好ましくない株価を招くのである。

債券価格の変動

元本の安全と利払いには問題がないとしても、長期債券は金利の変化に応じて市場価格が変動するということを、投資家は認識しなければならない。**表8―1**には、優良社債と非課税債券に関する一九〇二年以降さまざまな年のデータ、および同時期における鉄道債の代表的な二銘柄の価格変動が示されている（これらはアチソン・トペカ&サンタフェの担保付き、表面利率四%、一九九五年満期債券、およびノーザン・パシフィック鉄道の表面利率三%、二〇四七年満期債券であり、こちらは当初何と一五〇年満期の典型的な長期Ｂａａ格付け債である）。

利回りと債券価格は反対の関係にあるため、利回りが低いと債券価格は上昇し、逆もまた成り立つ。表面利率三%のノーザン・パシフィック債の一九四〇年における価格下落は、主としてその安全性への不信感を反映したものだ。その債券価格が、数年後には過去最高値にまで持ち直したというのは異常なことであり、後に再びその三分の一にまで落ち込んだ主因は市場金利の上昇にある。過去四〇年においては、超優良債券でさえも驚くほどの価格変動が起きている。

注意すべきことは、満期日価格が一〇〇であるということによって価格の乱高下が抑制されているために、債券価格と計算された利回りはお互い反比例で変動するわけではないということだ。しかし、例に挙げたノーザン・パシフィック債のように期間が非常に長いものに関しては、価格と利回りがほぼ等しい比率で推移する。

表8-1　債券利回りの変化および代表的な債券2銘柄の価格変動（1902-1970年）

	債券利回り			債券価格	
	S&PのAAA格付け債総合利回り	S&P地方債利回り		アチソン・トペカ&サンタフェ債（表面利率4%、1995年満期	ノーザン・パシフィック鉄道債（表面利率3%、2047年満期）
1902年の最低利回り	4.31%	3.11%	1905年の最高価格	105½	79
1920年の最高利回り	6.40	5.28	1920年の最低価格	69	49½
1928年の最低利回り	4.53	3.90	1930年の最高価格	105	73
1932年の最高利回り	5.52	5.27	1932年の最低価格	75	46¾
1946年の最低利回り	2.44	1.45	1936年の最高価格	117¼	85¼
1970年の最高利回り	8.44	7.06	1939-40年の最低価格	99½	31½
1971年の終値	7.14	5.35	1946年の最高価格	141	94¾
			1970年の最低価格	51	32¾
			1971年の終値	64	37¼

一九六四年以降、優良債券市場において双方向への記録的な動きが起こった。「最優良地方債」（免税）を例にとると、利回りは一九六五年一月の三・二％から一九七〇年六月には七％と、二倍以上に上昇し、債券価格はそれに応じて一一〇・八から六七・五に下落した。一九七〇年の半ばには、長期優良債の利回りは米国の約二〇〇年の金融史上最高となったのである。その二五年前、長い強気相場の幕開け直前には、債券利回りは史上最低を記録しており、長期地方債の利回りはたったの一％、四・五～五％が「正常値」といわれていた社債の利回りは二・四〇％であった。長年にわたって金融界をみてきた人々は、「すべての作用には常に逆向きで相等しい反作用がある」というニュートンの法則が株式相場で繰り返されるのを、当時既に経験済みであった。その最も顕著な例をダウ平均の推移で示せば、一九二一年の六四が一九二九年には三八一にまで上昇し、その後、記録的暴落によって一九三二年には四一にまで下落している。しかし今回は、通常なら安定してゆっくりと変化するはずの優良債券の価格と利回りが、過去最大の振れ幅を記録したのである。教訓——ウォール街ではどんな事柄であれ、過去に起きたことがそっくりそのまま、将来も繰り返されるといえるものは存在しない。われわれが好きな格言に、これを示す言葉がある——「激しく変化するものほど、実は変わっていないである」。

株価の予測が実質上不可能だとすれば、債券相場の動向を予測することも全く不可能である。以前ならば、過去の動向を研究することによって、大抵は強気（あるいは弱気）債券相場がいつ終わるかを知るための手がかりを得ることができたが、今回の場合は来るべき変化を予測するそうした手がかりは見つからない。よって投資家は、長期債と短期債のどちらに投資するかを、主として個人的嗜好で決めねばならない。市場価値の下落を確実に避けたければ、連邦貯蓄債券E号あるいはH号に投資するのが恐らく最適であろう（これらの債券に関しては、第4章を参照のこと）。どちらの債券も、一年目以降は利回り約五％となり、E号はその利回りが最長で五年一〇カ月、H号は最長一〇年まで継続され、さらに買い付けコスト以上での買い取りも保証されている。

もしも投資家が、現在入手可能な表面利率七・五％の優良長期社債、あるいは表面利率五・三％の免税地方債が欲しいと思うならば、債券価格の変動を覚悟しなければならない。銀行や保険会社はこの種の高格付け債を、市場価格を無視した「償却コスト」ベースで評価することが認められている。個人投資家がこのやり方に準じてみるのも悪くないかもしれない。

転換社債と優先株の価格変動要因は、①同銘柄の普通株の株価、②その企業の信用度、③市場金利――の三つである。過去かなりの数に上る転換社債が、およそ最高とはいえない信用度（債券と優先株の上位格付けの表記は、ムーディーズの場合は上からAaa、Aa、Aの順、S&Pの場合はAAA、AA、Aであり、最低格付けはDとなっている）の企業によって発行され、その一部が一九七〇年の金融引き締めにもろにさらされた。その結果、転換社債全般はここ数年で三重の影響を受け、相場の変動幅が並外れて広がった。したがって、転換社債に優良債券の安全性や元本の保護を期待し、さらには普通株の株価上昇によって利益が得られると考えていた一般の投資家は戸惑うことだろう。

ここで「長期債の将来性」に関するわれわれの考えを述べておこう。なぜ金利変化による影響を、実際的かつ公正な基準に照らし、借り手と貸し手の立場に分離して考えてはいけないのであろうか？　まず考えられる可能性は、ある程度、現行金利に添った形で利払いがなされる長期債を売却することである。それによって生じるであろう主な結果は次のようなことだ。①発行企業の信用格付けが保たれていれば、その債券の額面価格は一〇〇前後のまま変わらないが、受け取る金利は、新しく発行される債券の金利によって変化する。②企業は、たびたび資金を再調達した場合の手間やコストを省けるという長期債務の利点を享受するが、金利負担はその年ごとに異なる（欧州では既にこの考えを採用しているところもある。それは例えばイタリアの国有電力会社などで、この企業が発行した、一九八〇年満期の「保証付き変動金利融資債券」がこれに該当する。一九七一年六月に同社は、今後六カ月の上乗せ金利は年率八と八分の一％となる予定であるとニューヨークで広告を行った）。

このような弾力的な取り決めが組み込まれたケースに、トロントドミニオン銀行が一九七一年六月に発行した、一九九一年満期「七％～八％無担保社債」がある。この債券は一九七六年七月までが七％、それ以降は八％の利息となるが、債券の保有者は、一九七六年七月時点で償還する権利を持つ。

債券の投資家たちはここ一〇年、年々深刻さを増すジレンマに直面してきた。つまり、変動利率で大抵は低い（短期）利率となろうとも、元本価値が安定した債券を選ぶべきか、あるいは元本価値が（大抵は下落方向に）相当に変化するとしても、固定利付債券を選ぶべきか、ということである。こうした両極端の中間に位置する債券で、二〇年にわたって利子収入も元本価値も既定最低限度以下には下がらないという保証付きのものがあれば、それはほとんどの投資家にとって望ましい投資対象であろう。このようなことが、新たな形式の適切なる債券条項によって、さほどの困難を伴わずに可能となるかもしれない。既存の貯蓄債条項に加えて高利率のものにまでその条項を適用することによって、米国政府が実際これと同様のことをしてきているというのは、知っておくべきである。われわれがここで述べている事柄は、貯蓄債よりもむしろ長く固定した投資期間の場合に当てはまり、また金利条項にさらなる融通性を加えることとなろう。

転換権を有さない優先株については、コメントを述べる価値もないだろう。というのも優先株は、保険会社を初めとした法人の方が個人よりもはるかに、それを保有することによる税法上のメリットが大きいからである。低格付けの優先株は絶えず大きなレンジで変動しており、普通株の変動率と大差がない。優先株については、これ以上述べるべきことがない。第16章に掲載した**表16―2**に、一九六八年一二月と一九七〇年一二月を比較した、低格付け非転換優先株の変動率が示されている。この間の平均下落率は、S&P指数銘柄の普通株が一一・三％だったのに対して、低格付けの非転換優先株は一七％となっていた。

第9章　投資ファンドへの投資

防衛的投資家には、投資会社の投信に資金を投じるという手がある。投資家から請求があれば純資産価値で買い戻す義務がある投信を「ミューチュアルファンド」（またはオープンエンド型ファンド＝以下、オープン型ファンド）という。これらの多くは活発に増資を行う。買い戻しの義務がない投信は「クローズドエンド型ファンド＝以下、クローズ型ファンド」といい、株数は固定される。ファンドはすべて証券取引委員会（ＳＥＣ）に登録され、その規制と監督の下に置かれる。

この業界は規模が非常に大きく、一九七〇年末現在、三八三のファンドがＳＥＣに登録されており、資産総額は五四六億ドルに達する。うち五〇六億ドルを有する三五六ファンドがミューチュアルファンドで、残り四〇億ドルを有する二七ファンドがクローズ型ファンドである。

ファンドにはさまざまな分類方法がある。ひとつはポートフォリオの組み方によるもので、債券の配分が多ければ（一般的には約三分の一）「バランスファンド」、大部分が普通株ならば「株式ファンド」となる（その他、「債券ファンド」「ヘッジファンド」「レターストックファンド」などもある）。もうひとつは目的による分類で、主な目的が収益か、価格安定か、または資本増加（「成長」）かによって異なる。その他、販売方法による分類もある。「ロードファンド（手数料負荷投資信託）」は、販売前の価格に手数料（一般に、最低購入額の流動資産価値の約九％）を課す（販売手数料は世界共通で販売価格の何％かで示されるが、販売価格は税込みであり、純資産価値の何％かというよりも一見安く見える。われわれはこれに関して、この素晴らしい業界にはふさわしからぬペテンと考える）。

その他、販売手数料なしの「ノーロード」ファンドというのもあり、この運用のための費用は、資金を取り扱うための通常の投資顧問料に含まれる。セールスマンに手数料を支払わないので、ノーロードファンドの規模は小さくなりがちである。クローズ型ファンドの売買価格は会社が決めるのではなく、一般企業株式と同じく公開市場において変動する。

ほとんどのファンドは、投資家が収益に二重課税されないよう配慮した、所得税法上の特別な規定に基づいて運用を行う。実際、ファンドは実質上の経常所得、すなわち経費を除いた配当と利息を支払う義務がある。さらに投資資産の売却によって得られた長期収益を「キャピタルゲイン配当」という形で配当することもあり、これは投資家にとっては証券利益として扱われる（さらに別の権利もあるが、あえてここでは触れない）。一九六七年に登場した新商品では、総資本を、経常所得をすべて受け取ることができる優先証券と、証券売却による全収益を受け取ることができる劣後証券または普通株とに総資本を分割するものである（これらは「二重目的ファンド」と呼ばれる）。

キャピタルゲインに主眼を置く運用会社の多くは、いわゆる「成長株」の購入に集中し、しばしばファンド名に「成長（グロース）」という言葉を入れる。化学、航空機、海外投資など特定の分野に特化する運用会社もあり、これらも通常はファンド名にも組み込まれる。

このように、ファンドと賢明なかかわり方をしようとする投資家には、実に選択肢が多いが、実際には直接投資をする場合の選択肢と大差はない。この章では以下の疑問に答えていこう。

①投資家が、正しいファンドを選び、確実に平均以上の成果を上げられる方法はあるのか？

（また「パフォーマンスファンド」はどうなのだろうか？）

②もしそれがないなら、平均以下の結果になるファンドをいかにして避けるか？

③投資家はさまざまなタイプのファンド――つまり、バランスファンドか株式ファンドか、オ

ープン型ファンドかクローズ型ファンドか、ロードファンドかノーロードファンドなど――から賢明な選択をすることができるのか？

投資ファンドの実績全般

右の質問に答える前に、ファンド全般の実績について述べる。ファンドは受益者に良い結果を与えたのだろうか？　平たく言えば、ファンドに投資した人は直接投資した人より、どれくらい得をしたのだろうか？　ファンド全般がある目的のために役立ったことは確かである。貯蓄と投資という、二つの好ましい習慣を人々に浸透させたのだ。しかもファンドは株式市場において、無数の個人投資家を財政的な「火傷」から守ってきただけではなく、顧客に普通株への直接投資に匹敵する所得と利息をもたらした。平均的な投資家が過去一〇年間に、投資ファンド株に集中投資した場合と普通株を直接買った場合を比べると、より得をしたのは前者だという見方もできる。

このことは、ファンドの実績が普通株の実績より一見悪くても、またミューチュアルファンド投資が普通株の直接購入より高くついても、真実だといえよう。実際に平均的な個人投資家が選んだのは、普通株によるバランスのとれたポートフォリオを構築・獲得することではなく、少々高くついても投信を買うことだったのである。というより、ミューチュアルファンドのセールスマンの口車に乗せられるか、または二流か三流の新規証券を売り込むやくざまがいのセールスマンにだまされるかの選択をしたのである。普通株による堅実な投資を目指して証券会社に口座を開いた平均的な個人投資家は、気がつくと投機的になり、多大な損失を被りやすくなる。ちなみにミューチュアルファンドであれば、このような危険はかなり回避できる。

では、投資ファンドは市場と比べてどれほどの成果を上げてきたのか？　これについては少なからず議論を呼ぶのだが、シンプルに、しかし丹念に考えてみる。**表9―1**は、一九七〇年末の一〇大株式ファンドにおける一九六一～七〇年の実績だが、取り上げたのは各社が取り扱う最大のファンドである。

この表においては、一九六一～六五年、一九六六～七〇年と、一九六九年、一九七〇年の各年における総合収益が要約されている。また一〇ファンドの基準価格の合計を基に、ファンド実績の平均値も出した。一〇ファンドの総資産は、一九六九年末で一五〇億ドルを上回り、これは全普通株ファンドの総資産の約三分の一に相当する。以上のことから、一〇ファンドは業界の代表といえる（理論的には、業界全体の実績よりもいいという見方には偏りがある。なぜなら、これらのファンドは他ファンドに比べて急速に成長したと考えられるからである。しかし実際にはそのようなことはない）。

この表から面白い事実がいくつか見てとれる。まず、一九六一～七〇年における一〇ファンドの総合収益は、S&P五〇〇指数（あるいはS&P四二五）の平均実績とさほど変らないこと。しかしダウ平均銘柄よりは確実に上であること（なぜダウ工業株平均三〇銘柄が、種々雑多な

表9-1　10大ミューチュアルファンドの運用実績a

	1961-1965年（すべて+）	1966-1970年	1961-1970年（すべて+）	1969年	1970年	1970年12月時点の正味資産（単位：100万ドル）
アフィリエイテッドF	71%	+19.7%	105.3%	−14.3%	+2.2%	$1,600
ドレフュス	97	+18.7	135.4	−11.9	−6.4	2,232
フィデリティF	79	+31.8	137.1	− 7.4	+2.2	819
ファンダメンタル・インベスト	79	+ 1.0	81.3	−12.7	−5.8	1,054
インベストCo. オブ・アメリカ	82	+37.9	152.2	−10.6	+2.3	1,168
インベスターズ・ストックF	54	+ 5.6	63.5	−80.0	−7.2	2,227
マス・インベスト・トラスト	18	+16.2	44.2	− 4.0	+0.6	1,956
ナショナル・インベスターズ	61	+31.7	112.2	+ 4.0	−9.1	747
パトナム・グロース	62	+22.3	104.0	−13.3	−3.8	684
ユナイテッド・アキュム	74	− 2.0	72.7	−10.3	−2.9	1,141
平均	72	18.3	105.8	− 8.9	−2.2	$13,628 (total)
S&P指数の平均値	77	+16.1	104.7	− 8.3	+3.5	
ダウ平均の平均値	78	+ 2.9	83.0	−11.6	+8.7	

a　これらは1970年末において正味資産が最大の株式ファンドであるが、各運用グループから1ファンドのみを採用。
ヴィーゼンバーガー・フィナンシャル・サービスのデータを使用

F　ファンドの略

S&P銘柄より成績が悪いのかについては、非常に興味深い）。第二に、S&P五〇〇に対する一〇ファンドの全実績が、はじめの五年間より後の五年間で上がったこと。一九六一～六五年におけるファンドの収益はS&Pのそれをやや下回るが、一九六六～七〇年では上回っている。第三は、ファンドによって結果に大きな差があることである。

ミューチュアルファンドの成績は、市場全般の成績とさして変わらないという非難は当たらない。ファンドマネジャーたちは市場性の高い普通株を多数扱うため、市場全体に起ったことは即そのまま彼らのファンドの（ほぼ）全体に影響するからである（**注**　一九六九年末時点、信頼に足る普通銀行の信託資産には、一八一〇億ドル分の普通株が組み込まれていた。これに投資顧問の扱う普通株を加え、さらにミューチュアルファンドの五六〇億ドルも算入すると、これら専門家の決定が複雑に絡み合って株価平均の変動に少なからぬ影響を与え、株価平均がファンドの総実績にも大きな影響を及ぼすといえる）。

平均以上のファンドというのは存在するのだろうか？　そして投資家は優れた成果を得るべくそうしたファンドを選択できるのだろうか？　もちろんそれは望むべくもない。もしもそれができるのなら、われわれはまだだれも他人以上の成果を上げていない出発点に即座に戻るだろう。この問題を、まずは単純化して考えてみよう。なぜ投資家は、過去にどのファンドが長期にわたって最高の成果を出し、そのことから考えてその運用が最も優れていて、将来も平均以上の収益を上げられると予測し、自己資金をそのファンドに投入すべきではないのだろう？　これは非常に実用的なやり方に思える。というのはミューチュアルファンドの場合、投資家は他ファンドのように特別なプレミアムを払わずに「最も有益な運用」ができるからだ（対照的に、非投資会社のなかで最も好ましい運営がなされた会社の株は、当期収益と流動資産に対して比較的株価が高い）。

この点に関する事実関係は、長らく議論の的となってきた。しかし大型一〇ファンドを列挙した**表9―1**を見ると、上位五ファンドの一九六一～六五年における実績は、相対的に成績が劣っていたファンドも含めて、全体として一九六六～七〇年へ持ち越されている。われわれの研究によれば、ミューチュアルファンドの投資家は、市場全体の大幅な上昇傾向がない限り、過去少なくとも五年以上の相対的実績を数字通りに受け取ってよい。この場合、通常とは異なる形で、極めて投機的な好結果が得られる可能性がある。このことは、次に述べる「パフォーマンスファンド」でも同じである。しかしこのような成果は、ファンド運用責任者が不当な投機的リスクを冒し、さしあたりなんとかうまくやっていることを示すにすぎない。

「パフォーマンス」ファンド

最近、投資ファンドの運用に（および多くの信託ファンドにも）、「パフォーマンス」を偏重する新たな現実が生まれた。まず、この現象は、大多数のまともなファンドではなく、その数からいって不釣り合いなまでの注目を集めたごく一部のファンドに関する話だということをはっきりさせておく。話は実に分かりやすい。一部の担当者が、平均的な成果（ダウ平均）を大幅に上回るパフォーマンスを上げようとした。彼らは当面成果を上げ、知名度を高め、さらに多くの資産を運用するようになった。その目的に間違いはなかったが、残念ながら大きなファンドの運用において、大きなリスクを背負わずに目的を達成することはできないようだ。ほどなく、そのリスクは実際のものとなったのである。

われわれも含め一九二〇年代の経験者は、「パフォーマンス」信仰を取り巻く状況に対して首を横に振った。そしてまさにそのことから、われわれのような人間の物の見方は古めかしく、この（第二の）「新時代」にふさわしくないと考えられた。何よりまず、こうした華々しいファンドの運用担当者はほとんど三〇、四〇代の若手であり、彼らの経験は一九四八～六八年における断続的な強気相場に限られていた。また彼らは、「健全な投資」というのは向こう数カ月間に高騰しそうな株に投資するのだという定義に基づいて行動していた。以上のことから彼らは、資産や収益とかけ離れた株価を付けた新しいベンチャー企業に大金を突っ込んでしまった。それらはベンチャー企業の先々の業績への単純な希望的観測に加えて、情報を持たない貪欲な大衆の投機的な情熱につけこむことでしか、「正当化」されない投資であった。

ここで個人名は挙げないが、企業名を明らかにするだけの理由はそろっている。この「パフォーマンスファンド」のなかで最もその名が知られたのは、間違いなく一九六五年末に創設されたマンハッタン・ファンド社である。同社が最初に発行したのは、一株九・二五〜一〇ドルで、二七〇〇万株だった。立ち上げ資本は二億四七〇〇万ドルで、当然、主眼はキャピタルゲインに置かれた。その資金の大部分は、配当がないかあるいは極めて低い、経常収益に対して株価収益率が高い銘柄へ投資された。そして多くの投機家がそれに追随し、大きな価格変動が起きた。一九六七年、同ファンドは三八・六%の収益を上げ、それは一一%というS&P銘柄の数字を大きく上回った。しかしその後の実績は、**表9―2**に見られるようにはかばかしくない。

一九六九年におけるマンハッタン・ファンドのポートフォリオは、お世辞にも正統なものとはいえない。最大の投資を行った二社が六カ月後に破産、また三分の一の企業が一九七一年に債権者に訴えられたという由々しき事実がある。投資ファンドのみならず、大学の寄付基金や大手銀行の信託部門などもこのような不幸な企業の株式を買っていたというのだから驚きである。また、マンハッタン・ファンドを創業したマネジャーは、別の運用会社の株を、他社に二〇〇〇万ドル(株式)で売っている。このときに彼が売った運用会社の資産は、一〇〇万ドル以下だった。これは常に「運用する側」と「運用される側」の結果には大きな差があるという事実を示している。

一九六九年末発行の本(G・E・カプラン&C・ウエルズ共著『ザ・マネー・マネジャー』ランダムハウス刊、一九六九年)に、「他人の大金を運用するという過酷なゲームの達人」として一九人の横顔が紹介されている。この本によれば、「彼らは若く……年間一〇〇万ドル以上稼ぎ

表9-2　パフォーマンスファンドのポートフォリオおよびパフォーマンス
（マンハッタン・ファンドの主要保有銘柄 1969年12月31日）

保有株式数（単位：千株）	銘柄名	株価	1969年の収益	1969年の配当	市場価（単位:100万
60	テレプロンプター	99	$. 99	none	$ 6.
190	デルトナ	60½	2.32	none	11.
280	フェダーズ	34	1.28	$ .35	9.
105	ホライゾン	53½	2.68	none	5.
150	ラウズ	34	.07	none	5.
130	マテル	64¼	1.11	.20	8.
120	ポラロイド	125	1.90	.32	15.
244[a]	NSM	28½	.32	none	6.
56	テレックス	90½	.68	none	5.
100	ボシュロム	77¾	1.92	.80	7.
190	FSN	66	.80	none	12.
20	IBM	365	8.21	3.60	7.
41.5	NCR	160	1.95	1.20	6.
100	SI	109	3.81	none	10.
105	CA	50	.43	none	5.
285	KR	28	.69	none	8.
					$130.
			その他普通株		93.
			その他の保有証券		19.
			総投資額a		$244.

a　1対2の株式分割後
b　関連株110万ドルも含む
c　現金相当分を除く

S&P総合指数との比較における年間実績a

	1966	1967	1968	1969	1970	1971
マンハッタン・ファンドa	−6 %	+38.6%	−7.3%	−13.3%	−36.9%	+9.6
S&P指数a	−10.1%	+23.0%	+10.4%	−8.3%	+3.5%	+13.5

出す人も……金融界の新人類であり……マーケットの魅力にどっぷりはまり……覇者となるための抜きん出た手腕がある」ということだ。このトップたちがどれほどの好成績を収めたかは、彼らが運用したファンドの数字を見ればよく分かる。一九人中一二人の投資実績については、この本のなかに記されている。極めて典型的なことに、彼らは一九六六年に好成績を上げ、一九六七年はそれをさらに上回っている。一九六八年の結果も全体として悪くないが、それぞれのファンドによって違いがある。一九六九年になると、たった一人だけS＆P銘柄をかろうじて上回る運用をしたが、その他全員が損失を出した。一九七〇年に至っては、前年の実績をさらに下回った。

あえてこのことを持ち出したのは、モラルについて述べるためで、次のフランスのことわざがこのことを一番よく言い得ている。「表面が変わっても、中身は相変わらず」。太古の昔から、聡明でエネルギッシュな人間――多くの場合、若者――は「他人のカネ」で奇跡を起こすことを約束する。確かにしばらくはその通り奇跡を起こす、あるいは少なくとも起こしたように見えるが、最終的には必ず他人に損をさせる。半世紀ほど前、この「奇跡」には悪どい市場操作や虚偽の事業報告、非道な資本還元構造、その他詐欺まがいの財務処理などがつきものだった。このためSECによって精巧な金融規制システムが導入され、一般大衆も普通株に対して警戒するようになった。一九六五～六九年の新人類「ファンドマネジャー」による運用は、一九二六～二九年のペテン師らの後、優に一世代おいて姿を現したことになる。一九二九年の大暴落後に禁止された特定の背任行為は、投獄の危険すら出たので、もはや使えなくなっていた。しかしこれらはウォール街の片隅で新しいからくりやいんちきに置き換えられ、結局はほとんど同じ結果をもたらした。かつてのような明らさまな価格操作はなくなったが、だまされやすい一般投資家の注意を、「ホット」な儲け話へと引き込む方法は他にもごまんとあったのだ。「レターストック」（この章の冒頭部参照）は、明らかにされていない売却制限が存在するという条件の下、市場価格以下で購入できる。これは即座に満額の市場価値で素晴らしい、しかし架空の収益を報告できる。他にもさまざまなやり口があった。規制や禁止事項の全く異なる環境で、ウォール街が一九二〇年代の多くの過ちを繰り返せたのは、実に驚くべきことである。

今後、新たな規制事項や禁止事項ができるに違いない。一九六〇年代終盤の悪弊はウォール街からほぼ完全に駆逐されるだろう。しかし投機熱が冷めたり、その熱を煽るような行為が完全に払拭されることは期待できない。このような『狂気とバブル』（パンローリング刊。一八五二年、このことについて書かれた本が出た。初版には「南海バブル事件」やチューリップ狂その他の投機的な事件について書かれている。この本は一九三二年、近年において成功し続けた恐らく唯一の投機家であるバーナード・バルークによって復刻された。そのなかで、氏はこう述べている「あれは馬が盗まれた後に、堅固なドアに鍵をかけているようなものだ」）について知り、そこからなるべく遠ざかるのは賢明なる投資家の心得のひとつである。

ファンドが華々しい記録を残した一九六七年以降のデータに限ってみれば、ほとんどのパフォーマンスファンドの成績は芳しくない。一九六七年の数字を含めれば、通算成績はそれほどひどいものではない。「ザ・マネー・マネジャー」の運用者のうち、S&P銘柄による収益をわずかに上回ったのはたった一人で、三人は大きく下回り、六人はほぼ同じだった。念のため、他のパフォーマンスファンドについても見ておく。一九六七年だけで八四%～三〇一%の収益を上げた上位一〇ファンドを見てみると、うち四銘柄は一九六七年を含むなら、四年間通算でS&P銘柄の収益を上回り、二銘柄は一九六八～七〇年においてS&P銘柄の収益を上回る。これらは大型ファンドではなく、平均規模は六〇〇〇万ドルほどである。このように小規模であることが、継続的に優れた成果を上げるための必須条件であることがよく分かる。

投資ファンドのマネジャーが際立った成果を上げるためには、特別なリスクがつきものである。金融界での今日までの現象から、健全に運用された大型ファンドであっても平均をわずかに上回る程度の成果を上げるのがやっとであった。それが不健全に運用された場合、当面は目覚ましい成果を上げるかもしれないが、それもほとんどの場合は一時の幻想にすぎず、最後は必ず悲惨な損失で終わる。確かに一〇年間ほど常に市場平均を上回るファンドもあった。だがそれはごく例外で、大部分が投入資金を自ら制限して特別な分野で運用したのであり、一般に積極的に販売されたものではなかった。

クローズドエンド型ファンドとオープンエンド型ファンド

ほぼすべてのミューチュアルファンド（オープン型ファンド）において、株主はポートフォリオの日ごとの評価額で自らの株を換金する権利があり、そのことによってファンドは新しい株を売るという構造を備えている。これらのファンドはこのように何年もかけて規模を拡大するのである。クローズ型投信のほとんどは、その歴史が古く、資金構造が固定しているため、新しい資金の重要性が比較的低い。オープン型投信は何千という精力的で口達者なセールスマンたちによって売り込まれるが、クローズ型投信をせっせと売り込む人はいない。だから「ミューチュアルファンド」は一般大衆に対して（セールスマンの手数料をカバーするためなどに）総資産価格に約九％の固定手数料を乗せて売ることができたのである。一方のクローズ型投信は、ほぼ常に資産価値以下で買うことができた。この割引率は各会社によって異なり、その平均値も日ごとに変わる。これに関する一九六一～七〇年のデータを**表9―3**に示す。

この表を一目見れば、クローズ型投信はオープン型投信より価格は安いが、そのことは両者の投資成果にほぼ影響しないことが分かる。**表9―3**で両者の一九六一～七〇年における年間平均収益を比べてみるといい。

以上のことから、投資家の選択におけるひとつの明確なルールがあることが分かった。投資ファンドに資金を投じるなら、オープン型投信を資産に対して九％の手数料を払って買うよりは、

表9-3　クローズドエンド型ファンド、ミューチュアルファンド、S&P指数のデータ

年	クローズドエンド型ファンドの平均割引率	クローズドエンド型ファンドの平均実績a	ミューチュアル株ファンドの平均実績b	S&P指数の結果c
1970	−6%	even	−5.3%	+3.5%
1969		−7.9%	−12.5	−8.3
1968	(+7)[d]	+13.3	+15.4	+10.4
1967	−5	+28.2	+37.2	+23.0
1966	−12	−5.9	−4.1	−10.1
1965	−14	+14.0	+24.8	+12.2
1964	−10	+16.9	+13.6	+14.8
1963	−8	+20.8	+19.3	+24.0
1962	−4	−11.6	−14.6	−8.7
1961	−3	+23.6	+25.7	+27.0
年平均		+9.14%	+9.95%	+9.79%

a　分散投資された10銘柄のヴィーゼンバーガー平均
b　5つのヴィーゼンバーガー各年平均（普通株ファンド）の平均値
c　配当を計算に入れている。
d　割増率

資産価値より一〇％～一五％安いクローズ型投信を買うべきなのである。両者の先々の配当や資産残高の変動が同程度ならば、クローズ型投信の方が五分の一程度多い利益を得られるからである。

するとミューチュアルファンドのセールスマンは、間髪入れずにこう切り返すだろう。「しかしクローズ型投信の場合、いくらで売れるか分かりません。今よりずっと価格が低くなるかもしれないし、そうなると価格差が痛手になりますよ。われわれの投信なら資産価格一〇〇％での買い戻しが保証されています。一〇〇％以下ということはないのですから」。この点をもう少し考えてみよう。論理的思考と常識を

表9-4　さまざまなクローズドエンド型ファンドの平均実績(1961-1970年)a

	1970	*1966–1970*	*1961–1970*	割増または割引率 1970年12月
割増 3ファンド	−5.2%	+25.4%	+115.0%	11.4% 割増
割引10ファンド	+1.3	+22.6	+102.9	9.2% 割引

a　ヴィーゼンバーガー・フィナンシャル・サービスのデータ使用

鍛えるいいトレーニングになるだろう。

ここで質問。クローズ型投信の割引率が広がったとして、同額でオープン型投信を買った場合と比べ、クローズ型投信はどれほどの損になるだろう？

これは少々計算を必要とする。投資家Aが資産価値の一〇九％でオープン型投信を買い、投資家Bが資産価値の八五％に加えて一・五％の手数料でクローズ型投信を買ったとする。いずれも利益を上げ、四年間で資産価値の三〇％を稼ぎ出して配当とし、最終的には購入時と同価値になるとする。投資家Aは株を一〇〇％の価値で売却できるが、九％の手数料は失う。彼がこの間に得る総収益は三〇％マイナス九％、つまり資産価値の二一％となる。これは投資額の一九％ということである。では投資家Bは投資家Aに匹敵する利益を得るために、クローズ型投信の資産をいくらで売ることができればいいのか？　答えは七三％、即ち資産価値から二七％を引いた額である。言い換えると、クローズ型投信の場合、オープン型投信と同じ利益を得るのは、買ったときより一二ポイント（約二倍）下落した価格

表9-5　2大クローズドエンド型ファンドの比較a

	1970	*1966–1970*	*1961–1970*	割増または割引 1970年12月
ゼネラル・アメリカン・インベスターズ	−0.3%	+34.0%	+165.6%	7.6% 割引
リーマン	−7.2	+20.6	+108.0	13.9% 割増

a　ヴィーゼンバーガー・フィナンシャル・サービスのデータ使用

ということになる。クローズ型投信の歴史において、この逆のことはごくまれにしか起こらない。したがって、投資実績が代表的なミューチュアルファンドとほぼ同程度のディスカウントで購入できたなら、（代表的な）クローズ型ファンドからの総収益の方が少ないということはまずあり得ない。もしも手数料の低い（ノーロード）ファンドを通常の「八・五％」のものに変えるなら、当然クローズ型投資のうまみは減るが、それでもまだ有利なのである。

クローズ型ファンドのなかには、九％という通常のミューチュアルファンド以上のプレミアムを払うものもあるが、これは投資家にとって別の問題を投げかけることになる。このような投信は高価格を保証するだけの優れた運用ができるのだろうか？　過去五年または一〇年の結果を比較してみると、「ノー」といわざるを得ない。これら六ファンド中三ファンドは外国投資が中心である。外国投資の特徴は数年単位の大きな価格変動で、一九七〇年末にあるファンドは最高時の四分の一の価格に、別のファンドは三分の一に、また半分以下になったものもあった。資産価値以上で売られている国内の三ファンドを考えると、これらのファンドの一〇年間の総収益平均は、一〇の割り引きファンドよりやや上だが、過去五年間では逆転していることが分かる。**表9―5**に、歴史ある最大のクローズ型ファンドであるリーマン社とゼネラル・アメリカン・インベスターズ社の、一九六一～七〇年における記録を比較した。一九七〇年末時点で、一方は純資産価値の一四％増、もう一方は七・六％減で売られた。純資産に対する価格差については、この数字によっては保証されないようだ。

バランスファンドへの投資

ヴィーゼンバーガー・レポート中の二三のバランスファンドは、その資産の二五％から五九％を優先株と債券で運用し、その平均はちょうど四〇％だった。この比率は普通株によって保たれた。典型的な投資家は、ミューチュアルファンドに中途半端に手をつけるよりは、債券型投資を直接行った方がいいと考える。一九七〇年における、このようなバランスファンドの年間平均収益は資産価値のわずか三・九％、つまり売り出し価格の三・六％だった。投資家がポートフォリオに債券を組み込むなら、連邦貯蓄債か格付けA以上の社債、または非課税債がよいだろう。

第10章　投資家とそのアドバイザー

証券投資は、ほとんどの場合、多かれ少なかれ他人のアドバイスに基づくという点で、珍しいビジネスである。投資家の大半はアマチュアである。そのため彼らは当然、証券を選択する際に専門家の指導を受けた方が得と考える。しかし投資アドバイスという概念には、変わった特性があるのだ。

投資をする目的がおカネを儲けることなら、人にアドバイスを求めることはすなわち、どうすればおカネが儲かるかを問うことである。しかし世の中、これでは通用しない。事業家は事業運営におけるさまざまな問題について プロに助言を求めるが、どうしたら儲かるかを教えてもらおうとは思っていない。それこそが彼の責務なのである。だから事業家あるいは一般大衆が投資で利益を上げるために他人を頼るときは、普通ではあり得ないことを求めているのである。

証券投資で得られる正常な、あるいは標準的な収益というものがあるなら、投資顧問の役割はもっと分かりやすい。投資顧問は自らの訓練と経験を生かし、顧客のミスを未然に防ぎ、資金を投資目的にしたがって確実な成果を得られるように運用すればいいのである。しかし投資家が平均以上の収益を要求したり、顧問の側でもさらに収益を上げることを請け負ったりすると、それは現実的に得られる以上のものを求められたり、約束したりという問題になる。

投資へのアドバイスを得る方法はさまざまである。①証券の知識がある(と思われる)親戚や友人、②地域の(商業)銀行、③証券会社や投資銀行、④投資サービスや定期刊行物、⑤投資顧問――などである。これらが玉石混交であることは、投資家の間にアドバイスに対する理論的または系統立った方法が定まっていないことを示している。

正常あるいは平均的な成果というものを考える際の基準について、ひとつの常識的な考え方は前述した。われわれの基本的な考え方は以下の通りである。投資家が主に他人のアドバイスをもとに資金運用をするなら、自分自身とアドバイザーの選択を、標準的で保守的で平凡な投資に限定するか、あるいは自分の資金運用を他の方向へ向けるよう指示する人間と非常に親しくし、またそれが信頼できる人物であるかどうかを知っておかねばならない。しかし投資家とアドバイザーの間に普通のビジネス関係があるならば、投資家は月並み以上のアドバイスを受け、知識や経験を積んだ上で、他人のアドバイスに対して自分で判断できるようになる。そして彼は防衛的・消極的投資家から、攻撃的・積極的投資家へと進歩する。

投資顧問と銀行の信託サービス

本物のプロの投資アドバイザー、つまり相当量の年間顧問料を取る定評のある投資顧問会社は、実現不可能な約束をしたり、尊大な態度を取ったりはしない。通常、投資顧問会社は顧客の資金を標準的な金利や配当を支払う証券に投資し、常識的な投資によって収益を得ることを旨としている。通常、総資金の一〇％以上を主要企業以外の証券および政府債（州債や地方債を含む）に投資することはなく、相場の変動から売買益を得ることに血道を上げることもない。

主要投資顧問会社は、あえて自分たちの有能さを主張したりはしない。彼らは自らの注意深さや保守性、また能力があることを誇りにしている。彼らの基本的な目的は、長期にわたって元本価値を維持し、控えめで納得できる利益を出すことにある。それ以上の成果を出すことは――もちろんより良い成果を上げる努力はするが――特別なサービスとされる。恐らく顧客にとっての彼らの主な価値とは、金銭的な損失から守ってくれることにあるのだろう。投資顧問会社は防衛的投資家に対し、一般に大衆がカウンセラーというものに期待するのと同じサービスを提供する。

われわれが定評のある投資顧問会社について述べたことは、大手銀行の信託・投資顧問サービス一般にも当てはまる。

投資情報サービス

いわゆる投資情報サービスとは、定期的に購読者に最新のニュースを（ときには電報で）送る機関である。その内容は景気の現状や予測、相場の動向や見通し、個々の銘柄に関する情報やアドバイスなどである。個々の購読者のために、個人の質問に答える「質問コーナー」を設けていることも多い。サービスにかかる費用は、投資顧問料よりかなり安い。バブソンズやスタンダード＆プアーズなど、投資情報サービスと投資顧問を併営している会社もある。ちなみにスカダー・スティーブンス＆クラークなどは投資顧問と複数の投資ファンドを個別に運営している。

投資情報サービスは、投資顧問会社に頼る人とは全く違う人たちを対象としている。投資顧問会社の顧客は、わずらわしいことや自ら決断する必要から解放されることを望んでいる。一方、投資情報サービスは自ら投資する人や、他人にアドバイスする人に対し、情報や指針を提供する。こういったサービスの多くは、さまざまな「テクニカルな」手法によって相場の動きを予測することにほぼ特化している。このようなサービスは、本書で対象にする「投資家」とは関係のないことなので、これ以上問題にはしない。

一方、高名なムーディーズ・インベスト・サービスやスタンダード&プアーズなどは、あらゆる証券分析の基礎となる大量の統計データを編集・処理する統計機関として認知されている。投資情報サービスを利用する顧客は、超保守的な投資家から極端な投機家まで多岐にわたる。そのため、自らの見解を述べたりアドバイスをしたりする際、明確な基本方針に基づくことがとても難しい。

ムーディーズなどのような古くから定評のある会社は、多岐にわたる投資家に役立つ情報を提供すべきである。それは何かというと、基本的には平均的な積極的投資家や投機家が興味を持つこと、そして権威のあるものの基準を満たす、または少なくとも一人だけで投資を行っている顧客の観点よりも信頼できそうな、自分たちの観点である。

投資情報サービスは長年株式相場の予測を行っているが、だれもそれを真剣に受け取ってはいない。いずれも当たり外れがあるからだ。彼らはできるだけ断定的な物言いをせず、完全な間違いを指摘される危険を回避する（彼らは何が起ころうとうまく言い逃れられるように、どちらともとれる言い回しをする技術を発達させた）。偏見かもしれないが、彼らの仕事とは、証券市場における人間の迷い多き本性を明るみに出す以外に何かあるのだろうか？　普通株に興味のあるほぼすべての人は、自分の相場予測と同じことを他のだれかにも言ってもらいたいのである。そこに要求がある限り、それを満たす機関が必要になるというわけだ。

もちろん彼らの景気解釈や予測は信頼性が高く、役にも立つ。それは経済情報の重要な部分でもあり、それが絶えず証券を売買する人々の間に広まり、株や債券の価格形成の元になる。投資情報サービスの刊行物は、顧客に役立つ情報を与え、投資判断を助けてもいる。

彼らの個々の推奨銘柄について評価を下すことは難しい。それぞれのサービスは個別に判断され、それは長年にわたる入念な検討の結果、評価されるべきなのである。われわれの経験から言うと、彼らにはそれさえなければもっと役立つアドバイスができるのに、というある誤った姿勢がある。それは、それぞれの株価の現状がどうであろうと関係なく、景気の見通しが良ければとりあえず株を買い、悪ければ売るべしとする彼らの共通見解である。このような皮相的な原理が、投資情報サービスのスタッフができるはずの健全な分析業務、すなわち、ある株の、将来の収益力と照らした現在の株価が高すぎるのか低すぎるのかを確かめるという仕事をしなくなる原因となっているのだ。

賢明なる投資家は、投資情報サービス機関のアドバイスだけで売買をしないものだ。これさえ押さえておけば、投資情報サービスの役割は、情報を供給し、示唆を与えてくれるという意味において役立つものとなる。

証券会社によるアドバイス

恐らく一般の証券保有者は、情報やアドバイスの大部分を証券会社から引き出しているだろう。

証券会社はニューヨーク証券取引所およびその他証券取引所の会員で、標準的な手数料で売買を執行する。一般大衆と取引を行うほぼすべての証券会社には「統計」あるいは分析を行う部署があり、顧客の質問に答えたりアドバイスを行ったりする。そこで大量の分析資料が、なかには緻密で高価なものもあるが、取引先――より限定すれば顧客――に無料で送られている。

「取引先」と「顧客」のどちらが適切な呼び名かという一見つまらない疑問は、実は大きな問題である。商売というものには取引先があり、専門的な人物や組織には顧客がいる。ウォール街は、恐らくあらゆる商売のなかで最も高い倫理基準を備えているが、それでもなお真の専門家としての規範や地位を確立するための模索を続けている。

過去、ウォール街は投機を中心に栄え、株式相場の投機家はほぼ確実に損をした。つまり論理的には、証券会社が完全なプロとしての仕事をするとはいえなかった。プロであるためには、商売を拡大ではなく、縮小の方向に持っていくことが必要だったのだ。

しかしそれを敢行した証券会社もわずかながらあり、顧客に投機から距離を置くようアドバイスした。これらの証券会社は注文を実行し、金融に関する情報や分析を提供し、証券投資のメリットに関する見解を示すことだけにその業務を限定した。したがって少なくとも理論上は、投機的な顧客の利益や損失に対する責任は全くない。

しかしほとんどの証券会社は、いまだに昔からのスローガン、つまり手数料を稼ぐことこそが仕事で、成功するためには客が望むことを提供するということだという考えにとらわれている。

最もカネになる客は投機的なアドバイスや示唆を欲しがるため、典型的な証券会社は思考と行動を市場での日々の売買に集中させる。だから数学的法則によって、最後は損して終わることがほぼ決まっているにもかかわらず、彼らは客の利益のために惜しみなく働く。われわれが言いたいのは、証券会社にとって投機的な業務では客を長期的に儲けさせることはできないということである。その運用が本当の投資に近ければ近いほど、投機的損失を相殺してなおあまりある利益を上げるのだ。

投資家は二つのタイプの証券会社社員を通じてアドバイスや情報を受けられる。それは正式には「証券セールスマン」（あるいは「顧客主任」）、そして金融アナリストである。

証券セールスマンは「登録有価証券外務員」とも呼ばれるが、以前は「顧客係」などというあまり威厳のない肩書きだった。今日、彼らの大部分は信用でき、かなりの知識を有し、厳しい規範の下に業務を遂行している。それにもかかわらず、彼らの仕事は手数料を得ることなので、投機的な傾向から逃れることは非常に難しい。よって証券の購入において投機的な思惑を避けたい人は、証券セールスマンとのやりとりにあたっては注意深く、自分の考えをはっきりと述べなければならない。つまり言葉や行為によって明確に、証券市場の「チップ（内部情報）」のようなものには全く関心がないことを示す必要があるのだ。証券セールスマンは、この客が望んでいるのは投機ではなく、投資だということがはっきり分かれば、この観点を尊重し、協力してくれるだろう。

金融アナリストは、以前は主に証券アナリストと言われ、著者と特に関係が深い。私は五〇年以上にわたってこの分野で多くの人材を育ててきた。ここでは証券会社に所属する金融アナリストに絞って述べる。金融アナリストの仕事は、その肩書きから明らかである。つまり個々の証券について詳細な分析を行い、同じ産業のさまざまな銘柄と注意深く比較し、あらゆる種類の株式や債券について、その安全性や魅力や本来の価値について専門家としての意見を述べるものである。

部外者から見るといかにもおかしなことだろうが、証券アナリストになるために公的資格は必要ない。これに対して証券セールスマンは試験に合格し、性格適性試験にもパスし、ニューヨーク証券取引所に正式に承認・登録されなければならない。しかし、実際ほぼすべての若いアナリストはビジネススクールで広範囲にわたる教育を受けており、年配者でも少なくとも長い経験からそれと同程度のことを身につけている。ほとんどの場合、証券会社が彼らを雇ったということが、自社のアナリストとしての資格や能力を保証するものとみなされる。

証券会社の顧客は、金融アナリストとは直接会うか、または証券セールスマンを通じて会う。どちらの場合も顧客は金融アナリストから多くの情報やアドバイスを引き出せる。この際はっきり言っておこう。投資家にとっての金融アナリストの価値は、投資家本人の姿勢によるものである。投資家がアナリストに正しい質問をすれば、正しい、少なくとも価値のある答えが返ってくる。金融アナリストは、一般的に市場アナリストでもあると思われているという点で、大きなハンディを背負わされていることは確かだろう。客から、ある普通株が「手堅い」かどうかを問われたとき、それは「この株は今後数カ月間で値上がりしそうか？」と問われている場合が多い。このため多くのアナリストはティッカー（相場受信機）に目をやりつつ、分析しなくてはならなくなり、そのような姿勢からは決して健全な考え方や価値のある結論は出てこない。

次のセクションでは、証券分析とは何かということと、それから何が得られるのかを述べる。証券会社で働く大勢のアナリストは、自己資金の満額の価値分、また、できればそれより少し多く得ようとする誠実な投資家にとって、大きな支えになる。証券セールスマンと同様、アナリストにとって何よりも必要なのは、投資家の姿勢や目的をはっきり見抜くことである。アナリストがただの相場ではなく、株式の実際の価値に興味がある投資家と取引をしていることを確信すれば、彼の推奨する銘柄が実際に全体的な収益を生み出すことを示す素晴らしいチャンスになるのだ。

金融アナリストのＣＦＡ資格

一九六三年、金融アナリストに専門家としての地位と責任を与えるための重要な一歩が踏み出された。ＣＦＡ（証券アナリスト）という公的な肩書きが、所定の試験に合格し、その他の適性を備えた上級アナリストに与えられることになったのだ（主催は公認証券アナリスト協会である。

この協会は現在一万三〇〇〇人以上の会員を有する証券アナリスト協会連合の一翼である)。試験課題には、証券分析とポートフォリオ運用がある。この資格は明らかにCPA(公認会計士)と似ているが、それは意図的なものである。この比較的新しい認定と規制の手段は、証券アナリストの基準を高め、最終的に彼らを真の専門家とするものであろう。

証券会社との取引

われわれがこの改訂版を手がけている時期に、いくつもの不穏な事件があったが、その最たるもののひとつが、比較的大規模なニューヨーク証券取引所の会員企業の一部が財政逼迫、平たくいえば破産ないしはこれに近い状態に陥ったことである。これには二つの大きな証券会社を含む。このような事態はこの半世紀余りで初めてのことだが、さらに驚くべきことがいくつもある。何十年にもわたり、ニューヨーク証券取引所は、会員企業の運営および財務状況について、最低資本金や抜き打ち監査などを含め、より緊密に厳格に統制してきた。しかも三七年間も、証券取引所とその会員企業は証券取引委員会の監督下に置かれてきた。加えて証券業界自体が好ましい状況、つまり売買高の大幅な増加、固定最低手数料(これによって価格競争が大幅に排除された)、制限された会員企業数の下で運営されている。

一九六九年に証券会社が初めて陥った経営危機は、売買高の増加が原因である。このことによって設備投資が多額になり、間接費が増加し、そして深刻な財政問題が持ち上がった。主要企業が処理能力以上の業務を抱え込んだために倒産した例としては、史上初だったことを見過ごしてはならない。一九七〇年にさらに証券会社の倒産が増えると、今度は主な原因は「売買高の減少」であるとされた。しかし一九七〇年のニューヨーク証券取引所の売買高は、合計二九・三七億株で、一九六五年以前のどの年と比べても二倍以上と、史上最高だったことからすればこれはおかしい。一九六四年に幕を閉じた一五年間におよぶ強気相場のときでも、年間売買高は平均「わずか」七・一二億株と、一九七〇年の四分の一だったが、それでも証券会社は歴史的な繁栄を謳歌していた。もしも、というよりむしろ実際そのようなのだが、会員企業が緩やかな売買高減少にさえ耐えられない勢いで諸経費を使うことを許していたとすると、それは彼らの事業的洞察力や財政的保守主義の欠落を証明している。

経営危機に関する第三の原因が、ついに隠蔽という闇から現れるときが来た。これは三つのなかで最も信憑性があり、かつ大きな要因なのではないだろうか。一部の証券会社は、資本金の大部分を普通株の形で個人のパートナーに保有させていた。このなかには非常に投機的で、暴騰価格となっていたものもある。一九六九年に下げ相場になったとき、このような株の時価は大幅に下がり、企業の資本の多くが消えてしまった（ニューヨーク証券取引所には「ヘアーカット」として知られる、ある掛け目評価の規則がある。これはこの危険を最少化するのが目的だが、実際には十分に機能しなかった）。

結果的に証券会社は二倍の利益を得るために、自己資本で投機を行っていたのである。その資本とは、本来ならば証券ビジネスにおける通常の財政危機から顧客を保護するためのものだったのである。われわれは、これは許し難いことであると、声を大にして言わずにはいられない。

投資家はその英知を、投資方針を発展させるためだけではなく、関連する些細な事にも用いるべきである。そこには、自分の指示を実行する評判のいい証券会社を選ぶことも含まれる。ここまで言えば、特別な理由がある場合以外は、ニューヨーク証券取引所の会員を使うべきだというわれわれのアドバイスの意味を十分お分かりいただけるだろう。しかしさらに付け加えておかねばならないことがある。証拠金勘定を持たない人たち——すべての素人投資家ということだが——は、銀行で取引された証券の引き渡し証および受領書を受け取るべきである。証券会社に買い注文を出すとき、買った証券を銀行にて支払うことを条件で、銀行に引き渡すよう指示することができる。逆に、売り注文を出すときは、銀行に入金することを条件に、銀行に仲買人へ証券を引き渡すよう指示することができる。このようなサービスには多少余分な費用がかかるが、安全や安心という面でそれなりの価値はある。このアドバイスは証券会社の問題が完全に解決できたと確信できれば無視してよいが、それまでは心に留めておくべきだろう。

投資銀行

「投資銀行」とは、株や債券の新規発行を組成し、これを引き受け、そして販売するという重要な業務を担う企業を意味する（引き受けるとは、証券を発行した企業または発行者に対してその証券を完全に売ることを保証することである）。多くの証券会社がかなりの引き受け業務を行っている。通常この業務に参加するには、主要投資銀行で構成される引き受けグループに参加するしかない。さらに証券会社は強気相場の最高潮において、特に普通株をわずかながら発行するという形態で、少量の新規発行による資金調達を組成・支援する傾向がある。

投資銀行は恐らくウォール街で最も地位が高い。これこそが産業発展のために必要な新資金を供給するという建設的な役割を担っているからである。事実、頻繁に投機的な行き過ぎがあるにもかかわらず、株式市場が活気を維持しているのは、ここに組織立った証券取引の場があり、新規債券や新株を売買できるからである。もしも新規証券の売買市場がなければ、投資家や投機家はそれを買うことを放棄するだろう。

投資銀行と投資家の関係は、基本的にはセールスマンと見込み客の関係と同じである。これまで長い間、大量のドル建て新規証券が債券の形で売り出され、主に銀行や証券会社などの金融機関がそれを購入した。この場合、証券セールスマンは場数を踏んだ目の利く買い手と取引することになる。したがって投資銀行によるこれらの顧客への推奨は、注意深く懐疑の目をもって吟味され、それをクリアしなければならなくなる。だからこのような商売はあくまでもビジネスとして行われる。

しかし、個人の証券購入者と引き受け業者としての投資銀行および証券会社の関係は、これとは異なる。この場合、購入者は往々にして未経験であまり知識がない。彼はセールスマンの言葉に影響されやすい。特に普通株の場合、口には出さないが彼の購入の目的は短期に利益を得ることなので、そうなりやすい。よって大衆投資家の保護ということは、投資家自身の批判能力よりも、証券を公募する側の良心や倫理によるところが大きいのである（現在、新発行株式はすべて証券取引委員会の規則に基づいて作成された目論見書によってのみ販売される。この目論見書は、その証券および発行者に関するすべて事実を明らかにすることを要求されており、これによって思慮深い投資家はその証券の正確な性質を余すところなく知ることができる。しかしおびただしい量のデータが要求されるため、目論見書は冗長になってしまう。一般に、新規証券を購入する個人投資家で、それを念入りに読む人はあまりいない。よって彼らは自分自身の判断に基づくのではなく、彼らにその証券を売ろうとしている証券会社やそれぞれのセールスマンや取引先担当者の推奨によって動くことになる）。

アドバイザーとセールスマンという相容れない二つの役割の溝をうまく埋められるのは、引き受け業者の誠実さと能力の賜物である。しかし、買い手が売り手の判断に頼りきることは軽率である。われわれは一九五九年にこの点についてこう指摘した。「この不健全な態度による悪い結果は、投機が盛んな時期に、引き受け分野、また新規発行普通株の売買において繰り返し顕著に現れる」。その直後にこの警告が緊急に必要だったことが証明された。既に指摘したように、一九六〇～六一年と一九六八～六九年は悪質な証券が空前の発行高を記録し、一般大衆に向けてそれが異常な高値で売られ、多くの場合、軽率な投機や何らかの市場操作によって価格がよりつり上げられた。ウォール街の多くの一流証券会社は、何らかの形でこの卑劣な売買に首を突っ込んでいた。かの有名な強欲、愚劣そして無責任の塊は、証券界から消えていなかったのである。

賢明なる投資家は投資銀行、特に評判の良い投資銀行から受けるアドバイスと推奨に注目するだろう。しかし能力があるなら自分で、またそうでないなら他のアドバイザーによって、それに対する健全かつ独立した判断を下さなくてはならないのである。

その他のアドバイザー

小さな町に住んでいる場合は特に、地域の銀行に投資について相談するのは古き良き習慣である。商業銀行は証券については完全な専門家ではないかもしれないが、それなりの経験もあるし保守的である。彼らは不慣れな投資家にとってはとりわけ役立つ。不慣れな投資家は、平穏で刺激のない道から外れる誘惑に駆られがちなために、慎重に取り組むことの大切さを定着させる必要があるのだ。もっと機敏で積極的な投資家は、どれが得な証券かを相談したがっているので、商業銀行の見方は自分の目的には合わないと感じるだろう。

親戚や友人から投資アドバイスを得るという一般的な習慣について、われわれは批判的である。相談する側はどうしても、相手に優れた知識と経験があると信じがちだ。しかし満足すべき素人のアドバイザーを見つけだすことは、手助けなしで適切な証券を選ぶことと同じくらい難しいのである。タダほど高いものはない、ということだろうか。

要約

資金の運用に手数料を払える投資家は、歴史と定評のある投資顧問会社を賢明に選ぶであろう。さもなければ大手信託会社の投資部門か、ニューヨーク証券取引所会員である一流証券会社が有料で提供する投資管理サービスを利用するであろう。これによって決してずば抜けた結果は期待できないが、情報に通じた用心深い平均的投資家と同程度のものは得られる。

ほとんどの証券購入者は、特別料金を払わなくてもアドバイスを受けられる。だから多くの場合、平均以上の収益を期待しても無理なのである。仲買人であれ、証券セールスマンであれ、投機的な利益や大きな利益を約束する人物には注意すべきだ。このことは証券の選択にも、市場取引で巧みな（恐らく幻覚的な）技を使えという指導についても言える。

われらが防衛的投資家は、アドバイザーが推奨する銘柄を自分で判断できる段階には達していないだろう。しかしはっきりと、そして何度でも、自分が買いたい証券の種類を主張できるはずである。われわれの意見に従うなら、優良債券と一流企業の普通株に限定し、経験と分析に照らして高すぎない価格水準でそれぞれ購入するだろう。評判の良い証券会社の証券アナリストならだれでも、このような普通株のリストを作り、現在の価格水準が過去の経緯から控えめに見ても手ごろかどうかを投資家に証明することができる。

積極的投資家は、アドバイザーと活発にやりとりをする。彼はアドバイザーがなぜそれを勧めるのかを詳しく知ろうとし、それに対して自ら判断を下そうとする。つまり投資から期待するものや、その証券の運用の仕方などを、自分の証券知識と経験の発達の度合いによって考えていく。ただし例外として、アドバイザーの誠実さと能力が明らかな場合に限り、投資家はその決断を理解したり認めたりしなくても、彼の言葉に従っていいだろう。

いつの世にも、無節操なセールスマンや無責任な株式仲買人はいる。当然のことながら、読者には、できれば取引をニューヨーク証券取引所の会員企業だけに絞るようアドバイスする。ただ不本意ながら、証券の受け渡しや支払いについては銀行を介するよう念を押さざるを得ない。ウォール街の証券会社の問題は数年のうちには解決されるだろうが、一九七一年現在、われわれはまだ「用心するに越したことはない」と考えるのだ。

第11章　一般投資家のための証券分析

財務分析は、現在では専門職として確立しており人気も高い。全国証券アナリスト協会を構成している各地のアナリスト協会は、一万三〇〇〇人を超える会員を擁しており、彼らのほとんどがアナリストを本業としている。証券アナリスト専用の教本や倫理規定、季刊の雑誌なども存在する。彼らには、見解が統一しない問題もある。「証券分析」の概念を「財務分析」として置き換えようという近年の傾向がそれである。意味が広いのは後者の方で、ウォール街のシニアアナリストたちを形容するには適した言葉だ。証券分析というときには株式や債券の評価や分析という意味に限定し、財務分析というときには証券分析以外にも投資方針（ポートフォリオの作成）の決定や一般の経済分析までを含むものと考えれば分かりやすいであろう（ベンジャミン・グレアム、デビッド・L・ドッド、シドニー・コトル、チャールズ・タサム共著による教本『証券分析』＝第四版、一九六二年発行＝のタイトルは、一九三四年の初版時につけたものであるが、その内容は財務分析の範囲にまで及んでいる）。この章ではそのときどきで最も妥当と思われる呼び方を用い、主として証券分析業務について述べたいと思う。

証券アナリストが扱う事柄は、証券の過去、現在、未来に及ぶ。会社の事業内容を調べ、営業成績や財務状態を要約し、その会社の持つ強みや弱点、また将来性やリスクを分析し、さらには多様な仮定における将来の収益力の予測、つまり「最良の推測」を行うのが彼らの仕事だ。さまざまな企業、あるいは同一企業の異なる時点を詳細に比較検討し、最終的には、債券や投資適格優先株であればその安全性に関する意見を述べ、普通株であれば魅力ある投資対象であるかについての結論を下すのである。

こうした作業にあたって証券アナリストは、基礎的なものから難解なものまで数々の分析技術を駆使する。場合によっては、公認会計士によって神聖なる承認がなされた年次報告書の数字を、大きく修正することもある。彼らが特に目を光らせるのは、これら報告書のなかで実際の数字以上あるいは以下の意味が多く隠されていると思われる項目である。

証券アナリストは、債券や優先株が投資するにふさわしいかを判断するための安全基準を練り上げ、それを分析に適用している。これらの基準は主として過去の平均収益から割り出されたものであるが、資本構成や運転資本、資産価値なども加味される。

普通株に関しては、債券や優先株の安全基準と同様に明確な基準があっても、最近まで証券アナリストたちがそれを適用することはめったになかった。大抵は過去の業績の分析や、今後一二カ月に重点を置いた一般的な業績見通し、そして独断的ともいえる結論をもってよしとしていた。彼らは往々にして現在もなお、片目ではティッカーやチャートを追っているような状態で、そうした結論を下しているのである。しかしアナリストを本業とする人たちはここ数年、成長株にどのような価値基準を適用すべきかについて大いに関心を寄せてきた。成長株の多くは、過去および現在の収益からみると大幅な高値で売られているわけで、こうした株を推奨しようとするアナリストたちは、将来長期にわたる予想収益をかなり明確に顧客に提示して、その銘柄の魅力を証明しなければならないという責務を感じてきた。価値判断を理論づけるため必要に迫られて、非常に複雑な数学上のテクニックが利用されるに至っている。

こうしたテクニックに関しては、後ほど簡単に触れることとする。しかし、ここで厄介なパラドクスを指摘しなければならない。すなわち、こうした数学的な価値評価基準の信頼性が最も低いと思われる分野において、それが最も盛んに用いられるようになってきたということである。というのは、将来の見通しに基づく評価に依存する度合いが高まるということは、要するに過去の業績が軽視されるわけで、結果、計算ミスや重大な誤りを犯す可能性が高まってしまうのである。非常に高い成長率を見込まれた銘柄の評価価値の大部分は、過去の業績からは著しくかけ離れた将来の収益予想がその根拠となっている。つまり今日の証券アナリストたちは、正確な計算のためには最もそうした技術が役立たない場面において、最も数学的ひいては「科学的」根拠に立つことを強いられているといえるであろう。

しかしここでは、証券分析に関するもっと重要な要素およびテクニックについて議論を進めていく。このあと示す非常に簡略化された手法は、素人投資家に照準を合わせたものである。少なくとも投資家は証券アナリストが何を言わんとしているかを理解し、さらには可能ならば表面的な分析と適切な分析とを見分ける術を身に着けるべきである。

素人の投資家が証券分析を行うためには、まず会社の年次報告書を正しく解釈するところから始めるべきものとされている。この問題に関しては、別の著書『インタープリテーション・オブ・フィナンシャル・ステートメンツ』(チャーリー・マクゴーリックとの共著一九四六年)のなかで既に取り上げている。本書では情報よりも投資原理や投資家の基本姿勢に主眼を置いているため、ここで再びその内容を繰り返すのはむしろ不適当であろう。そこで、社債や優先株の安全性を調べるための基本と、普通株評価にかかわる主たる要素という、投資選択に際して必要な二つの基本的事柄について述べようと思う。

債券分析

証券分析のうちで最も信頼性の高い優れた分野は、債券や投資適格優先株の安全性や質に関する分析だ。適用される主な基準は、社債の場合は過去何年間かに関して収益が利払い総額の何倍であったかということ、優先株の場合は収益が社債利子と優先配当金の合計額の何倍に当たるかということである。

適用基準は権威筋によって若干異なっている。

表11-1　われわれが推奨する、債券および優先株の最低「適用」基準

A　投資適格債券

確定負債総額に対する収益の最低比率

企業の種類	税引前 過去7年間の平均	税引前 過去7年間中「最低の年」	税引後 過去7年間の平均	税引後 過去7年間中「最低の年」
公益企業	4 倍	3 倍	2.65 倍	2.10 倍
鉄道	5	4	3.20	2.65
事業会社	7	5	4.30	3.20
小売業	5	4	3.20	2.65

B　投資適格優先株

「確定負債に優先株配当を2倍にした額を加えた数字」に対する「税引前利益」の比率が、上記の最低比率をクリアしていることが求められる。

注）優先株配当を2倍にする理由は、利払額には税控除が認められているのに対して、優先配当金にはそれが認められていないためである。

C　上記とは範疇が異なる債券および優先株

上記の基準は、以下のものに適用することはできない。よって、ここでは省略する。

①公益企業持ち株会社
②金融機関
③不動産会社

こうした分析は根本的には自由裁量によるものであるために、最適な基準を作り出す方法はもとから存在しないのである。われわれが教本とする『証券分析』の一九六一年改訂版では**表11―1**に示した「適用」基準を推奨している。

われわれが分析するのは、基本的に過去一定期間の平均のみである。権威筋によっては、かなりさかのぼった過去についても最低基準が満たされていなければならないとするところもある。しかしわれわれは、「最低の年」という基準を付け加え、こちらか七年平均の基準のどちらかが満たされていれば十分だと考えている。

一九六一年以降に債券利率が大きく上昇したことによって、確定負債の適用基準を引き下げてもよいのではないかという意見を持つ人もいるかもしれない。確かに、収益が利息の七倍以上という基準は、事業会社にとって利率が四・五％のときと比較すれば利率八％のときの方がはるかに達成が困難になるだろう。こうした状況の変化に対応するために、その基準に代わって債務の元本に対する収益率というもうひとつの基準を提示したいと思う。その数字は、税引前収益に対して事業会社ならば三三％、公益企業ならば二〇％、鉄道会社ならば二五％ということになる。ここで認識しておかなければならないことは、現在よりも低利率で発行済みの債券によるメリットを勘案すれば、ほとんどの企業にとって債務の総額に対する実際の支払い額の比率は、現行利率の八％よりも相当に低くなるということだ。「最低の年」の基準は、過去七年間平均の三分の二程度となることであろう。

今述べてきた分析法以外にも、さまざまな方法が一般的に用いられている。

①事業規模

企業の事業規模について最低基準が設けられている。事業会社、公益企業、鉄道それぞれによって適用基準は異なる。地方自治体ならば人口によって規模を測る。

②ストックエクイティ・レシオ

これは、債務の額面総額またはそれプラス優先株の発行総額に対する、普通株の時価総額との比率である。事業が悪化したときに真っ先に影響を受ける劣後証券が存在することによって、債券や優先株がどの程度保護されるかを測る大まかな目安となる。これには、その企業の将来性が市場でどう評価されているかということも反映される。

③資産価値

バランスシート上の、あるいは公式査定による資産価値は、債券の安全性を判断する決め手であるとかつては考えられていた。だが過去のパターンからいって、安全性はむしろ収益力の多寡によって決まる場合がほとんどで、資産状況がいかに素晴らしくとも収益力に問題があれば、資産価値の意義は大幅に失われるのである。しかし資産価値が、債券や優先株の安全性を測る重要な要素となる場合もある。それは、公益企業（資産をどれだけ投資するかによって料金設定がほぼ決まるため）、不動産会社、投資会社のいずれかに分類される企業である。

ここで鋭敏な投資家は疑問を抱くはずだ。「利払いおよび元本の償還は将来の収益力によって決まるという事実を考えると、過去および現在の業績に基づいた安全性の基準にはどれだけの信頼性があるのか」と。その信頼性の唯一の柱となり得るのが、過去の事象である。投資の歴史を振り返ると、過去のデータに基づく厳格な安全性の基準を満たした債券や優先株は、その後の波瀾もうまく切り抜けたことが分かる。このことが非常に明快に表れたのが鉄道債券の分野だ。鉄道会社には、倒産したり大きな損失を計上した企業がこれまで数多く存在した。経営難に陥った鉄道会社は、そうした状態になる以前、ほぼすべてのケースにおいて長期にわたり債券発行残高が過大であり、また好業績を上げている間も確定負債の比率が不適切であり、よって徹底した安全性の基準を採用していた投資家たちは手を出さなかった。

反対に、厳しい基準に適合した実質上すべての鉄道会社は財政難に陥ることがなかった。一九四〇～五〇年にかけて鉄道会社の再編成が行われた過程で、われわれのこうした考えは十分にその正しさが立証されている。ひとつの例外を除き、再編成によって生まれたすべての鉄道会社は、固定金利を十分に（少なくともまともに）賄える程度にまで確定負債を減らした状態でスタートを切った。例外とはニューヘイブン鉄道であり、再編成によって一九四七年に誕生した同社のその年の収益は、固定金利支払額のおよそ一・一倍でしかなかった。結果、他社が支払い能力を保ちながら厳しい状況を乗り切ることができたのに対して、一九六一年にニューヘイブンは、（三たび）信託統治下に入ることとなったのである。

第17章では、金融界に衝撃を与えた一九七〇年のペン・セントラル鉄道の倒産について取り上げる。このケースにおける注目すべき点は、確定負債の比率について、一九六五年には既に同社が保守的基準をクリアしていなかったということである。よって慎重な投資家たちは、倒産のかなり前から投資対象外としていた。

過去のデータを判断基準に置いたわれわれの原則は、債券投資の大きな分野である公益企業債の評価にはさらに適している。健全な資本構成を持つ公益企業が倒産することはほとんどあり得ない。証券取引委員会（SEC）による支配が始まり、持ち株会社方式がほとんど解消された以降、公益企業は良好な財務状況を維持しており、倒産の例もない。電力やガス事業の一九三〇年代の財務トラブルは、ほとんどすべてが過剰投資や経営上のミスによるものであり、そのことは資本構成からはっきりと見て取ることができる。ゆえに、単純ではあるが厳格な安全性の基準を用いることによって、投資家たちは後に債務不履行に陥るであろう債券を避けることができたと考えられるのである。

事業会社債については、各銘柄で長期的実績はまちまちである。事業会社を全体として見ると、鉄道会社や公益企業以上に収益力は伸びているが、個々の企業や業種で考えると、本質的な安定性は事業会社の方が低い。よって少なくとも過去においては、事業会社の社債や優先株を購入する場合、企業規模が大きく、深刻な不況を乗り切ってきたという実績のある会社のみに限定するというのには、相応の理由があったわけである。

一九五〇年以後、事業会社債のデフォルトはあまり例がないが、その理由のひとつとしてこの期間に大きな不況がなかったことが挙げられる。だが一九六六年以降には、多くの事業会社の財務状態に悪化がみられるようになった。無謀な事業拡張の結果として大きな問題が発生してきたのである。拡張に必要な銀行融資や長期借入金が増大する一方で、予想利益ではなく営業損失が生み出されていった。一九七一年初めには、金融機関を除く全企業の過去七年間における利払い額が、一九六三年の九八億ドルから一九七〇年には二六一億ドルにまで増大しており、利払い、税引前の全収益に対する利払い額の割合は、一九六三年の一六％に対して、一九七一年には二九％（これらのデータは、ニューヨークにある大手証券会社ソロモン・ブラザーズによるものである）にまで上昇していたのである。当然ながら、この数値よりも利払い額の割合がはるかに大きな企業も数多く存在し、過度の債券発行をしている企業は全く珍しくなくなった。以上のような理由から、一九六五年の版で述べた警告を再びここで繰り返したいと思う。

この好況が永遠に続くという仮定の下で、投資家は事業会社債やその他の債券を選択する際の基準を緩めてもよいなどということを断言することはできない。

普通株の分析

普通株を分析する際に理想的なパターンとは、銘柄の評価を行ってそれを現在の株価と比較して、その株が魅力ある買物かどうかを決定するというやり方である。銘柄評価は通常、将来の何年間にわたる平均収益を見積もって、それに適切な「資本還元比率」を乗じることで求められるものである。

現在主流となっている手順に従うと、将来の収益力を計算するにはまず、企業規模、販売数量、粗利益、売上額、営業利益に関する過去の平均データを求めることから始まる。続いて、販売数量と価格が過去との比較でどれだけ変化するかに関する推測に基づき、将来の売上高が導かれる。こうした計算に当たっては、将来的な国民総生産（GNP）の予測を柱に、業界や企業の評価に用いられる特別な計算式がその基礎となっている。

この方法に関しては一九六五年の版で触れたが、今日、より役立つ形とするためにそこに続きを加えたいと思う。投資サービス会社の大手であるバリューラインは、今述べたような手順で将来的な収益と配当を予測し、それに続いて過去データを基に求めた計算式をそれぞれの銘柄に適用して「株価潜在力」（推定市場価値）を割り出している。**表11－2**は、バリューラインが一九六四年六月に予測した一九六七年から六九年の各予想値と、一九六八年の実際の収益および平均市場価格（これらは一九六七年から六九年の期間の数字とほぼ同じである）とを比較したものだ。

全体的に予測値の方が現実の値よりも若干控えめであったが、大きな差はない。この六年前の予測では、収益と配当について楽観色が強すぎたが、それは適用する倍数を低く抑えていたことで相殺されており、「株価潜在力」の値は一九六三年の実際の平均株価とほぼ均衡する結果となっていた。

表11-2　ダウ・ジョーンズ工業株30銘柄の平均

（バリューライン社が1964年半ばに予測した1967-69年の各予想値と1968年の実数値との比較）

	収益 1967-69年の予想値	1968年の実数値a	1964/6/30の株価	1967-69年予想株価	1968年平均株価a
アライド・ケミカル	$3.70	$1.46	54½	67	36½
ALCOA	3.85	4.75	71½	85	79
アメリカン・カン	3.50	4.25	47	57	48
AT&T	4.00	3.75	73½	68	53
アメリカン・タバコ	3.00	4.38	51½	33	37
アナコンダ	6.00	8.12	44½	70	106
ベツレヘム・スチール	3.25	3.55	36½	45	31
クライスラー	4.75	6.23	48½	45	60
デュポン	8.50	7.82	253	240	163
イーストマン・コダック	5.00	9.32	133	100	320
ゼネラル・エレクトリック	4.50	3.95	80	90	90½
ゼネラル・フーズ	4.70	4.16	88	71	84½
ゼネラル・モーターズ	6.25	6.02	88	78	81½
グッドイヤー・タイヤ	3.25	4.12	43	43	54
インターナショナル・ハーベスター	5.75	5.38	82	63	69
インターナショナル・ニッケル	5.20	3.86	79	83	76
インターナショナル・ペーパー	2.25	2.04	32	36	33
ジョンズ・マンビル	4.00	4.78	57½	54	71½
オウエンズ・イリノイ・グラス	5.25	6.20	99	100	125½
プロクター&ギャンブル	4.20	4.30	83	70	91
シアーズ・ローバック	4.70	5.46	118	78	122½
スタンダード・オイル・カリフォルニア	5.25	5.59	64½	60	67
スタンダード・オイル・N.J.	6.00	5.94	87	73	76
スイフト&カンパニー	3.85	3.41[b]	54	50	57
テキサコ	5.50	6.04	79½	70	81
ユニオン・カーバイド	7.35	5.20	126½	165	90
ユナイテッド・エアクラフト	4.00	7.65	49½	50	106
USスチール	4.50	4.69	57½	60	42
ウエスティングハウス	3.25	3.49	30½	50	69
ウールワース	2.25	2.29	29½	32	29½
総計	138.25	149.20	2222	2186	2450
ダウ平均（合計％　2.67）	52.00	56.00	832	820	918[c]
ダウ平均1968年実数値	57.89				906[c]
ダウ平均1967-1969年実数値	56.26				

a　1964年以降の株式分割を考慮に入れて調整済み

b　1967-69年の平均

c　除数が異なるために差が生じた

しかし、個々の銘柄の予測を見ると、的外れなものも多いことに読者は気づくはずだ。これは、総合的な予測の方が個別銘柄の予測よりも信頼性が高いというわれわれの考えを裏付けているといえるであろう。理想をいえば、証券アナリストは、自分が最も理解していると思える企業を三〜四社選び出して、それらに関する予測に自分自身および顧客の関心を集中させるべきなのであろう。残念ながら個別銘柄予測に関して、信頼に足る予測と、大きな間違いである可能性を持つ予測とを前もって見分けることは、ほとんど不可能に近いようだ。実はそこに、投資会社が広い分散投資を行っている理由がある。確実に儲かる銘柄が分かっていれば、それに投資資金を集中する方が、分散投資などで月並みの投資結果に終わるよりも望ましいに決まっている。しかし、絶対確実という保証などないわけで、これは現実的に不可能だ（少なくとも大部分の証券アナリストや投資家たちには、確実な予想などできない。しかし、どの企業に研究の価値があり、設備や人的資源が整っているかを事前に言い当てることに成功し続けている、例外的なアナリストも存在する。これに関しては、フィリップ・フィッシャーが一九六〇年に著した『コモン・ストック・アンド・アンコモン・プロフィット』を参照のこと）。分散投資が一般に広まるということは、ウォール街が絶えず口先で賛辞を送っている「選択性」に対する妄想を、実際上拒絶することにつながるのである。

還元利回りに影響を与える要因

株の価値を決定する第一の要因は将来の平均収益であろうが、証券アナリストたちは、基準の明快さはまちまちながらその他にも多くの要因を考慮に入れている。これらのほとんどは還元利回りと呼ばれるもので、これは銘柄の「質」によって大きな幅で変化する。よって例えば、一九七三～七五年にかけての一株当たりの予想利益がともに四ドルの二社の企業があるとして、アナリストが一方の評価をたったの四〇ドル、もう一社を一〇〇ドルと評価することもある。これらの数値を変化させる要因を簡単に考察する。

①全般的な長期見通し

遠い将来に何が起きるかはだれにも予測できないが、アナリストや投資家というのは将来の見通しに関して強い見解を有している人たちである。彼らのさまざまな考えが、個々の会社や業種間の株価収益率の差となって表れている。一九六五年の版では以下のような点も加えて述べた。

例えば、一九六三年末におけるダウ平均採用の化学企業は、石油会社より株価収益率がかなり高く、石油会社よりも化学企業の方が将来性を高く評価されていたことが分かる。市場評価のこうした差は確実な根拠に基づいている場合も多いが、過去の実績でみると市場による評価の正誤は半々程度のようである。

次ページの**表11―3**は、ダウ平均採用の化学企業および石油会社各三社の株価に関連する数値について、一九六三年末と一九七〇年末を比較したものだ。化学企業は株価収益率が高いにもかかわらず、一九六三年以降収益に向上がみられない。対する石油会社は、一九六三年の株価収益率に表れた期待にほぼ添った形で収益を着実に伸ばした（次項の「成長株の『還元利回り』」に株価と期待成長率に関連した公式を示す）。この化学企業の例は、市場が決定する株価収益率が誤りであったといえるケースである。

②経営者

ウォール街では経営者に関して常にいろいろなことが言われているが、そのなかで本当に役立つ事柄はほとんどない。経営者の能力を測定するための、客観的、数量的かつ合理的な基準が考案されるまでは、この問題を扱うには今後も手探りの状態が続くであろう。傑出した成功を収めている企業には、並外れて優秀な経営者がいるというのは妥当な考え方である。そのことは過去の業績には既に表れているわけで、その実績が今後五年間、またさらに長期的に続いていくと考えられるからだ。だが、そのことを単独の強気材料として考慮したならば、過大評価に陥る恐れが高い。われわれの考える、経営者の分析が最も役立つケースとは、経営者の交代が最近なされ、

表11-3　ダウ銘柄の化学企業株と石油会社株の比較（1963年と1970年）

	1963年 終値	1963年 1株当たり利益	株価収益率（倍）	1970年 終値	1970年 1株当たり利益	株価収益率
化学企業						
アライド・ケミカル	55	2.77	19.8×	24⅛	1.56	15.5×
デュポンa	77	6.55	23.5	133½	6.76	19.8
ユニオン・カーバイドb	60¼	2.66	22.7	40	2.60	15.4
			25.3 平均			
石油会社						
スタンダード・オイル・カリフォルニア	59½	4.50	13.2×	54½	5.36	10.2×
スタンダード・オイル・N.J.	76	4.74	16.0	73½	5.90	12.4
テキサコb	35	2.15	16.3	35	3.02	11.6
			15.3 平均			

a　1963年の数字はゼネラル・モーターズ株割り当てによる影響を調整済み
b　1963年の数字はその後の株式分割に合わせて調整済み

それによる影響がまだ実際に数字となって現れない段階にある企業である。

このことを示す驚くべき例が、クライスラー自動車関連で過去二度起きている。その第一は、一九二一年に起こった。ウォルター・クライスラーが倒産寸前のマックスウェル自動車の陣頭指揮をとり、廃業していく同業他社を尻目に、数年後には同社を収益力の高い大企業に仕立て上げた例である。第二の例は一九六二年、クライスラー社がかつての名声を失い、株価も過去数年来の最安値にまで下落していたときに、コンソリデーション石炭会社と提携したことによるものだ。一株当たり利益は一九六一年の一・二四ドルから一九六三年には約一七ドルまで増加して、株価の方は一九六二年の三八・五ドルという安値が翌年には二〇〇ドル近くにまで上昇したのである（このように株価が急騰したのは、一九六三年中に二度も一対二の株式分割が行われたことにも一因がある。これは大企業としては前例のないことである）。

③財務内容の健全性と資本構成

株価および一株当たり利益が同じならば、多額の余剰現金を有し、かつ優先証券の発行が皆無の企業の方が、優先証券を発行し多額の銀行借入もある企業より、はるかに優れた投資対象である。証券アナリストはこうした要因も適切な形で慎重に考慮に入れている。しかし、債券や優先株あるいは季節要因による銀行借入も、ほどほどであれば必ずしも普通株に不利益とはならない（債券や優先株の発行残高に比較して普通株が非常に少ないとき、状況によっては普通株で大きな投機利益を得られる可能性がある。これがいわゆる「レバレッジ」と呼ばれる要因である）。

④配当実績

優良銘柄を見分けるための有力な基準のひとつに、過去長年にわたる配当支払実績が挙げられる。過去二〇年以上にわたって滞りなく配当があれば、それは企業の質を評価するときのプラス材料であるとわれわれは考えている。防衛的投資家の場合、こうした基準を満たす銘柄に投資を限定した方がよいであろう。

⑤現在の配当率

これは今まで述べてきたものと比較して、最も扱いが困難な要因である。幸い大部分の企業は、平均収益のおよそ三分の二を配当に回すという標準配当方針に従うようになってきているが、近年では企業が高収益を上げ、資金需要も非常に高まっているために、この率は低下する傾向にある（一九六九年の配当率は、ダウ平均採用銘柄で五九・五％、米国企業全体では五五％となっている）。収益に対する配当の比率が標準的範囲内にある場合は、どちらを基準に評価しても分析結果には大差がないと思ってよい。例えば、予想平均収益が三ドル、予想配当が二ドルという二流企業の場合、その評価額は収益の一二倍または配当の一八倍と見積もることができ、どちらであっても三六ドルということになる。

とはいえ成長企業の分野では、利益のほとんどを内部留保に回して業務拡大の資金に充てた方が、より株主の利益となることを口実として、かつては標準とされた方針――収益の六〇％以上を配当に回す――が守られることは少なくなっている。この問題に関しては、個々のケースを注意深く見分ける必要がある。配当方針にかかわるこの極めて重大な問題については、経営者と株主の関係を扱う第19章で議論する。

成長株の「資本化乗数」

証券アナリストたちが株式評価について記した文章は、ほとんどが成長株の評価に関するものである。彼らが提示するさまざまな方式をわれわれが研究した結果として得られた、成長株の評価に関する極めて単純化した数式を読者に示したいと思う。この数式の意図は、さらに精巧な数式を用いたときに得られる結果と非常に近似した値を得ることである。

価値＝現在の（標準的）収益　×　（八・五＋予想年間成長率×2）

成長率に関しては、その先七年から一〇年後にかけての予想値を用いること（注意すべき点は、われわれがこれを成長株の「真の価値」を測るための公式として読者に勧めているわけではない

表11-4　簡略化した公式を用いて予想成長率をもとにはじき出された株価収益率

予想成長率	0.0%	2.5%	5.0%	7.2%	10.0%	14.3%	20.0%
今後10年間の成長	0.0	28.0%	63.0%	100.0%	159.0%	280.0%	319.0%
現在収益に対する乗数	8.5	13.5	18.5	22.9	28.5	37.1	48.5

表11-5　予想成長率（1963年12月と1969年12月）

銘柄	1963年の PER（倍）	1963年の 予想成長率（%）a	1株当たり利益 1963年	1株当たり利益 1969年	1963-69年の 実質年間 成長率（%）	1969年の PER（倍）	1969年の 予想成長率（%）a
AT&T	23.0×	7.3%	3.03	4.00	4.75%	12.2×	1.8%
ゼネラル・エレクトリック	29.0	10.3	3.00	3.79[b]	4.0	20.4	6.0
ゼネラル・モーターズ	14.1	2.8	5.55	5.95	1.17	11.6	1.6
IBM	38.5	15.0	3.48[c]	8.21	16.0	44.4	17.9
インターナショナル・ハーベスター	13.2	2.4	2.29[c]	2.30	0.1	10.8	1.1
ゼロックス	25.0	32.4	.38[c]	2.08	29.2	50.8	21.2
ダウ平均	18.6	5.1	41.11	57.02	5.5	14.0	2.8

a　257ページの公式による
b　1969年はストライキによる収益の減少があったため、1968年と70年の平均値を用いた
c　株式分割による影響を調整済み

ということだ。これはあくまでも、支持者が多い複雑な数式を用いた場合の結果に近い値を導くためのものである）。

表11―4は、われわれの公式が予想成長率の違いによってどのような異なる結果を生み出すかについてまとめたものだ。これが確実な公式だとすれば、現在の株価から将来の成長率を逆算することもできる。前回の版では、ダウ平均および重要度の高い六銘柄にこの公式を当てはめた。**表11―5**に当時のデータが組み込まれている。そのときにわれわれは以下のように述べた。

ゼロックスの三二・四％という予想年間成長率に対して、ゼネラル・モーターズは二・八％と、二社には驚くような違いが生じている。その一因は、ゼネラル・モーターズが一九六三年に史上最大の収益を上げており、それを維持するだけでも困難であろうという市場の雰囲気が反映されたものだといえる。これに対してゼロックスの高い株価収益率には、今後も恐らく過去以上の好業績が望めるであろうと期待される企業に託された投機熱が非常によく表れている。ダウ平均全体に対する予想成長率五・一％は、一九五一年～五三年から一九六一年～六三年にかけての実際の年間（複利）成長率三・四％に近い値となっている。

これに、以下の注意点を加えておくべきであろう。

高い成長を期待されている株を評価する場合、現実に達成される成長率を予想しようとすれば、必然的に低目に見積もらざるを得ない。実際、もしもある企業が無期限に八％以上の成長を続けるとすれば、計算上では、いくらの株価が付こうと高すぎることはないことになってしまうのである。こうしたケースにおいて、価値の評価計算の際に取り入れるべきものは安全域の概念だ。これはいわば、技術者が建築物の仕様書に織り込んでおく余裕のようなものである。安全域を設けることによって、たとえ公式が導き出した成長率よりも実際の成長率の方がかなり低くなったとしても、その買物は課せられた目標（一九六三年には、将来全体収益が年率七・五％）をクリアできるであろう。当然ながら、もしも当初見積もった成長率が現実に達成されれば、投資家は十分な追加収益を得ることができる。年間予想成長率が八％以上といった高成長企業を評価する方法は、現実には存在しない。現在、収益および将来収益の双方に対する適切な乗数について、アナリストが実際的な数値を割り出すことは不可能なのである。

ゼロックスとＩＢＭは、われわれの公式によって導かれた数値とかなり近い成長率を実現し、既に述べた通り、必然的に両銘柄の株価はつり上がった。ダウ平均全体の成長も、一九六三年の最終株価から割り出された予想成長率に近似した結果となった。しかし、ゼロックスとＩＢＭに関しては、予想成長率が五％という控えめな数字であったので、数学的な矛盾には陥らなかった。結果的に、一九七〇年末までに株価は二三％上昇し、また合計二八％の配当収入があったため、われわれの公式から導いた年間全体収入七・五％に近い結果となった。その他の四企業については、一九六三年の株価に基づいた予想成長率は達成されず、株価の上昇もダウ平均のそれに追いつかなかったといえば十分であろう。

警告。以上のデータは、例証自体を目的として取り上げた。証券分析に際しては、対象とするほとんどの企業に関する将来成長率の見積もりが欠かせないからである。読者は、このような将来予測を鵜呑みにしたり、逆にいえば、予想が現実化したりそれ以上や以下となった場合、将来株価がそれに添った形で推移するなどという誤った考えを持ったりしてはならない。

予想将来利益を軸にした、「科学的」あるいは少なくとも合理的といえる株の評価法とは、将来的な金利変動を考慮に入れたものでなければならない。予想収益や予想配当の現在価値は、今後金利の低下が見込まれる状況下よりも、金利上昇が見込まれる状況下の方が小さくなる。信頼に値するような将来金利の想定は非常に困難であり、近年、長期金利が大幅に変動していることからも、予測は行き過ぎたものとなりがちだ。よって、いまだ適切なる公式が発明されていないようなので、古い公式を今なお用いているにすぎないのである。

業界分析

ビジネスの将来見通しは株価形成の大きな要因であるために、分析の対象とする業界の経済情勢や、個別企業の業界内での地位について、証券アナリストたちが多大な関心を注ぐのは当然のことだ。これは突き詰めていけば際限がない分野である。こうした分析を行うことで、現在の株価にはあまり反映されていない好材料を発見できることがあり、その根拠の確実性が高ければ、それに基づいた投資判断は健全なものといえる。

しかし投資家は、入手可能な業界分析材料のほとんどに関して、実用的価値をある程度割り引いて考えなければならない。そうした分析材料は、通常は既に一般に知られ、株価に折り込み済みのものであるためだ。現在、人気の高い業種に斜陽の兆しがみえるとか、不人気の業種に高い将来性があるなどという分析結果を、証券会社が説得力のある事実を並べつつ展開するなどということはまずあり得ない。ウォール街が下す長期見通しに間違いが多いのは有名で、したがって各種産業の収益動向予測についても同様と考えられるのである。

しかし、近年の急速かつ広範な技術革新が、証券アナリストの姿勢や仕事にも多大な影響を及ぼしていることを理解しなければならない。多くの場合、今後一〇年間における企業の発展は、その企業が新製品や新しい製造法にかかわっているかということが過去以上に問題となり、アナリストもそうした新技術を前もって研究評価する機会を持つ可能性が与えられるであろうと考えられる。よって、工場見学や研究スタッフとの面談、あるいは自身による詳細な技術研究など、アナリストが有用とされる分野が必ず存在するのである。現在価値に裏付けられた事実ではなく、将来予測を柱に得られた投資判断に従うのは危険であるが、現実の数字に基づく堅実すぎる計算から得られた数値に固執しすぎるのも、恐らく同じように危険であろう。

しかしその両方を同時に行うことはできない。見通しを誤った場合の大きなリスクを覚悟したうえで、想像力を働かせ、その予測が現実となれば大きな利益を得られるという道を選ぶか、あるいは絶好の投資機会を逃した後に悔やむのを覚悟のうえで、保守的姿勢を貫いて、まだ証明されていない単なる可能性に対しては最小限のプレミアム以上には支払わないという道を選ぶかは、投資家次第である。

価値評価のための作業分担

「普通株の分析」で取り上げた話に、しばし話題を戻したいと思う。これについてはさまざまな側面から研究した結果、現在確立している方法とは全く異なる手法を取った方が、より適切な分析結果を得られるという結論に至った。われわれが考えるまずアナリストがすべきこととは、過去の業績のみに基づく、いわゆる「過去の業績の価値」を決めることである。もしも過去の相対的業績が将来も継続すると仮定できれば、この数値からその銘柄の将来価値が――ダウ平均やS&P指数のように確実な形で――割り出せるはずだ（将来的な仮定とは、過去七年間の相対成長率が今後七年間にわたって継続するという意味である）。この方法では公式を適用することで、分析結果を機械的に導くことができる。公式に従ってそれぞれの過去のデータに係数を乗じることで、収益性や安定性、成長見込み、さらには現在の財務状態を数値で表すことができるのである。次の段階としては、過去の業績のみに基づく価値を、予測される新たな状況に照らして、どの程度まで部分修正すべきかという点を考慮する必要がある。

こうした作業に際しては、シニアアナリストとジュニアアナリストで以下のように仕事を分担することになるであろう。

①すべての企業に対して広く用いることができる過去の業績の価値を見積もるための公式を、シニアアナリストが組み立てる。

②ジュニアアナリストはそれを対象となる企業に適用して、機械的に計算を行う。

③シニアアナリストは、それぞれの企業の絶対的あるいは相対的な業績が、過去の実績とどの程度異なる可能性が高いかを推定し、その予想される変化を織り込むためにはその数値をどのように調整すべきかを決定する。

シニアアナリストが作成する報告書では、計算結果の元の値と調整後の数値の両方を表示し、本人による数値調整の根拠を示すことが望ましいであろう。

このような作業に価値はあるのだろうか？　われわれはそれに対して一応、肯定的立場を取ってはいるが、その理由を述べれば読者には皮肉っぽく思われるかもしれない。企業規模の大小にかかわらず、一般的な事業会社の場合に、手順を踏んで得られた価値評価が信頼できる結果を示すかという点に、われわれは疑問を持っている。こうした価値評価作業の困難さについては、次章で取り上げるアルミニウム・カンパニー・オブ・アメリカ（ALCOA）に関する議論のなかで説明したいと思う。困難ではあっても、このような普通株には欠かせない作業である。なぜだろう？

第一に、通常アナリストは日常業務の一環として、現在あるいは将来の価値評価をせざるを得ない立場にあるということが挙げられる。われわれが提示した方式は、今日一般的に用いられている手法を改良したものである。第二の理由は、こうした手法を日常的に用いることによって、アナリストは有用な経験を積み、洞察力を磨くことができると考えられることだ。第三としては、医療技術の発達の歴史と同様に、アナリストが切磋琢磨することによって、より優れた手法が編み出され、またこうした手法が持つ合理的な可能性と限界を人々が知ることにつながるような、経験が積み上がる可能性があるという点が挙げられよう。公益企業株投資の分野では特に、こうした取り組みが非常に役立つ可能性がある。しかし結局のところ賢明なアナリストは、投資銘柄に安全性の高い優先証券を選択する場合のように、現在株価に対して過去の業績価値における安全域が非常に大きいために将来的な変化に望みを託すことができる銘柄や、ある程度将来予測が可能な銘柄に範囲を限定するものである。

後続の章では分析テクニックを活用した具体例を挙げる。ただし、それらは参考としてもらうのが目的である。もしもこれらに興味を持った読者がいて、それに従って自身の証券売買判断を下そうと思うならば、体系立った研究を十分に行ってからでなければならない。

第12章　一株当たり利益に関して

この章を進めるに当たって、まずは、内容的に矛盾が避けられない二つの事柄を投資家にアドバイスしたいと思う。第一のアドバイスとは、年間収益を気にしすぎるなということだ。そして第二は、もしも短期的な数字を気にするのならば、一株当たり利益に隠れた落とし穴に警戒しろということである。第一の警告がきっちりと守られるならば、第二の警告は不要であろう。しかし大半の株主にとって、長期的データや長期的見込みを基に株式投資に関する決断のすべてを行うというのは、酷なことである。金融界では四半期や、特に一年ごとの数字に注目が集まり、ほとんどの投資家は、そうした傾向から受ける影響を避けられない。それによって判断を誤る可能性が大いにあるため、投資家はこの分野についてある程度知識を得ておいた方がよいであろう。この章を執筆している段階で、一九七〇年のアルミニウム・カンパニー・オブ・アメリカ（ALCOA）の収益報告が、『ウォール・ストリート・ジャーナル』紙に掲載された。その最初の数字は、

一株当たり利益	
一九七〇年	五・二〇ドル
一九六九年	五・五八ドル

「一株当たりの利益」に関しては、特別項目控除前の「基本的利益」を指すと脚注で説明がされている。これ以外にも脚注付きの項目は数多く、実のところ基本となる数値の倍もあるような状況である。

第4四半期だけをとると、一九七〇年の「一株当たり利益」は一・五八ドルとなっており、一九六九年はこれが一・五六ドルであった。

ALCOA株に興味を持つ投資家や投機家は、この記事を読んだらこう考えるかもしれない。「悪くない。一九七〇年はアルミ業界にとって厳しい一年だったはずだ。にもかかわらず、四半

期ベースでは一九六九年よりも利益が増加していて、年間の一株当たり利益は六・三二ドルだ。現在の株価が六二ドルということは、株価収益率が一〇倍にも満たないじゃないか。インターナショナル・ニッケル社の一六倍と比較して、これはかなり割安だぞ」などなど。

だが、もしも彼が億劫がらずに脚注を丹念に読んでいれば、一九七〇年の一株当たり利益を知るには、ひとつではなく四つの項目を見なければならないことに気付いたはずだ。四つの項目とは以下のものである。

	一九七〇年	一九六九年
基本的利益	五・二〇ドル	五・五八ドル
純利益（特別項目控除後）	四・三二ドル	五・五八ドル
完全に希薄化された純利益（特別項目控除前）	五・〇一ドル	五・三五ドル
完全に希薄化された純利益（特別項目控除後）	四・一九ドル	五・三五ドル

第4四半期のみに関して、次の数値だけが挙げられている。

基本的利益	一・五八ドル	一・五六ドル
純利益（特別項目控除後）	〇・七〇ドル	一・五六ドル

これらの付け足された数値は、一体どういう意味を持つのであろうか？　一九七〇年一年間の、そして第４四半期に関する実際の利益はどの数値を見ればよいのか？　第４四半期の純利益（特別項目控除後）が七〇セントとすれば、年間でのそれは六・三二ドルではなく二・八〇ドルということになり、よって六二ドルという株価における株価収益率は当初考えた一〇倍ではなく、二二倍ということになる。

ＡＬＣＯＡ社の「真の利益」に関する疑問点について、その一部は容易に答えが出せる。「希薄化」による影響を考慮に入れたことで、五・二〇ドルが五・〇一ドルに減少した点だ。ＡＬＣＯＡ社は普通株に転換可能な転換社債を多く発行しており、一九七〇年の数値を基に普通株の「収益力」を計算するためには、債券保有者にとって転換権を行使することが有益であれば、並通株に転換されるという点を見込まなければならない。ＡＬＣＯＡ社の場合、転換社債発行残高は比較的少なく、それに関してはあまり問題とならない。しかし大抵のケースでは、転換社債の転換権やワラント債の新株引き受け権の行使を見越して、現在の収益を半分か、あるいはそれ以下に見積もることもある。非常に重要な希薄化要因については、第16章で説明する（希薄化要因をどの程度に見積もるかに関しては、投資情報サービスごとに見解が異なっている）。

次に「特別項目」について考えてみよう。第４四半期に特別項目として控除された一八八〇万ドル、すなわち一株当たり八八セントというこの数字は些細な額ではない。全く無視してよいのか、収益控除額としてまるまる考慮に入れるべきなのか、それとも一部を無視して一部を考慮に入れればよいのだろうか？　前年まではなかったのに、一九七〇年が終わった後でそうした控除がなされるようになったのはなぜだろうかと、慎重な投資家は自問するかもしれない。もちろん許容範囲内でとはいえ、会計が巧妙に操作された可能性はあるのだろうか？　よく見れば、過去および将来の「基本的利益」に対してマイナスの影響を及ぼしているわけではないので、実際に発生する前に控除されるそうした損失は無視してしまってよいのかもしれない。また極端な例では、それを利用して多少なりとも課税控除額を操作することによって、その後の収益が現実の例えば二倍であるように見せかけることができるかもしれない。

ＡＬＣＯＡの特別項目に関しては、それがどういう経緯で発生したかをまずは特定しなければならない。それについては脚注に詳しく記されている。四つの発生源は以下の通り。

①工業製品部門の閉鎖によって発生するであろうコストの経営者による見積もり
②ＡＬＣＯＡ・キャスティングス社の工場閉鎖によって発生するであろうコストの経営者による見積もり
③ＡＬＣＯＡ・クレジット社の段階的撤退に伴うコストの経営者による見積もり
④「カーテンウォール」の契約完了に伴う五三〇〇万ドルの見積もりコスト

右はいずれも将来的なコストあるいは損失である。これらを一九七〇年の「通常の営業収支」

外だと主張するのは簡単であるが、もしそうだとすればどう位置づけるべきものなのだろうか？　分類が不可能なほどに「特例かつ経常的に発生しない」のであろうか？　年間売上高が一五億ドルもあるような大企業ならば、数多くの部門や系列会社などを抱えているのは当然のことだ。そのうちのひとつや二つを利益が上がらないため閉鎖するなどということは、特例というよりは普通のことではないだろうか？　カーテンウォール建設の契約のようなことについても同様だ。事業の一部に損失が発生するたびに「特別項目」という形でそれを差し引くという芸当を行い、儲かる契約や部門だけを計算に入れた数値を一株当たり「基本的利益」として報告するという状況を考えてほしい。それはまるで「晴れた時間」だけを刻んだ、エドワード七世の日時計のようなものである。

読者は今述べてきたALCOA社の会計処理について、巧妙なる二つの側面に注意しなければならない。その第一は、将来的損失を事前に処理することによって、損失そのものを特定の年に振り分ける必要性を逃れているということだ。一九七〇年に実際に損失が発生したわけではないので、その年には組み込まれない。また、事前に処理されているため、現実に損失が発生した年の数字にも反映されないのである。鮮やかな手際の良さであるが、少しばかり紛らわしくはないだろうか？

これらの損失から生じる将来的な節税額について、ALCOA社は脚注で何らの説明も加えていない（こういう種類の報告書のほとんどは、「税引き後効果」のみを計算から除外してあると明示しているものである）。ＡＬＣＯＡ社の数字が税額控除前の将来的損失額を表しているとすれば、将来的利益がそうした損失によるマイナスを避けられるばかりでなく、およそ五〇％の税額控除によって将来利益が増加する。このような形で会計操作がなされるというのは信じがたいことだ。しかし、巨額の損失を被った企業のなかには、税負担を計算から除外した将来的収益を報告書に記載し、逆説的にも過去の不首尾を土台として、非常に高利益を上げたように見せかけてきた企業も現実に存在する（過去の損失によって生じた節税額は、現在では「特別項目」として個別に表示されているが、将来的データには最終的な「純利益」の一部として組み込まれる。しかし、将来的損失に備えるために現在積立てられる準備金は、もしもそれが純節税予想額であれば、後年の純利益に加えることはできない）。

これ以外にも、ＡＬＣＯＡ社の他多くの企業は、一九七〇年末という時期を利用し、巧妙にこうした特別損失処理を行った。一九七〇年前半の株式市場は惨憺たる状況にあり、その年はほとんどの企業の業績が相対的に低迷するであろうと、だれもが覚悟をしていた。ウォール街の関心は、回復に向かうであろう翌年以降のことに注がれていた。つまり、人々が既に心のなかでは損失を覚悟している、実質的に過去の出来事となった悪い年に、できるだけ多くの損金を被せてしまうためには最適な状況であり、そうすることで、体裁よく水増しされた数値を今後数年間計上するための下地ができるのである！　これは恐らく、素晴らしい会計処理、素晴らしい経営方針、そして経営者と株主の素晴らしい関係なのであろう。だがわれわれには疑問が残るのである。

幅広く（あるいは「無秩序に」というべきか？）多様な会計処理と、一九七〇年末に損金を一掃しようという思惑によって、この年の年次報告書には奇妙な脚注がみられた。総額二三五万七〇〇〇ドル（損金処理前利益の約三分の一）に及ぶ「特別項目」に関して、とあるニューヨーク証券取引所上場企業が説明した内容は、読者が読んだら笑ってしまうだろう――「特別項目の内訳――スポルディング・ユナイテッドキングダム社閉鎖のための準備金、ある部門の再編成費用の準備金、ベビーパンツとよだれ掛け製造企業売却のための費用、スペインにあるレンタカー会社の部分所有権売却にかかる費用、およびスキーブーツ事業清算のための費用」。

体力のある企業はかつて、好業績を上げた年の利益から「不測の事態のための準備金」を積み立て、将来的に不況で影響を受けたときの緩衝材としていた。その基本となる考えは、報告書に掲載する収益を多少なりとも均一化させ、企業としての安定度を高めることであった。意義のあることに思えるかもしれないが、これに対し当然のごとく会計士は真の収益を偽る行為であると抗議した。彼らの主張は、毎年の業績はその内容にかかわらず、ありのままに報告すべきであり、株主やアナリストが自分自身の考えで業績の平均化を図るべきであるというものであった。しかし今、目の当たりにしているのはこれとは逆の事象だ。過去の清算を済ませて新たに一九七一年を迎えるばかりでなく、その後数年にわたり満足のいく一株当たり利益を上げたように見せかける目的で、みんなが過ぎ去りし一九七〇年に可能な限りの損失をなすりつけているのである。

それではそろそろ最初の問題に戻ろう。一九七〇年にＡＬＣＯＡ社は実際どれだけの収益を上げたのだろうか？　以下がその正確な答えなのだろうか。つまり、「希薄化」を考慮に入れた一株当たり利益の五・〇一ドルから、一九七〇年の計算に組み入れるべきと思われる「特別項目」として八二セントを差し引いた四・一九ドルであると。しかしわれわれは「特別項目」がいかほどなのかを知り得ないので、一九七〇年の真の収益を的確に述べることはできない。この点に関しては、経営者や会計検査官たちが自らによる最良の見解を表明すべきであったが、彼らはそれを怠った。また、経営者や会計検査官たちはこれらの費用を適当な年数――例えば五年以内――にわたり、各年の経常利益から差し引いていくべきであるが、彼らはこれもしないはずだ。なぜなら、その全額を一九七〇年の特別項目として既に都合よく処理してしまったからである。

投資家にとっては公表された一株当たり利益の数字を真剣に受け取れば受け取るほど、そうした数値の真の比較可能性を損なうような会計要因に対して注意を払う必要性が大きくなる。そうした会計要因の三つについては既に述べた。すなわち、決して一株当たり利益に反映されないであろう特別項目、過去の損失を埋め合わせるために行う通常法人税控除額の削減、転換社債やワラント債に多額の発行残高があるために考慮しなければならない希薄化要因（ワラントによる希薄化を計算するための、われわれが勧める方法は後述してある。ワラントの市場価値とは、その普通株の現在株価の付加価値であるというのがわれわれの考え方である）である。そして、過去の公表収益に大きな影響を及ぼす四つ目の要因とは、減価償却の取り扱い――主となる問題は、「定額法」にするか「加速償却法」を採用するか――である。ここではこれに関する詳述を避けようとしている現在の最新例として、トレーン社の一九七〇年の報告書を取り上げよう。報告書によれば同社は、一九六九年からの一年間で一株当たり利益を二・七六ドルから三・二九ドルへと約二〇％上昇させた。しかしそのうちの半分は、六九年に採用されていた加速償却法を、収益に与える負担が軽い定額法に変更したために生じた上昇であった（法人税に対しては加速償却法の適用を続け、その差額に対する所得税の支払いを繰り延べるのである）。これ以外で時として重要性を増す要因とは、かかった調査研究費用をその年に損失に繰り入れるか、あるいは数年間かけて償却するかという選択である。ここで最後に、原価計算法の選択――ＦＩＦＯ（先入れ先出し法）あるいはＬＩＦＯ（後入れ先出し法）――について触れる。

ここで投資家に当然のこととしてアドバイスすべきことは、関係してくる絶対額が少ない場合には会計法によって生じる差異は気にするなということであろう。だがウォール街の常として、額の多寡にかかわらず大きな問題として扱われる場合がある。ＡＬＣＯＡ社の報告書が掲載される二日前、『ウォール・ストリート・ジャーナル』紙上ではダウ・ケミカルの同様の報告書に関する論争が繰り広げられており、その文章は次のように締めくくられていた――一九六九年にダウ・ケミカルが、二一セントを通常の利益として計上し、それを「通常外の収益」として扱わなかったことによって、「多くのアナリストたち」が悩まされていた。なぜこのようなことを問題にするのだろうか？　その理由は、総計何百万ドルという金額が関連するダウ・ケミカルの評価が、一九六九年の六八年に対する百分率で示された伸び率によって決定されると人々が考えていたからに他ならない（この場合は九％、あるいは四・五％である）。われわれからみれば、こうした考えは極めてバカげている。なぜなら、一年間の業績に関する小さな相違は、将来的な平均収益や成長率に対しても、また企業を控えめかつ現実的に評価する場合にも、影響を及ぼすことがないと思われるからである。

これと比較するために、同じく一九七一年一月に公表された年次報告書を取り上げよう。ノースウエスト・インダストリーズ社の一九七〇年の報告書である。同社はこの年、二億六四〇〇万ドル以上を特別項目として一挙に償却しようと計画していた。うち二億ドルは鉄道子会社をその従業員に払い下げたことによる損失であり、残りは近年購入した株式の評価切り下げによるものである。これによって、希薄化考慮以前の普通株一株当たりの価値が計算上約三五ドル減少することになり、その額は当時の株価の二倍である。ここで非常に重要なポイントがある。現在の税法でこの償却が実行されれば、一九七〇年にこの損失を計上することでノースウエスト・インダストリーズ社は、将来的（五年以内）にその他の事業から得た四億ドルという収益に関しては、所得税を支払わなくてよいということになる。それでは一体この企業の本当の収益はどれだけなのだろうか？　実際には支払うことのない所得税の半分程度を計算に入れるべきなのか、それとも全く入れないべきなのか？　われわれが考える適当な計算法とは、まず所得税を完全に負担すると想定した場合の収益力を見積もり、次にそれに基づいて株の価値を大まかにはじき出し、これに、重要ではあるが一時的な、同社が享受することになる免税の一株当たり価値というプレミアムを加えるという方法である（この場合は希薄化によるマイナスが大きくなる可能性があるので、余裕をみておく必要がある。実際、もしも権利が行使された場合、転換優先株やワラントは既発の普通株に対して倍以上の値が付くと考えられるのである）。

読者にとってこのような事柄は、煩瑣で退屈かもしれないが、避けて通ることができない。企業会計は煩雑で、証券分析は複雑なものとなりがちであり、大いに信頼できる株式評価などは例外的なのだ。支払った金額に対して十分な価値を得たと自らを勇気づけ、あとは成り行きに任せることが、ほとんどの投資家にとって恐らく最良のやり方であろう。

平均収益の利用法

かつてアナリストや投資家たちは、過去かなりの長期――七年から一〇年程度――にわたる平均収益を非常に重視していた。この「平均値」は、ビジネスサイクルによって繰り返される波を平均化するためには有用であり、企業の収益力を測るには前年の業績のみを基にするよりも信頼性が高いと考えられていた。このような平均化を行うことによる重要な利点とは、特別損益のほぼすべてに関してそれをどう位置付けるかという問題を解決できるという点だ。なぜなら企業のそうした損益のほとんどが、紛れもなくその経営史の一部だからである。ＡＬＣＯＡ社のケースでこの平均化を試みると、一九六一～七〇年（一〇年間）の平均収益は一株当たり三・六二ドル、一九六四年から七〇年（七年間）の平均収益は同四・六二ドルという計算になる。こうした数字は、収益の成長性と安定性に関する同じ期間の評価と合わせて利用すれば、企業の過去の業績を知るための極めて有用な情報源となるであろう。

過去の成長率計算

企業データにおける成長要因を適切な形で考慮に入れることは、最も重要である。成長率が大きいということは、ここ数年の収益が過去七年間あるいは一〇年間の平均収益を大きく上回っているということであり、アナリストもこれら長期的な数字を無意味なものとみなすかもしれない。平均収益と直近の収益の双方を加味しなければ、収益の計算はできない。成長率そのものについては、過去三年の平均と、一〇年前の同様の数値との比較で計算すべきだと、われわれは考えている（特別損益の問題がかかわってくる場合は、数値がある程度正確さに欠けても仕方なかろう）。次の**表12―1**は、ALCOA社およびシアーズ・ローバック社、ダウ銘柄全体の成長を比較したものである。

所見

この表を材料に、さまざまな議論が可能であろう。一九五八年から一九七〇年という長期にわ

表12-1

	ALCOA	シアーズ・ローバック	ダウ平均
1968-70年の平均収益	$4.95[a]	$2.87	$55.40
1958-60年の平均収益	2.08	1.23	31.49
成長率	141.0%	134. %	75. %
年率（複利）	9.0%	8.7%	5.7%

a　1970年の特別損益（82セント）のうち6割を差し引いて計算している

たる実際の収益の伸びに関して、精密な数学計算からはじき出されたデータと比較しても、多分これらは見劣りしないはずだ。しかし、一般的には株式評価のための核と考えられているこの数字が、ＡＬＣＯＡ社の場合どの程度の意味があるのだろうか？　同社の過去の成長率は素晴らしく、高い評価を得ているシアーズ・ローバック社のそれを若干上回っており、ダウ銘柄との比較ではずば抜けている。だが一九七一年初めの株価に、この素晴らしい業績が反映されているようには見えない。ＡＬＣＯＡ社の株価は過去三年間の平均収益の一一・五倍、片やシアーズ社は二七倍、ダウは一五倍強であった。なぜ、このようなことになるのだろうか？　並外れた過去データにもかかわらず、ウォール街がＡＬＣＯＡ社の将来性をかなり悲観視しているのは明らかである。驚くべきことにＡＬＣＯＡ社株の最高値は、今を大きくさかのぼる一九五九年に付いたものだ。その年に付いた株価は一一六ドルで、株価収益率は四五倍であった（シアーズ社の当時の調整済み高値は二五・五ドル、株価収益率は二〇倍）。確かにその後ＡＬＣＯＡ社は素晴らしい成長を達成したが、このケースは明らかに、将来性が株価にかなり過大に織り込まれていたパターンであった。同社の一九七〇年の最終株価は、一九五九年の高値のちょうど半分となり、その間にシアーズは株価が三倍に、ダウは三〇％近くも上昇したのである。

ここで注意しなければならない点は、かつてのＡＬＣＯＡ社の総資本利益率はせいぜい平均並みにすぎず、それがここでの決定的要因であるかもしれないということだ。企業が平均以上の収益性を維持できてはじめて、高い株価収益率が維持されるのである。

ここで、「価値評価のための作業分担」（第11章）でわれわれが提案した手法を、ＡＬＣＯＡ社の場合に当てはめてみよう。このやり方に従えば、ＡＬＣＯＡ社の「過去の業績の価値」はダウの一〇％という計算になるかもしれない。つまり一株当たり八四ドルに対して、ダウの一九七〇年の最終指数は八四〇ドルということである。これを基準とすれば、五七・二五ドルという株価は非常に魅力的にみえたことであろう。

シニアアナリストは将来性の低さを加味するために、どの程度まで「過去の業績の価値」の評価を切り下げるべきなのであろうか？　率直なところわれわれには分からない。そのアナリストに、「ダウには上昇が見込まれる反面、ＡＬＣＯＡ社の一九七一年の一株当たり収益は、七〇年のそれを大きく割り込むわずか二・五〇ドルになるだろう」と考える相応の理由があるとしよう。恐らく株式市場は、その惨憺たる結果を重大に受け止めるだろうが、だからといって本当に、かつては強大さを誇ったアルミニウム・カンパニー・オブ・アメリカが相対的に利益の上がらない企業とみなされ、有形資産以下に評価されることにつながるのだろうか?(一株当たり純資産五五ドルに対して、一九七一年の株価は、五月に付けた七〇ドルという高値から一二月には三六ドルまで落ち込んだ)

ALCOA社はまさに代表的な大規模事業会社であるが、その株価と収益の歴史は、他の大企業のそれと比較すれば例外的であり、矛盾に満ちているとさえいえる。だがひとついえるのは、本章で取り上げた例が、価値評価の手法を用いることで典型的な事業会社を評価して得られる結果の信頼性への疑問という、第11章でわれわれが提起した問題に対して、多少なりとも裏付けを与えてくれているということである。

第13章　上場四企業の比較

この章では実際に用いられている証券の分析例を取り上げる。いずれもニューヨーク証券取引所の上場企業リストに連続して載っている企業を、ほぼ無作為に四社選んだ。エルトラ社（エレクトリック・オートライトとメルゲンターラー・ライノタイプの合併会社）、エマーソン・エレクトリック社（電気と電化製品の製造業者）、エメリー航空貨物運送社（国内の航空貨物運送会社）そしてエムハルト社（もとは瓶詰め機械専門メーカーだったが、現在は建築業用金物も製造している）の四社である。

表13-1　上場企業四社の比較

	エルトラ社	エマーソン エレクトリック社	エメリー航空 貨物運送社	エムハルト社
A.資本				
1970/12/31時点の普通株の株価	27	66	57¾	32¾
発行済み株式数	7,714,000	24,884,000[a]	3,807,000	4,932,000
時価総額	$208,300,000	$1,640,000,000	$220,000,000	$160,000,000
債券と優先株	8,000,000	42,000,000		9,200,000
総資本額	216,300,000	1,682,000,000	220,000,000	169,200,000
B.所得項目				
売上高（1970年）	$454,000,000	$657,000,000	$108,000,000	$227,000,000
純利益（1970年）	20,773,000	54,600,000	5,679,000	13,551,000
1株当たり利益（1970年）	$2.70	$2.30	$1.49	$2.75[b]
1株当たり利益（1968～70年の平均）	2.78	2.10	1.28	2.81
1株当たり利益（1963～65年の平均）	1.54	1.06	.54	2.46
1株当たり利益（1958～60年の平均）	.54	.57	.17	1.21
現在の配当額	1.20	1.16	1.00	1.20
C.バランスシート項目（1970年）				
流動資産	$205,000,000	$307,000,000	$20,400,000	$121,000,000
流動負債	71,000,000	72,000,000	11,800,000	34,800,000
株式純資産	207,000,000	257,000,000	15,200,000	133,000,000
1株当たり帳簿価格	$27.05	$10.34	$3.96	$27.02

a　優先株の転換を見込んだ数字
b　1株当たり13セントの特別項目分を差し引き後の数字
c　1970年9月までの1年間

表13-1　上場企業四社の比較（続き）

	エルトラ社	エマーソン エレクトリック社	エメリー航空 貨物運送社	エムハルト社
B.各種レシオ				
株価収益率（1970年）	10.0 ×	30.0 ×	38.5 ×	11.9 ×
株価収益率（1968-70年）	9.7 ×	33.0 ×	45.0 ×	11.7 ×
株価純資産倍率	1.00×	6.37 ×	14.3 ×	1.22 ×
純利益/売上高	4.6 %	8.5 %	5.4 %	5.7 %
1株当たり純利益/簿価	10.0 %	22.2 %	34.5 %	10.2 %
配当利回り	4.45%	1.78%	1.76%	3.65%
流動資産/流動負債	2.9 ×	4.3 ×	1.7 ×	3.4 ×
運転資本負債率	非常に高い	5.6 ×	負債ゼロ	3.4 ×
1株当たり利益成長率				
1968-70年（1963-65年に対して）	＋ 81%	＋ 87%	＋135%	＋14 %
1968-70年（1958-70年に対して）	＋400%	＋250%	非常に高い	＋132%
C.株価推移				
1936-68年における安値	¾	1	⅛	3⅝
1936-68年における高値	50¾	61½	66	58¼
1970年の安値	18⅝	42⅛	41	23½
1971年の高値	29⅜	78¾	72	44⅜

三製造業者間には大きくとらえれば共通点もあるが、相違点のほうが多い。この四社の財務、経営のデータは、事業というものについて知るためのバラエティーに富む資料となる。

表13―1は、一九七〇年末時点における四社の株式に関する概要と一九七〇年の経営に関するデータである。それでは、実績と価格についての重要な数字を具体的に見ていこう。業績に関するさまざまな数字が株価といかに連動しているかについて、説明する必要がある。また最後に、防衛的な普通株の投資家のために、四社を再検討して比較し、関連、評価をそれぞれ述べる。

最も印象的なのは、四社における現在のPER（株価収益率）の格差が、それぞれの業績や財務状況以上に開いているという事実である。エルトラ、エムハルトの二社の株価は、それぞれ一九六八～七〇年の平均収益の九・七倍、一二倍と穏当であり、これはダウ平均の一五・五倍という数字と近い。しかしエマーソン、エメリーの二社は、三一・五倍、四二・五倍と、非常に高い数値を示している。このような違いには必ず何らかの理由がある。この場合は最近の人気企業、特に航空輸送会社の収益が急激に伸びたことによる（しかし、他の二社の伸び率もさほど悪くはない）。

さらに話を分りやすくするために、業績に関する数字を再度考察してみよう。

①収益性

（A）四社とも簿価に対して満足のいく収益を上げているが、エマーソン、エメリーの二社は他二社よりもかなり高い数値を示している。往々にして、投下資本に対する収益率が高いと一株当たり利益の年間伸び率も高くなる。エメリー以外の三社は一九六一年よりも一九六九年の方が簿価に対する収益が増えているが、エメリー社の数字はどちらの年も非常に高い。

（B）製造業では、売上一ドル当たり収益は、通常企業の強さ、弱さを示す。ここではS&P社の『上場株式報告』の「対売上営業利益率」を採用する。ここでも四社とも高い数字を示し、特にエマーソンが極めて高い。一九六一年～六九年の間の変化は会社によってかなり違う。

②安定性

安定性については、過去一〇年間において、それに先立つ三年間の平均値と比べて一株当たり利益の最大の減少を計算した。減少がゼロなら安定性一〇〇%ということで、エマーソン、エメリーの二社がこれに当たる。しかし、エルトラとエムハルトの減少も一九七〇年という「不毛な年」にしては小さく、わずか八%程度で、ダウ平均の七%と大差ない。

③成長

株価収益率が低い二社は成長率が極めて高く、双方ともダウ平均銘柄を上回る。エルトラの成長率は株価収益率の低さから見れば極めて高い。高株価収益率の二社の成長率がさらに高いことは言うまでもない。

④財務状況

製造業三社の財務状況はごく健全で、流動負債一ドルに対して流動資産二ドルという標準率を上回っている。エメリー社はさらにその率が低いが、業種が違うことと業績が優れていることから、現金の調達に問題はない。四社とも長期負債は比較的少ない。「希薄化」に関しては、エマーソン社は一九七〇年末に市場価格で一・六三億ドルの未償還の低配当転換優先株を有していた。われわれは分析において通常、希薄化要因を見込むため、優先株を普通株に転換したものとして扱った。これにより一株当たり利益は一〇セント（約四％）減った。

⑤配当

配当が途切れないというのは素晴らしいことである。この点で最も好成績を残したのはエムハルト社で、一九〇二年以降無配だったことはない。エルトラ社の記録も悪くないし、エマーソン社も極めてよい。エメリー社は新興の企業である。配当性向は大差ない。現在の配当利回りは「安い二社」が「高い二社」の二倍も高く、株価収益率と一致している。

⑥株価の推移

読者は、過去三四年間において、四社の株価が最安値から最高値に至った上昇率に驚くだろう

（いずれも安値は株式分割に伴う変動を調整済み）。ダウ平均の場合、価格の高低差はほぼ一一倍であることに注意されたい。この四社の場合、エムハルト社の「わずか」一七倍からエメリー社の五二八倍と、大きな格差がある。このように株価が何倍にも跳ね上がることは、古い普通株のほとんどに見られる特徴であり、過去の株式市場に大きな利益獲得の機会があったことを示す（しかしこれは、株価が低迷していた一九五〇年以前の弱気相場において、いかに下げ幅が大きかったかということでもある）。エルトラ社とエムハルト社は、いずれも一九六九～七〇年の株価暴落で五〇％以上も下げている。エマーソン社もエメリー社もかなり下がったが、それほど激しくはなかった。しかし前者二社は一九七〇年の終りに、後者二社は一九七一年の初めに、空前の高値に反発している。

四社における全般的な所見

エマーソン社の時価総額は、他三社の合計を凌駕する。同社は後に述べる「のれんの巨人」のひとつに挙げられる。良い記憶に恵まれた（確言すればハンディを背負った）証券アナリストは、エマーソン社とゼニス・ラジオ社の類似を思い出すだろうが、それは好ましいことではない。ゼニス社は何年間も高成長を遂げ、一九六六年には一七〇億ドルもの時価総額を付けたが、一九六八年に四三〇〇万ドルあった収益は一九七〇年にはわずか半分に落ちこみ、その年の大きな下落によって株価は前年の最高値八九ドルから二二・五ドルへと暴落しているからである。つまり、高い評価は高いリスクを伴うのである。

最高収益時のほぼ四〇倍という株価収益率が妥当であるならば、エメリー社は将来の成長という点では四社のなかで最も有望である。もちろん、過去の成長も極めて良い。しかしこの数字は、同社が一九五八年に五七万ドルという極めて少ない純利益からスタートしたことを考えると、将来、それほど大きな意味を持たないだろう。往々にして、規模や利益がある程度大きくなってしまうと、高い成長率を維持するのは難しくなる。エメリー社において意外なのは、国内航空旅客業の業績が最悪だった一九七〇年に収益と株価を急速に伸ばしたことである。これは特筆すべきことではあるが、競争の激化、通運業者と航空業者間の新たな協定の圧力などのマイナス要因によって、先々の収益が減るのではないかという疑問が頭をもたげる。このような点について的確な判断を下すには詳細な検討が必要となるだろうが、防衛的投資家は一般的な予測においてこのことを見逃してはいけない。

エムハルト社とエルトラ社について

エムハルト社は過去一四年にわたり、株式市場よりも実際のビジネスで好業績を上げている。一九五八年の株価収益率は二二倍の水準であり、これはダウ平均とほぼ同じ率である。その後、ダウ銘柄の収益上昇率が一〇〇％以下だったのに対し、同社の収益は三倍に上昇したが、一九七〇年の終値は一九五八年の高値よりわずか三分の一高いだけで、対するダウ平均はプラス四三％である。エルトラ社の数字もこれとほぼ近い。両社とも現在の相場で特別魅力的なわけでもないが、データを見る限り数字が素晴らしく良い。将来の見通しがいいのだろうか？　ここで確かな答えは出せないが、一九七一年にS＆P社はこの四社について次のように述べている。

エルトラ社――長期展望としては、堅実な経営が続く。競争力と事業の多角化がマイナス要因を相殺する。

エマーソン社――現状から株価（七一ドル）は妥当で、長期保有に向く……事業買収方針の継続と業界での強い立場、さらに加速する国際化計画から、売上と収益がさらに増加することが見込まれる。

エメリー社――現在、株価は五七ドルという十分な値段だが、長期保有に値する。

エムハルト社――今年のガラスコンテナ業界における資本支出は限定的であった。一九七二年は経営環境の改善による収益補強が期待される。株（三四ドル）は保有に値する。

結論

金融アナリストの多くは、エマーソン社とエメリー社の株が、他二社の株より魅力的だと思うだろう。それは恐らく第一に「市場での価格変動」が良いためで、第二に収益が最近急激に伸びているからである。われわれの防衛的投資の原理に基づくと、この第一の点は選択に当たっての確かな根拠にはならない。これは投機家向きの理由なのである。第二の点は確かに正しいが、限定つきである。エメリー社の過去の成長と将来の好ましい予測から、当期利益の六〇倍以上という株価を妥当ということができるだろうか（一九七二年三月、エメリー社の株価は一九七一年の収益の六四倍であった！）。

われわれの答えは以下のようになる。この会社の可能性を詳細に検討した結果、これが非常に優れており、将来も楽観視できると考える人には向くだろうが、収益や株式市場の好業績に熱狂しすぎるというウォール街特有の過ちを犯さないことを心に留めておきたい、用心深い投資家には向かない。エマーソン社についても同じ警告を発することができそうだ。さらに一〇億ドルを上回る現在の市場価値が、無形資産によるものなのか収益力によるものなのかを考えなくてはならない。かつては株式市場の成長株だった「電気産業」は、概して苦境に立たされていることも付け加えるべきである。エマーソン社は例外だが、今後も例外であり続けるためには、一九七〇年の終値がその後の業績で完全に正しいものだと証明されねばならないだろう。

これに対して、エルトラ社（二七ドル）とエムハルト社（三三ドル）は、いずれも株価に対して十分な価値のある企業の特徴を備えており、十分安全な投資に値する。この二社に投資する限り、投資家は自らをその投資額に見合った持ち分を有する部分所有者だとみなすことができる。投下資本に対する収益率は長い間良好だった。利益も安定し、過去の成長率も際立っていた。この二社は、われらが防衛的投資家のポートフォリオに含まれるべき七つの統計的基準に見合う。

このことは次章でさらに説明するが、ひとまず以下に要約する。

①適切な規模
②財務状態が十分に良い
③最低過去二〇年間、継続的に配当がある
④過去一〇年間、赤字決算がない
⑤一株当たり利益が、一〇年間で最低三分の一以上伸びている
⑥株価が純資産価値の一・五倍以下
⑦株価が過去三年の平均収益の一五倍以下

われわれはエルトラ社とエムハルト社の将来の収益予測はしない。投資家の普通株の分散投資リストには、どうしても失望する結果となるものが含まれてしまい、このことは右の二社のいずれか、または両方にも起こるだろう。しかし右記の基準および投資家がクリアさせたいその他の良識ある基準に基づいて選択した分散投資のリストそのものは、何年も十分な収益を上げるはずである。少なくとも長い経験に基づくとそうなのである。

最終所見

経験のある証券アナリストは、この四社に対するわれわれの総合的な論証を認めたとしても、一九七〇年末、エマーソン社かエメリー社の株式保有者にエルトラ社かエムハルト社株へ乗り換えを勧めることは、その推奨の裏にある哲学を株式保有者が明確に理解していない限り、恐らくしないだろう。いかに短期間であれ、株価収益率が低い二社の株価が、株価収益率が高い二社の株価を上回ることを期待する理由はなかった。後者は、市場で好感視されていたため相当な勢いがあり、それは無限に続くものとみなされていた。エマーソン、エメリー社よりエルトラ、エムハルト社を好む明らかな基準は、投資家の熟慮による価値重視の投資か、投機型の投資かの選択にある。つまり、普通株の投資方針は、多かれ少なかれ投資家個人の姿勢に左右されるのだ。この点については次の章でさらに検討をする。

第14章　防衛的投資家の株式選択

では、証券分析のテクニックを実際に応用してみよう。既に二つのタイプの投資家に勧める投資方針については概要を述べたので、ここでは投資方針を実行に移す上で証券分析がどのような役割を果たすかを示す。われわれの示唆に従う防衛的投資家は、優良債券および主要普通株を分散して購入するだろう。株式を買う場合、価格は基準に照らして不当に高くあってはならない。

この分散投資にあたり、防衛的投資家には二つの選択肢がある。ダウ平均採用銘柄（あるいはそれに類した銘柄）からなるポートフォリオを構築するか、計量的な基準で選んだ銘柄のポートフォリオを構築するかのどちらかを選ぶということである。前者の場合、主要銘柄を網羅した買い方になるので、非常に高い株価収益率で売られている人気成長株も、あまり人気がなく株価が安い株式も含む。最も単純なのは、ダウ平均採用三〇銘柄をすべて同じ株数だけ買う方法である。ダウ平均九〇〇として、一〇株ずつ買えば約一六〇〇〇ドル支払うことになる（多数の株式分割が行われたことなどから、一九七二年初めにおいてダウ平均銘柄の実際の平均価格は、一株当たりおよそ五三ドルだった）。過去の記録から、この方法からは数社の投信を買うのとほぼ同じ成果を期待できる。

第二の方法は、各株の購入に際して二つの基準を適用する。それは、自分が買おうとしているのは、①その会社の過去の業績と現在の財務状況に関する最低限の基準であること、②株価に対する収益と資産に関する最小限の基準を満たすものであること――を確認するということである。前章の終わりに、特定の普通株選択にあたってのこのような質的、量的基準を七つ挙げたが、各項目ごとに説明しよう。

①企業の適切な規模

われわれのいう最小値、特に必要な企業規模についての最小値は、あくまで独断である。われわれは特に事業会社分野において平均以上の変動の影響を受けやすい小企業を排除すべきだと考える（小規模だからこそ大きな可能性があることも多いが、防衛的投資家が手がける範疇には入らない）。大体の目安として、製造業では年間売上が一〇億ドル以上、公益企業では総資産五〇〇〇万ドル以上であることが望ましい。

②十分に健全な財務状況

製造業の場合、流動資産が流動負債の最低二倍――いわゆる流動比率二対一――以上であること。また長期負債が純流動資産（「運転資本」）を超えないこと。公益企業では、負債が株式資本（簿価）の二倍を超えないこと。

③収益の安定性

過去一〇年間、毎年普通株の収益があること。

④配当歴

少なくとも過去二〇年間において無配当の年がないこと。

⑤収益の伸び

過去一〇年間において初めの三年間と最後の三年間の平均を比べて、一株当たり利益が最低三分の一以上伸びていること。

⑥妥当な株価収益率

現在の株価が過去三年間の平均収益の一五倍を上回らないこと。

⑦妥当な株価純資産倍率

直近の報告書において、現在の株価が簿価の一・五倍以下であること。ただし収益の一五倍以下であれば、それに伴って簿価比率が高くても構わない。経験則から、株価収益率に株価純資産倍率を掛け合わせたものが二二・五以上であってはいけない（これは収益の一五倍、簿価の一・五倍という数値に対応している。例えば、株価は収益のわずか九倍で、資産価値の二・五倍というような場合でもよい）。

説明

以上の基準は、特に防衛的投資家の要求と気質に見合うように設定してある。これを採用すると、ポートフォリオの対象となるほとんどの普通株は除外されてしまう。一方で、①あまりにも規模が小さく、②財務体質が弱く、③一〇年間に赤字という不名誉な記録があり、④配当継続の長い歴史がない――といった企業も除外される。このような分析において、最近の金融情勢のなかで最も厳しいのは企業の財務体力に関するものである。近年、かつては安定していた大企業の多くが、流動比率が下がったり負債が大幅に増加したりしている。

⑥と⑦については、一般的な証券よりも株価一ドル当たりの利益と資産が多く必要となるので、普通とはかなり逆で、われわれ独自の基準である。標準的な証券アナリストはこう考えず、多くは防衛的投資家であっても厳選された会社の株に高い金額を払う心構えが必要だと言うだろう。われわれの見方は逆である。行き過ぎた株価は将来も収益が増え続けることに依存せざるを得ず、適切な安全性に欠けるのだ。読者はこの重要な問題の優先順位を考え、自ら決断を下さなくてはならない。

にもかかわらず、われわれはある程度過去に成長していることが必要だと述べた。さもなければほとんどの企業は、少なくとも投下資本一ドル当たりの利益という点で後退を示すからである。防衛的投資家はポートフォリオにそのような企業の株を含むべきではない。しかし、株価が十分安ければ割安のチャンスと考えていいだろう。

先に株価収益率は一五倍までと述べたが、その基準に従えば株価収益率平均が一二～一三倍のポートフォリオとなるであろう。一九七二年二月にAT&T社が過去三年間の平均収益ならびに当期利益の一一倍であったこと、スタンダード・オイル・オブ・カリフォルニア社が直近利益の一〇倍以下だったことに注目したい。われわれが基本的に勧めるのは、株式益回り（株価収益率の逆数）が、少なくとも現在の優良債券の利回りと同程度となるような株式ポートフォリオを構築することだ。つまり、AA格付けの債券の利回りが七・五％ならば、ポートフォリオの株価収益率は一三・三倍以下ということである。

一九七〇年末のダウ工業株をわれわれの基準に照らすと…

一九七〇年末におけるダウ平均採用三〇銘柄は、前述したわれわれの基準を軽くクリアしているが、かろうじてクリアした銘柄も二つある。以下に一九七〇年の終値に基づく所見と、それに関連する数字に基づいた調査結果を示す（各社の基本データは**表14―1**と**表14―2**に示す）。

①各企業の規模は十分大きい。

②財務状況は総じて良いが、全企業がそうとはいえない（一九六〇年、二九企業中で流動資産が流動負債の二倍を上回らなかったのはわずか二社、同じく純流動資産が長期債務を超えなかったのも二社のみであった。一九七〇年までにそれぞれの数字は、二社から一二社へと膨れ上がった）。

③少なくとも一九四〇年以降、各社とも何らかの配当を出している。うち五社はさかのぼって一九〇〇年以来配当を出し続けている。

④総収益は過去一〇年間、極めて安定している。好景気だった一九六一～六九年に赤字を出した会社はないが、クライスラー社だけは一九七〇年にわずかな赤字を計上している。

⑤一九六八～七〇年の平均と一九五八～六〇年の平均を比べると、全体の成長率は七七％で、年率約六％である。ただし五社については三分の一以下の成長である。

表14-1　ダウ工業株平均の30銘柄に関する基本データ(1971/9/30現在)

	株価 1971/9/30	1株当たり利益a 1971/9/30	1株当たり利益a 1968-70年の平均	1株当たり利益a 1958-60年の平均	配当開始年	純資産価値	現在の配当
アライド・ケミカル	32½	1.40	1.82	2.14	1887	26.02	1.20
ALCOA	45½	4.25	5.18	2.08	1939	55.01	1.80
アメリカン・ブランズ	43½	4.32	3.69	2.24	1905	13.46	2.10
アメリカン・カン	33¼	2.68	3.76	2.42	1923	40.01	2.20
AT&T	43	4.03	3.91	2.52	1881	45.47	2.60
アナコンダ	15	2.06	3.90	2.17	1936	54.28	none
ベツレヘム・スチール	25½	2.64	3.05	2.62	1939	44.62	1.20
クライスラー	28½	1.05	2.72	(0.13)	1926	42.40	0.60
デュポン	154	6.31	7.32	8.09	1904	55.22	5.00
イーストマン・コダック	87	2.45	2.44	0.72	1902	13.70	1.32
ゼネラル・エレクトリック	61¼	2.63	1.78	1.37	1899	14.92	1.40
ゼネラル・フーズ	34	2.34	2.23	1.13	1922	14.13	1.40
ゼネラル・モーターズ	83	3.33	4.69	2.94	1915	33.39	3.40
グッドイヤー・タイヤ	33½	2.11	2.01	1.04	1937	18.49	0.85
インターナショナル・ハーベスター	28½	1.16	2.30	1.87	1910	42.06	1.40
インターナショナル・ニッケル	31	2.27	2.10	0.94	1934	14.53	1.00
インターナショナル・ペーパー	33	1.46	2.22	1.76	1946	23.68	1.50
ジョンズ・マンビル	39	2.02	2.33	1.62	1935	24.51	1.20
オウエンズ・イリノイ・グラス	52	3.89	3.69	2.24	1907	43.75	1.35
プロクター&ギャンブル	71	2.91	2.33	1.02	1891	15.41	1.50
シアーズ・ローバック	68½	3.19	2.87	1.17	1935	23.97	1.55
スタンダード・オイル・カリフォルニア	56	5.78	5.35	3.17	1912	54.79	2.80
スタンダード・オイル・N・J	72	6.51	5.88	2.90	1882	48.95	3.90
スイフト&カンパニー	42	2.56	1.66	1.33	1934	26.74	0.70
テキサコ	32	3.24	2.96	1.34	1903	23.06	1.60
ユニオン・カーバイド	43½	2.59	2.76	2.52	1918	29.64	2.00
ユナイテッド・エアクラフト	30½	3.13	4.35	2.79	1936	47.00	1.80
USスチール	29½	3.53	3.81	4.85	1940	65.54	1.60
ウエスティングハウス	96½	3.26	3.44	2.26	1935	33.67	1.80
ウールワース	49	2.47	2.38	1.35	1912	25.47	1.20

a　株式配当および株式分割を考慮に入れて調整済み

表14-2　ダウ銘柄に関する重要な各種レシオ(1971/9/30現在)

	株価収益率		現在の配当利回り	収益成長率	流動資産/流動負債a	正味流動資産/負債b	株価純資産価値
	1971/9	1968-70年		1968-70年(1958-60年に対して)			
アライド・ケミカル	18.3×	18.0×	3.7%	(−15.0%)	2.1×	74%	125%
ALCOA	10.7	8.8	4.0	149.0%	2.7	51	84
アメリカン・ブランズ	10.1	11.8	5.1	64.7	2.1	138	282
アメリカン・カン	12.4	8.9	6.6	52.5	2.1	91	83
AT&T	10.8	11.0	6.0	55.2	1.1	—	94
アナコンダ	5.7	3.9	—	80.0	2.9	80	28
ベツレヘム・スチール	12.4	8.1	4.7	16.4	1.7	68	58
クライスラー	27.0	10.5	2.1	—	1.4	78	67
デュポン	24.5	21.0	3.2	(− 9.0)	3.6	609	280
イーストマン・コダック	35.5	35.6	1.5	238.9	2.4	1764	635
ゼネラル・エレクトリック	23.4	34.4	2.3	29.9	1.3	89	410
ゼネラル・フーズ	14.5	15.2	4.1	97.3	1.6	254	240
ゼネラル・モーターズ	24.4	17.6	4.1	59.5	1.9	1071	247
グッドイヤー・タイヤ	15.8	16.7	2.5	93.3	2.1	129	80
インターナショナル・ハーベスター	24.5	12.4	4.9	23.0	2.2	191	66
インターナショナル・ニッケル	13.6	16.2	3.2	123.4	2.5	131	213
インターナショナル・ペーパー	22.5	14.0	4.6	26.1	2.2	62	139

表14-2 （続き）

	株価収益率		現在の配当利回り	収益成長率	流動資産/流動負債a	正味流動資産/負債b	株価純資産価値
	1971/9	1968-70年		1968-70年（1958-60年に対して）			
ジョンズ・マンビル	19.3	16.8	3.0	43.8	2.6	—	158
オウエンズ・イリノイ・グラス	13.2	14.0	2.6	64.7	1.6	51	118
プロクター&ギャンブル	24.2	31.6	2.1	128.4	2.4	400	460
シアーズ・ローバック	21.4	23.8	1.7	145.3	1.6	322	285
スタンダード・オイル・カリフォルニア	9.7	10.5	5.0	68.8	1.5	79	102
スタンダード・オイル・N・J	11.0	12.2	5.4	102.8	1.5	94	115
スイフト&カンパニー	16.4	25.5	1.7	24.8	2.4	138	158
テキサコ	9.9	10.8	5.0	120.9	1.7	128	138
ユニオン・カーバイド	16.6	15.8	4.6	9.5	2.2	86	146
ユナイテッド・エアクラフト	9.7	7.0	5.9	55.9	1.5	155	65
USスチール	8.3	6.7	5.4	(—21.5)	1.7	51	63
ウエスティングハウス	29.5	28.0	1.9	52.2	1.8	145	2.86
ウールワース	19.7	20.5	2.4	76.3	1.8	185	1.90

a　1970年（会計年度）末の数値
b　ムーディーズ・インダストリアル・マニュアル（1971年）のデータによる

⑥期末価格と三年平均収益の比は八三九対五五・五ドルつまり一五対一で、まさにわれわれの推奨の上限である。

⑦株価と純資産価値の比は八三九対五六二で、これも一・五対一というわれわれの推奨の上限内である。

しかし、各企業を例の七つの基準に照らすと、すべてをクリアするのはアメリカン・カン、AT&T、アナコンダ、スイフト、ウールワースの五社だけである。この五社の数字を表14―3に示す。当然、この五社は過去の成長率を除けばダウ平均採用銘柄全体よりも良い数字を示す（しかしこの五社の一九七〇年一二月から一九七二年初めにかけての市場での値動きは、ダウ平均のそれより低調であることに注意したい。このこともまた、どんな方式や公式をもってしても、市場での優れた成果を保証するものはないことを示す。われわれの基準は、ポートフォリオの買い手が価値ある買い物をすることを「保証」するにすぎない）。

このグループをわれわれの基準に照らすと、全上場株のなかでこの基準を達成するものは比較的少ないことが分かる。あえて言うなら、スタンダード・アンド・プアーズ社の『株式ガイド』には一九七〇年末で約一〇〇のこうした銘柄があり、これだけあれば投資家が個人的に選択を行う上で十分だと思われる。

表14-3　1970年末時点で投資基準を満たしたダウ銘柄

	アメリカン・カン	AT&T	アナコンダ	スイフト	ウールワース	5社の平均値
株価（1970年12月31日現在）	39¾	48⅞	21	30⅛	36½	
株価収益率（1970年）	11.0×	12.3×	6.7×	13.5×	14.4×	11.6×
株価収益率（過去3年年間）	10.5×	12.5×	5.4×	18.1×[b]	15.1×	12.3×
株価純資産倍率	99%	108%	38%	113%	148%	112%
流動資産/流動負債	2.2×	n.a.	2.9×	2.3×	1.8×[c]	2.3×
正味流動資産/負債	110%	n.a.	120%	141%	190%	140%
安定指数a	85	100	72	77	99	86
成長率a	55%	53%	78%	25%	73%	57%

a　第13章参照
b　スイフトは厳しい経済状況であった1970年に高い数値を示したために、1968-70年の欠損はここでは考慮に入れていない
c　ここで2以下1以上となるわずかな欠損は、借入による資金調達によって相殺された
n.a.＝適用外。AT＆Tの負債は、株式持ち分価値以下であった

公益企業株という「解決策」

ここで公益企業株に目を移すと、その状況は投資家にとってより好ましい。防衛的投資家にとって公益企業株の大部分は、その実績や株価収益率などから見て、投資対象としての条件を満たしているように思われる。われわれは公益企業株の評価基準から、流動負債に対する流動資産の割合の基準を除外する。公益事業においては運転資本が、資金を継続的に調達するための要因として機能する。代わりにわれわれが重視するのは、適切な負債株主資本比率である（よって大半のガスパイプライン株は投資候補から除外しなければならない。なぜなら、これらの企業は債券発行高が極めて過大だからである。このような仕組みが正当化されるのは、債券購入時に債券の支払いが「保証される」という資本構造が根底にあるときだ。しかし防衛的投資家はここまで考えなくてもいいだろう）。

表14―4はダウ・ジョーンズ公益事業株平均一五銘柄の概要である。比較のため**表14―5**にニューヨーク証券取引所上場一五銘柄を任意に選んでその概要をまとめた。

一九七二年になると、防衛的投資家はさまざまな公益企業株を選べるようになり、それらはいずれも実績と株価の両面でわれわれの基準を満たすものであった。これらの企業は、投資家がシンプルに選んだ普通株への投資から得られるものを余すところなく提供した。ダウ平均銘柄に代表されるような有力産業株と比べても、公益事業株は過去の成長について同じくらい優れている

表14-4　ダウ・ジョーンズ公益事業株平均の15銘柄に関するデータ（1971/9/30現在）

	株価（1971/9/30現在）	1株当たり利益a	配当	簿価	株価収益率	株価純資産倍率	配当利回り	1株当たり利益の伸び（1960年-1970年）
アメリカン電力	26	2.40	1.70	18.86	11×	138%	6.5%	＋87%
クリーブランド・エレクトリック・イリノイ	34¾	3.10	2.24	22.94	11	150	6.4	86
コロンビア・ガス・システム	33	2.95	1.76	25.58	11	129	5.3	85
コモンウェルス・エジソン	35½	3.05	2.20	27.28	12	130	6.2	56
コンソリデーティド・エジソン	24½	2.40	1.80	30.63	10	80	7.4	19
コンソリデーティド・ナショナル・ガス	27¾	3.00	1.88	32.11	9	86	6.8	53
デトロイト・エジソン	19¼	1.80	1.40	22.66	11	84	7.3	40
ヒューストン電力	42¾	2.88	1.32	19.02	15	222	3.1	135
ナイアガラ・モホーク電力	15½	1.45	1.10	16.46	11	93	7.2	32
パシフィック・ガス&エレクトリック	29	2.65	1.64	25.45	11	114	5.6	79
パンハンドル・E・パイプ・L	32½	2.90	1.80	19.95	11	166	5.5	79
ピープルズ・ガス	31½	2.70	2.08	30.28	8	104	6.6	23
フィラデルフィア・エレクトリック	20½	2.00	1.64	19.74	10	103	8.0	29
パブリック・サービス・エレクトリック&ガス	25½	2.80	1.64	21.81	9	116	6.4	80
南カリフォルニア・エジソン	29¼	2.80	1.50	27.28	10	107	5.1	85
平均	28½	2.66	1.71	23.83	10.7×	121%	6.2%	＋65%

a　1971年の予想値

表14-5　公益事業銘柄に関するデータその2（1971/9/30現在）

	株価（1971/9/30現在）	1株当たり利益	配当	簿価	株価収益率	株価純資産倍率	配当利回り	1株当たり利益の伸び（1960年-1970年）
アラバマ・ガス	15½	1.50	1.10	17.80	10×	87%	7.1%	＋34%
アレゲーニー電力	22½	2.15	1.32	16.88	10	134	6.0	71
AT&T	43	4.05	2.60	45.47	11	95	6.0	47
アメリカン水道	14	1.46	.60	16.80	10	84	4.3	187
アトランティック・シティ・エレクトリック	20½	1.85	1.36	14.81	11	138	6.6	74
ボルチモア・ガス&エレクトリック	30¼	2.85	1.82	23.03	11	132	6.0	86
ブルックリン・ユニオン・ガス	23½	2.00	1.12	20.91	12	112	7.3	29
カロライナ電力	22½	1.65	1.46	20.49	14	110	6.5	39
セントラル・ハドソンG&E	22¼	2.00	1.48	20.29	11	110	6.5	13
セントラル・イリノイ電気	25¼	2.50	1.56	22.16	10	114	6.5	55
セントラル・マリーン電力	17¾	1.48	1.20	16.35	12	113	6.8	62
シンシナティ・ガス&エレクトリック	23¼	2.20	1.56	16.13	11	145	6.7	102
コンスーマーズ電力	29½	2.80	2.00	32.59	11	90	6.8	89
デイトン電力	23	2.25	1.66	16.79	10	137	7.2	94
デルマーバ電力	16½	1.55	1.12	14.04	11	117	6.7	78
平均	23½	2.15	1.50	21.00	11×	112%	6.5%	＋71%

し、年単位の変動も少なかった。しかも両者とも収益と資産に比べて株価は低かった。また配当利回りは非常に高かった。独占的事業としての公益企業の位置は、防衛的投資家にとって明らかに不利な点よりも有利な点のほうが多い。公益企業は継続的な拡大のために必要な資本を調達するために、それに十分引き合う料金を設定することが法律によって認められている。つまりこれはコストの上昇を適度に相殺できることを意味する。その調節の過程は煩雑で時間がかかったにせよ、長年にわたって公益企業が投下資本の上昇に見合う十分な収益を得ることを妨げるものではなかったのである。

防衛的投資家にとって現在の公益企業株の大きな魅力は、簿価に対して妥当な価格で買えることであろう。つまり望むなら株式市場のことなど考えずに、定評があって収益もある企業の部分所有者であると思えるのである。相場はいつもそこにあり、投資家にとってチャンスとみたらいつでも利用できる。つまり破格の安値で買うこともできるし、あまりにも高いと思ったら売ることもできるのである。

公益企業株指数の市場記録を他のグループと共に**表14―6**にまとめたが、この表から過去に公益事業への投資で大きな利益を上げられたことが分かる。上昇率は工業株指数ほど大きくはないが、個々の株価はほぼどの時期も他のグループより安定性が高い。この表をよく見ると、過去二〇年間に工業株と公益事業株の相対的な株価収益率が逆転したという驚くべき事実が分かる。この逆転はパッシブ投資家よりアクティブ投資家にとって意味があるだろう。しかし防衛的なポー

表14-6　S&P500銘柄の業種別による平均株価および株価収益率の推移(1948-70年)

	工業株		鉄道株		公益事業株	
年	株価a	株価収益率	株価a	株価収益率	株価a	株価収益率
1948	15.34	6.56	15.27	4.55	16.77	10.03
1953	24.84	9.56	22.60	5.42	24.03	14.00
1958	58.65	19.88	34.23	12.45	43.13	18.59
1963	79.25	18.18	40.65	12.78	66.42	20.44
1968	113.02	17.80	54.15	14.21	69.69	15.87
1970	100.00	17.84	34.40	12.83	61.75	13.16

a　株価は各年の終値

トフォリオであっても、臨機応変に組み変えるべきなのだ。特に購入した証券が明らかに大幅な値上がりをして、もっと妥当な値段のものに乗り換えられるとき、そうすべきなのである。ところが今度はキャピタルゲインに対する税金を支払わなければならなくなる。一般の投資家は悪魔にカネを支払うのと同じような気持ちになるだろう。それでもわれわれの経験から言えば、売らずに後悔するより売って税金を払った方がましである。

金融株への投資

「金融」と一言でいってもその形態はさまざまで、銀行、保険会社、貯蓄貸付組合、クレジット会社や小口融資会社、抵当証券会社、そして「投資会社」（例えば、ミューチュアルファンド）などがある。こうした企業の特徴は、固定資産や商品在庫など物質的な資産が比較的少なく、一方で株式資本を軽く超える短期負債を多く抱えていることである。したがって財務の健全性は、製造業、つまり商業的企業におけるよりも重要とな

表14-7　さまざまな金融株の1948-70年における相対的株価変動

	1948	1953	1958	1963	1968	1970
生命保険	17.1	59.5	156.6	318.1	282.2	218.0
損害保険	13.7	23.9	41.0	64.7	99.2	84.3
ニューヨーク市中銀行	11.2	15.0	24.3	36.8	49.6	44.3
ニューヨーク市外銀行	16.9	33.3	48.7	75.9	96.9	83.3
クレジット会社	15.6	27.1	55.4	64.3	92.8	78.3
小口融資会社	18.4	36.4	68.5	118.2	142.8	126.8
S&P指数	13.2	24.8	55.2	75.0	103.9	92.2

a　S&P株価指数の各年末時点における数字による。1941-43年の平均を便宜上10としている

る。そこでさまざまな規制や監査を受けることになり、不健全な金融操作が行われないような経営や業績が求められる。

大きくとらえると、金融株は他の普通株と同じような投資結果を生む。**表14―7**は一九四八年から一九七〇年における、S&P銘柄の代表的な六グループの株価変動である。一九四一～四三年の平均値を基準の一〇としている。一九七〇年末の数字は、ニューヨーク市中銀行九行の四四・三から生命保険会社一一社の二一八までと幅広い。各株価の変動は年によってかなり違う。例えば、ニューヨーク市中銀行株は一九五八～六八年には極めて好調であるのに対し、華々しい伸びを見せていた生命保険会社は一九六三～六八年にかけて後退している。このような現象はS&Pの事業株銘柄の多く、恐らくはほとんどに見られる。

このような幅広い分野の投資において役立つアド

バイスを求められても困るが、事業株や公益事業株への投資について指摘したように、収益と簿価との釣り合いで株価を見るという同じ数値基準を用いて銘柄を選択すべきだろう。

鉄道株

鉄道株は、公益事業株の場合と全く違う。輸送業界は、激しい競争と厳しい規制によって辛酸をなめた（当然、人件費の問題も同様に難問題ではあるが、それは鉄道事業に限ったことではない）。自動車、バス、航空業界が旅客のほとんどを奪い、これ以外の業種の収益を悪化させたのである。貨物分野でも、トラックが大量の荷物を運ぶようになった。国内鉄道路線の半分以上は、過去五〇年間に何度も破産状態に陥っている。

しかしこの半世紀は運送業界にとって全くの下り坂だったわけではない。特に戦争勃発時など活況を呈した時期もあり、一般企業の低迷を尻目に収益や配当を維持した企業もあるのだ。

S&P指数は、一九四二年の安値から一九六八年の高値への伸びは七倍にもなったが、公益企業指数の伸びもほぼそれに近い。一九七〇年に国内最大鉄道会社のペン・セントラル・トランスポーテーション社が破産したとき、金融界は大打撃を受けた。ほんの一、二年前にはその長い歴史のなかでほぼ最高の株価を付け、一二〇年以上も配当を出し続けてきたのである（第17章に、この鉄道会社についての簡単な分析を示した。有能な読者ならこの会社の経営が悪化しつつあったことを見抜き、その株を保有することに懸念を持っただろう）。鉄道株の市場水準は、総じてこの財政的危機の影響を大きく受けた。

通常、あらゆる証券をやみくもに薦めるのは不健全なことであるが、やみくもに非難することもまた問題である。**表14―6**における鉄道銘柄の株価は、このグループが総体的に大きな収益を上げるチャンスが何度もあったことを示す（しかし、われわれは大躍進そのものにほぼ保証がないと考える）。この件に関するわれわれの意見をまとめる。投資家に鉄道株の保有を勧めるべき大きな理由はどこにもない。投資家は株を買う前に、自分のおカネと引き換えにそれに見合う価値を買うのだから、それ以上のものを求めることは理にかなわないということを認識すべきなのである。

防衛的投資家の選択

いずれの投資家も、自分の株が平均以上の成果を出すことを期待する。そこで読者は、もしも投資家に証券アナリストという優れたアドバイザーがついていれば、ほんとうに優れた投資銘柄の組み合わせを手に入れることができないものかと考えるだろう。読者は言うだろう。「結局、あなた方が示してきた投資方針は少し単純で安易すぎる。熟練したアナリストならば技術を駆使し、ダウ平均に勝る収益を出すことができるだろう。そうでなければ、彼らの統計や計算や絶対的な判断は何のためにあるのか？」

一九七〇年末、証券アナリスト一〇〇人に、実際にダウ平均銘柄から「最高」の五銘柄を選んで買うとしたら何にするか尋ねたとする。同じ銘柄を選ぶ人は少ないだろうし、それぞれがほぼ違う五銘柄の組み合わせを作るだろう。

これは、さほど驚くことではない。それは、これらの銘柄がいずれも優良であり、時価は財務上の主要な実績と将来の予測に対する一般的な評価をかなり反映しているという根底的な理由があるからだ。したがってアナリストがある株を他の株より買いだと言うとき、それは彼の個人的な好みと期待、あるいはある要因とその他の要因に対する比重の置き方の違いによるものである。すべてのアナリストが特定の株が他の株より良いということで一致したら、その株は直ちにそれまでの利点すべてを相殺するほどの価格に上がってしまう。

現在の株価は既知の事実と将来の期待を反映していると述べたのは、市場における評価には二つの要素があることを強調したかったからである。この二つの価値の要素に応じて、基本的に異なる二つの証券分析法があるのだ。有能なアナリストは過去を振り返るよりも将来を見詰めるものであり、自分の仕事の善し悪しは過去に何が起ったかではなく、将来何が起るかによって決まることを知っている。将来の見通しについては二つの異なる方法、すなわち予想（予測）と防御がある。

予測に重点を置くアナリストは、その企業が先々何を達成するか、特に収益の著しい成長が続くかどうかを正確に予想することに情熱を傾ける。このため、結論はその業界における需給状況、生産数量、価格、コストなどの要因を丹念に検討した上で出されるか、さもなくば、過去の成長の延長線上に将来の成長をつなげるという極めて単純な予測に基づくものもある。彼らのような権威筋は、長期予測が抜群に良いことを確信したなら、時価を考えずにその株を買うことを勧める。例えば、航空輸送株に対して長い間とられてきた一般的な態度である。つまり一九四六年以降、時折大幅な業績悪化を見せたにもかかわらず、彼らの姿勢が変化することはなかったのである。序文でも、高い株価に対して収益状態が良くないという不均衡について述べた。

逆に、防衛重視のアナリストは常に検討時の株価に重点を置く。彼らにとって重要なのは、現在価値が市場価値を大きく上回っていることだ。この差額は将来、成長が止まったときにその打撃を吸収できるのである。したがって一般的には、彼らにとってその企業の将来性にはそれほどこだわる必要はなく、そこそこにやっていくことが確信できればいいのである。

第一の予測による手法は、質的分析とも言える。この手法においては見通し、経営その他計測できないが非常に重要な質的要因を重視するからである。第二の防御による手法は、量的統計分析と言える。この手法においては株価、収益、資産、配当などの計測可能な数的関係を重視するからである。ちなみに量的手法は、証券分析において投資に適する債券や優先株を選択する際の手法を普通株の分野に拡大したものである。

われわれ自身の投資では常に量的手法を取っている。われわれは証券に投資した時点で、自らの資金が具体的な形で十分な価値を持つことを確認したいと考える。現在は十分な価値がないが、将来が約束されているというようなことを受け入れるつもりはない。だが投資の権威たちは決してこのような見方をしなかった。事実、大方の権威筋は将来性、経営者の質、その他「人的要因」などの目に見えないものを、過去の実績や財務諸表、その他の分析データなどよりもずっと大切にしたがる。

以上のように、「最高」の株を選ぶということについては意見が分かれる。防衛的投資家に対するわれわれのアドバイスは、人の意見に惑わされることなく、たったひとつの株に集中せずに分散させなさいということである。ちなみに世界的に認められている分散という考え方は、少なくともある意味で選択という野心の欲求を否定することである。もしも最高の株を失敗なく選べるのなら、分散投資は損になる。しかし防衛的投資家のための普通株選択の最も一般的な四つの基準（第5章参照）に限っても、好みに応じて選択するだけの余裕は十分にある。最悪の場合でもこの枠内で選択する限り、害がないだけでなく、結果に何らかの価値が加わるだろう。技術革新が将来の企業業績に与える影響が大きくなりつつある今、投資家はそれを無視するわけにはいかない。ここでもまた、無視と過大評価の間で妥協点を見いださなければならないのである。

第15章　積極的投資家の株式銘柄選択

前章では、投資に適したさまざまな銘柄のなかから適切な投資対象を選び出す方法について触れ、その範囲内で十分な分散投資がなされるならば、防衛的投資家は自分や投資アドバイザーが望む通りにポートフォリオを組んでよいと述べた。銘柄選択に関してわれわれが強調してきたアドバイスは「除外すること」だ。つまり、そうと分かるほど質の劣った銘柄を「除外」し、また優良銘柄であっても株価が高く投機色が強いものは「除外」せよということである。積極的投資家を対象とする本章では、全体平均よりも利益の上がるであろうポートフォリオを投資家が個々に組める可能性とその方法を考察する。

これを成功させる見込みはどれくらいあるのだろうか？　その勝算が低いことは初めにはっきりと断っておかなければならない。一見、銘柄選びをうまくやるなどということは簡単なことに思える。例えば、ダウ平均と同程度といった平均的な結果を得るために、特別な能力など不要にみえるだろう。これら素晴らしい三〇のダウ平均採用銘柄そのもの、あるいはそれと同質の銘柄でポートフォリオを組めばよいだけなのだから。ましてや研究と経験を重ね、そのうえ生来備わった能力によってある程度の投資技術を身につけることができれば、ダウ平均を相当上回るパフォーマンスを上げられても不思議はない。

しかし最高の資質を備えた人々にとってさえも、これが非常に困難であるという重要な根拠がある。その根拠とは、長年にわたって投資を実践してきた数多くの投資信託の運用実績である。こうしたファンドのほとんどは一定以上の規模を有しており、充実した調査部門を抱え、資金の運用には最高の財務・証券アナリストがあたっている。その信託報酬は、豊富な資金に対して年間で平均〇・五％、あるいはそれ以下である。これを取るに足らない費用として片付けるわけにはいかないが、一九五一～六〇年にかけての一〇年間における株式投資による年間総合収益約一五％という数字と比較して、あるいは一九六一～七〇年にかけての収益六％との比較でさえも、重大な費用とはいえない。ほんのわずかでも銘柄選択能力にたけていれば、この程度の費用によるハンディは容易に埋め合わせて、ファンドの受益者たちに優れた正味収益をもたらし得たはずである。

ところが全体的に見ると、普通株のみを組み入れたファンドの長期実績は、S&P総合五〇〇種株価指数どころか市場平均以下の成績しか収めていない。このことは、複数の包括的研究によって既に実証されている。われわれの手許にある最新の研究論文のうち、一九六〇～六八年に関して触れている箇所を以下に抜粋する。

これらの結果から分かることは、この期間についていえば、ニューヨーク証券取引所に上場している銘柄をランダムに組み合わせ、それぞれの銘柄に均等に投資する形で作ったポートフォリオのパフォーマンスのほうが、同程度のリスクを有するミューチュアルファンドのそれよりも平均して上回っていたということだ。その差は、リスクが低・中程度のポートフォリオでは顕著であった（それぞれ年率三・七％、二・五％）が、ハイリスクのポートフォリオではわずか（年率〇・二％）であった（I・フレンド、M・ブルーム、J・クロケットの共著『ミューチャルファンド・アンド・アザー・インスティテューショナル・インベスター』一九七〇年、マグローヒル刊による）。われわれが調査を行ったファンドの多くは、一九六五～七〇年にかけてはS&P五〇〇銘柄との比較では幾分、またダウ銘柄との比較ではかなり高いパフォーマンスを上げていることを付け加えておかねばならない。

第9章で述べたように、これらの数字は金融機関としての投資信託の意義を否定するものではない。なぜならこうしたファンドの存在によって、すべての投資家が株式投資で平均的なパフォーマンスを得るための可能性が提供されるからである。さまざまな理由から、自ら銘柄選択を行って株式投資をする一般の人々は、ほとんどがファンド以下のパフォーマンスしか上げられない。しかし客観的に見れば、ファンドが市場平均を上回ることができないという事実こそが、それを達成するのが容易どころか極めて困難であるということの決定的証拠といえるのである。

なぜそういえるのだろうか？　それには二つの異なった説明が考えられ、そのどちらもが部分的に正しいといえよう。その第一は、現在株価に反映されているのは、その企業の過去および現在の業績のみならず、将来についておよそ合理的といえる予測のすべてだということである。そうだとすれば、その後の相場の変動——大抵は極端な動きとなる——は、予見できなかった新たな業績の発展や可能性が相場に表れたものといえるはずである。だとすれば、株価は本質的にランダムかつ偶発的な動きをみせるものだということになる。これが事実である以上、証券アナリストの仕事は概して無意味となる。なぜなら、結局は予測不可能なものを予測しようともがいていることになるからである。

このような結果になる傾向がより強まってきたのは、証券アナリストの数が倍加したことこそが一大要因かもしれない。何百何千という専門家がある主要銘柄のバリュー要因を研究すれば、株の価値に関するアナリストの多数派意見が株価に反映されるのは当然であろう。専門家による研究対象銘柄の選択も、個人的な好みや根拠の乏しい楽観論によるものなのである。

ウォール街における証券アナリストの仕事と、デュプリケートブリッジのトーナメントにおけるマスタープレーヤーの役割には類似した点があるというのは、これまでわれわれが常々考えてきたことだ。前者は「最も値の上がりそうな」銘柄選びに努め、後者はそれぞれの手において最高得点を得ようとする。どちらの場合も、目的を達するのはごく一握りだ。ブリッジのプレーヤーたちがほぼ互角の技術水準を持ち合わせていれば、勝者を決定するのは優れた技量より「運」である可能性が高い。ウォール街においては、この業界特有の暗黙の友愛精神によって、アナリストたちによる株式評価がますます平均化の一途をたどっている。そうした精神の下、彼らは各種会合においてそれぞれの考えや研究成果を極めて自由に交換し合っている。つまりその状況はまるで、ブリッジのトーナメントで選手たちがお互いの持ち札を見せ合い、それぞれの手について議論しながらゲームをしているようなものなのである。

第二の理由は、先ほどとは全く異なるたぐいのものである。アナリストの多くは、銘柄選択手法における基本的欠陥というハンディを負っている。彼らが探しているのは、最も高い将来性が見込める業種で、しかも最高の経営者やその他の強みを有している企業だ。そうした株であれば高くとも買い、また見通しが悪い業界や企業の株は、どれほど安値が付こうとも避ける傾向がある。優良企業が急速なスピードで永遠に収益を伸ばし続けるのであれば、理論上その価値は無限大となるので、これは唯一の正しい銘柄選択法であろう。また、将来性の低い企業は、救済されることなく消滅への道をたどるのであれば、どんな安値でもそうした株を買わないという選択は正しいといえよう。

しかし、現実にはそのどちらもまずあり得ない。長期にわたって絶えず成長を続ける企業はごくごくわずかであるし、一定以上の企業規模がありながら完全なる廃業に追い込まれる会社も極めてまれである。ほとんどの企業には浮き沈みがあり、企業間格差も一定ではない。鉄鋼業界を形容するときの定番フレーズである「貧乏からカネ持ちに、そしてまた逆戻り」というパターンを、ほとんど循環的に繰り返してきた企業もあれば、経営交替によって驚くような変化をみせた企業もあるのである。

右の考察が、個別に銘柄を選択して優れた投資結果を得ようとする積極的投資家に、どのような関係があるのだろうか？　第一にこれは、積極的投資家のやろうとしていることが、困難なうえに恐らく実行不可能であろうことを示唆している。読者のみなさんがいかに賢明で知識が豊富であろうと、トップアナリストよりも優れたポートフォリオを作成することはまず不可能である。しかし、株式市場では相当数の銘柄が標準的分析による銘柄選択からしばしば除外されているのだとすれば、賢明なる投資家には、その結果生じる割安銘柄から利益を得るチャンスが生まれるのである。

しかしそのためには、ウォール街では一般に受け入れられていない特別な方法に従わなければならない。というのは、既に一般化している方法を用いても、みんなが望むような結果は得られないだろうと考えられるからである。株式市場にはプロの頭脳集団がいるにもかかわらず、堅実でありながらなおかつ人気が低いアプローチが存在するというのは、奇妙にさえ思えるであろう。だがこうしたウソのような事実の上に、われわれ自身のこれまでの実績や評判が作られてきたのである。

グレアム・ニューマン社が行った売買方式の概要

前の項目に具体性を加えるために、グレアム・ニューマン社三〇年間（一九二六～五六年）の歴史のなかで、われわれがどのようなことを行ったかについて簡単に説明しよう。それらは大別すると以下のようになる。

裁定取引

ある有価証券を購入するのと同時に、その銘柄が企業再編成や合併計画などの下で交換される予定の、一銘柄あるいは二銘柄以上の有価証券を売却する。

清算

企業資産の清算に際して一回以上の現金支払いを受けられる予定の株式を購入する。

以上の二つに分類される売買を実行したのは、（A）年間収益が計算上二〇％以上となること、（B）成功裡に事を運べる可能性が少なくとも八〇％以上あるとわれわれが判断したこと、という二つの条件をクリアした案件であった。

関連銘柄によるヘッジ

転換社債や転換優先株を購入するのと同時に、それらと転換可能な普通株を売る。そのポジションはほぼパリティの状態をとっていた（つまり、もしも優位証券が実際に転換された場合の最大損失が小さくなる）。もしも優位証券と比較して普通株の株価が大幅に下落して、ポジションを閉じることができれば、利益が得られる。

正味流動資産（割安）株

この売買法の基本は、正味流動資産のみを考えた（つまり、工場設備を含むその他の資産は考慮に入れない）簿価よりも安い価格で買える株をなるべく多く取得することである。われわれが買い付けた銘柄のほとんどは、この「スリム化された」資産価値の、三分の二以下の価格で入手したものである。この方法ではほぼ毎年、幅広い分散投資（一〇〇名銘柄以上）を行っていた。

なお、われわれは経営権を取得する形での大規模な買収もいくつか行っているが、それらについてはこの議論では扱わない。

右に述べた各々の売買法を採用した取引については、それぞれの売買結果をきちんとフォローした。その結果、全体的に満足のいく成績を得られなかった二つの大きな分野については、それによる売買を中止した。その第一は、われわれの総合的分析の結果、運転資本のみの価値以下での購入は不可能と判断した明らかに魅力的な株式の購入だ。第二は、「非関連」銘柄によるヘッジ売買（購入した有価証券を売却した普通株に転換することはできない）である（投資会社業界で近年台頭してきた「ヘッジファンド」が最近始めた売買が、これに近い）。一〇年以上という期間にわたってわが社の売買結果を研究した結論として、この二つのどちらも、これらの売買法を継続する価値が十分にあるといえるほどの利益を上げていなかった――むしろ「頭痛の種」であった――という見解に達したのである。

これによって一九三九年以降、われわれの売買は清算、関連銘柄によるヘッジ、運転資本以下の割安銘柄買い、時折行う経営権の購入に限定された。その後、これらの売買からはほぼ一貫して満足のいく結果を得ることができ、さらに関連銘柄によるヘッジでは、弱気相場によってわれわれの保有する「過小評価された株式」が低迷している場面で大きな利益が得られたのである。

われわれは数多くの賢明なる投資家たちに、自分たちのやり方を勧めようとは思わない。当然のことながら、われわれの用いた専門的な技術は、投資の素人である防衛的投資家には向かない。

攻撃的な投資家についても、各種有価証券のうち一部分のみに投資を限定するということを確実に守れる人は、ごくわずかしかいないと考えられる。意欲にあふれた実践家は、危険を冒してでも、より広い分野に挑戦したいと考えるものだ。元来彼らが投資対象とするのは、彼らが（A）保守的な基準に照らして確実に過大評価されておらず、（B）将来性や過去の業績からみて、平均的な銘柄よりも疑いの余地なく魅力があると考える、すべての有価証券である。こうした形で銘柄選択を行うにあたっては、われわれが防衛的投資家に向けて述べたことと合わせて、価格の合理性や質に関する多様な基準に照らしてみるべきであろう。しかし、ある大きなプラス要因をもって別の小さなマイナス要因を相殺するという「柔軟性」を持つべきである。例えば積極的投資家たちは、平均収益が高く、さらには重要な特性を備えているために割安だと思える銘柄であれば、欠損が出ていてもそれが一九七〇年のような年ならば、そうした企業を投資対象外としないかもしれない。将来性を楽観できる業界や企業のみに対象を限定するとしても、彼らが熱に浮かされて（対収益、対資産でみて）株価の高い銘柄を買うことには、われわれは断固として反対する。もし彼らがわれわれの投資哲学に従うのなら、不利な経済情勢にあり、近い将来に明るい兆しが見えず、また世の悲観論が株安となって表れているようなときには、恐らく鉄鋼株のような景気循環型の企業の株を買うことになるであろう。

二流企業

次に購入の可能性を検討するのは、経営状況が良く、過去に十分な業績を上げながら、一般的には魅力のない銘柄と思われている二流企業である。これに該当するのは、一九七〇年の終値時点でのエルトラ社やエムハルト社などだ（第13章を参照）。このような企業を探し当てる方法はいろいろある。ここでは一風変わった手法で株式の選択を行う場合について、そのやり方を詳細に説明する。その説明によって、読者の多くは、われわれが提示する手法を極めて実用的だと評価するであろうし、あるいはそれに類似した手法を思いつくきっかけとなるかもしれない。それだけでなく、われわれがこれから述べることは株の実体を理解する上で役立つであろうし、最も魅力的かつ価値ある冊子のひとつを読者に紹介することにもなろう。それはスタンダード・アンド・プアーズの月刊『株式ガイド』（年間購読が可能）である。これは証券会社を通じての入手も可能だ。

『株式ガイド』は、四五〇〇社以上の株に関する密度の濃い統計資料が中心となっている。これら企業の内訳は、各種証券取引所に上場する企業が約三〇〇〇、非上場企業がおよそ一五〇〇である。この資料にあたれば、企業に関する大抵の必要なデータは得られる（この資料には、一株当たりの純資産価値、つまり帳簿価格という重要データが漏れてしまっている。これらはS&Pのその他の有名出版物や他社の出版物には網羅されているデータである）。

企業データを基にあれこれ思索を巡らすのが好きな投資家にとっては、『株式ガイド』は格好の材料である。各企業の一九三六年までさかのぼった史上最高値と最安値（データがあれば）が記されており、どのページを開いても、凝縮されたパノラマで株式市場の光と陰を見渡すことができる。これらのデータからはさまざまな発見があるだろう。まずは、非常に安い株価を二〇〇〇倍にまで高めた企業もあるということ（かの誉れ高いＩＢＭの同期間における成長率は「たったの」三三三倍である）。さほど珍しい例ではないが、八分の三ドルから六八ドルまで株価が上昇し、その後三ドルにまで下落した企業もあること（私的メモ――この企業の株価が打上げ花火のように急上昇する何年も以前のことだが、筆者は年俸三〇〇〇ドルという厚遇でそこの「財務担当副社長」を務めていた。当時この会社は、本当に花火製造業者であった）。

また、配当実績を示す欄では、旧時代的名称の変更を最近決めたロードアイランド・インダストリアル・ナショナル銀行について、一七九一年までさかのぼるデータが掲載されていること。一九六九年末の『株式ガイド』からは、ペン・セントラル社（ペンシルベニア鉄道の承継企業）が、同時点までは一九四八年以降滞りなく配当を行っていたこと――その数カ月後には倒産する運命にあったのに、である！――が見てとれる。また、直近の報告書に記載された利益のたった二倍で売られている株もあれば、九九倍の値が付いた株もある（『株式ガイド』上に示される株価収益率は最大で九九倍である。計算上でそれ以上となるものは、一株当たり利益が限りなくゼロに近いといったような理由である場合がほとんどと考えられる）。

また、社名からは業種を判別できない企業が多いことにも気付くであろう。例えば、USスチールを一としたならば、ITIコープ（製パン材料）やサンタフェ・インダストリーズ（鉄道業）の業種を言い当てるのは、三倍難しい。株価の変遷、配当や収益の実績、財務状態、資本構成などに関して、驚くほどさまざまなデータが得られるはずである。頑固なまでの保守性、平凡で特長のない企業、非常に奇妙な取り合わせの「主要ビジネス」を抱える企業、ウォール街のありとあらゆるからくりについて、ページを開けば詳細に研究することができるのである。

『株式ガイド』では、過去一二カ月の数字に基づいた、現在の配当率と株価収益率とを別々の項目で取り上げている。これが普通株の選択において筋道をはずさないようにする重要な指標である。

株式ガイドの情報を選り分ける

一目で安いと分かるような株を探しているとする。そのための手掛かりとしてまず思い浮かぶ条件は、対収益で安値が付いた銘柄である。試しに、一九七〇年末時点で株価収益率九倍以下で売られている銘柄のリストを作ってみよう。必要なデータは各偶数ページの最下段にある。実例として、データの並び順通りに見ていき、株価収益率が低いものを二〇銘柄取り上げる。まずはリストの第六番目、アバディーン・マニュファクチュアリング社だ。同社の一九七〇年の終値は一〇・二五ドルで、これは一九七〇年九月までの一二カ月間における一株当たり利益一・二五ドルの九倍である。二〇番目に選んだのはアメリカン・メイズ・プロダクツ社で、七〇年の終値は九・五ドル、株価収益率は同じく九倍である。

こうしてできたリストでは、半分の一〇銘柄が株価一〇ドル以下となっており、さえない銘柄と思われていたものばかりかもしれない（だが株価が安いということは、実のところ重要ではない。防衛的投資家は――必ずではないにせよ――恐らくこれら銘柄に対して警戒心を抱くであろうが、積極的投資家にとってはむしろ食指を動かさせるものかもしれない）。将来性を検証する前に、いくつか計算をしてみよう。この二〇銘柄を抜き出すために調べたのは二〇〇の銘柄である。ということは、『株式ガイド』中には株価収益率が一〇倍以下の銘柄が、およそ四五〇あるはずだ。つまり、これら以外にも選択候補は豊富にあると考えられる。

よって、このリスト内の銘柄に対して、防衛的投資家に勧めた基準に近い、さらなる選別基準を適用してみることとする。それは次のような内容である。

①**財務状態**

（A）流動資産が流動負債の少なくとも一・五倍以上であり、かつ（B）負債が正味流動資産の一一〇％以下であること（事業会社について）。

②**収益の安定性**

『株式ガイド』が網羅している過去五年間に関して、欠損を出していないこと。

③配当の実績

現在配当が支払われていること。

④収益成長

前年の収益が一九六六年のそれ以上であること。

⑤株価

一株当たり正味有形資産の一二〇％以下であること。

『株式ガイド』中の収益に関する数字は、ほとんどが一九七〇年九月三〇日までのものであり、よって、収益が下がった企業が多いと思われる最終四半期については反映されていない。だが賢明なる投資家は、ここでないものねだりをするわけにはいかない。それ以外で心に留めるべきことは、企業規模については下限を設けていないことだ。分散投資の一部として慎重に買い付けるのであれば、小さな会社でも十分に安全な投資対象となり得るのである。

右の五つの基準を先ほどの二〇社に適用してみると、残りは五社のみとなった。『株式ガイド』に戻り、計六つの基準を四五〇番目のデータにまで適用してみると、計一五銘柄という小さな「ポートフォリオ」が出来上がった（**表15―1**を参照）。もちろんこのポートフォリオは、単に例として示したものであり、われわれが銘柄選択を実際行った場合の結果とは必ずしも一致しない。

確実に言えるのは、このやり方に従えば、もっと多数の候補を挙げられるということだ。仮に『株式ガイド』にデータが掲載されている四五〇〇の銘柄すべてに先ほどの六つの基準を適用したとして、実際に調べたその一〇分の一と同じ比率で基準をクリアするとすれば、約一五〇の企業が候補として残ることになる。それを基に積極的投資家は自身の判断――あるいは個人的好みや偏見――に従い、その豊富なリストから例えば五社に一社を任意で選び出すことができるのである。

『株式ガイド』には、「収益および配当のランキング表」が掲載されている。これは過去八年間における収益と配当の安定性および成長を基にはじき出されたものだ（よって株価の魅力という問題は、ここではからんでこない）。**表15―1**には、S＆Pによる格付けが示されている。表中の一五社のうち一〇社まではB＋（＝標準）であり、一社（アメリカン・メイズ）はAという「高い」格付けを得ている。積極的投資家が、銘柄の選択に際して「S＆Pによる格付けが標準以上」という七つ目の基準を加えたいと考えたとしても、それをもクリアする企業が一〇〇社程度はあると推定できる計算となる。質的に平均以上のレベルにあり、財務状態に関する基準を満たし、株価収益率が低く、なおかつ資産価値以下での入手が可能な銘柄群ならば、満足のいく投資結果を期待できると考えられるのではないだろうか。

表15-1 株価収益率の低い事業会社株を組み合わせたポートフォリオの一例
（1971年12月31日付け『株式ガイド』に掲載されている銘柄のうち、6つの基準をクリアしたものを掲載順に15銘柄抜き出したリスト）

	1970/12の株価	過去12カ月の1株当たり利益	帳簿価格	S&P格付け	1972/2の株価
アバディーン・マニュファクチュアリング	10¼	$1.25	$ 9.33	B	13¾
アルバ・ウォルデンシアン	6⅜	.68	9.06	B+	6⅜
アルバーツ	8½	1.00	8.48	n.r.[a]	14
アライド・ミルズ	24½	2.68	24.38	B+	18¼
アメリカン・メイズ・プロダクト	9¼	1.03	10.68	A	16½
アメリカンゴム&プラスティックス	13¾	1.58	15.06	B	15
アメリカン・スメルト&レフ	27½	3.69	25.30	B+	23¼
アナコンダ	21	4.19	54.28	B+	19
アンダーソン・クレートン	37¾	4.52	65.74	B+	52½
アーチャー・ダニエルス	32½	3.51	31.35	B+	32½
バグダッド・コッパー	22	2.69	18.54	n.r.[a]	32
D・H・ボルドウィン	28	3.21	28.60	B+	50
ビッグ・ベアー・ストアーズ	18½	2.71	20.57	B+	39½
ビンクス・マニュファクチュアリング	15¼	1.83	14.41	B+	21½
ブルーフィールド・サプライ	22¼	2.59	28.66	n.r.[a]	39½[b]

a　格付けなし
b　株式分割による影響を調整済み

単一基準による株式の選択

もっと簡単なやり方で標準並み以上のポートフォリオを組むことはできないのかと、疑問に思う読者もいるかもしれない。株価収益率が低い、配当収益が高い、あるいは資産価値が高いなどという条件を、唯一の判断基準とすることはできないのだろうか？　単一基準を用いて、われわれが過去長期間にわたり、ほぼ一貫して好ましい成績を上げてきた方法が二つある。それは、（A）有力企業（例えばダウ平均採用銘柄）で株価収益率が低い銘柄を買うことと、（B）正味流動資産価値（運転資本価値）以下で売られている銘柄によって、十分な分散投資を図るという方法である。しかし既に述べたように、一九六八年末にダウ銘柄のなかで株価収益率が低いものを選び、一九七一年の半ばまでを調べた運用結果は惨澹たるものであった。片や流動資産価値以下の株価が付いた銘柄に投資するという方法については、おおむね好ましい結果を上げてきた。問題があるとすれば、このような投資機会自体が、過去数十年間で極めてまれになってきてしまったことである。

ところで他のやり方はどうなのだろうか？　本書においては、単一かつかなり明白な基準に基づく一連の「実験」を、既に試みてきた。そのために必要なデータは、先の『株式ガイド』から容易に得ることができる。その実験とは、三〇の銘柄によるポートフォリオのすべてを、一九六八年の終値で買い付け、一九七一年六月三〇日時点での評価額を算出するという仮定の下で行ったものだ。無作為ともいうべきポートフォリオの銘柄選択基準は、それぞれ以下の通りである。

①直近の収益に対して株価の倍率が低い（ダウ銘柄に限定しない）。
②配当収益が高い。
③長期にわたる配当実績がある。
④発行済み株式数を基準として大企業といえる。
⑤財務状態が良い。
⑥株価の絶対額が安い。
⑦以前付けた高値との比較で安い。
⑧S&Pによる格付けが高い。

『株式ガイド』には右の基準のすべてに関して、最低でもひとつ以上の項目が設けられていることに気付くだろう。つまり発行者の側でも、株式を分析、選択するうえで、これらを重要だととらえているということだ（既に述べたようにもうひとつ、一株当たり純資産価値の項目を付け加えてもらいたいものである）。

われわれが行ったさまざまな分析から得られたなかで最も重要な事柄は、任意に選んで買った株式のパフォーマンスに関することである。われわれが実験に用いたのは、任意の三〇銘柄によるポートフォリオ三つであり、それらは一九六八年一二月三一日付『株式ガイド』の第一行目、および一九七一年八月三一日号の銘柄によって組み立てたものだ。この二つの日付の間に、S&P指数は実質上変化がなく、またダウ平均はおよそ五％下落した。ところが任意に選んだ九〇の銘柄は、平均で二二％もの下落を記録した。この計算には、途中で『株式ガイド』からはじかれた一九の銘柄は含まれておらず、これらが入ればさらに平均が下がったであろうと考えられる。こうした結果から明白なことは、質の劣った小型株のほとんどは、強気相場では過大評価されがちであり、またその後の株価下落では有力銘柄と比較してさらなる下落を示すのみならず、回復が遅れる傾向にあるということだ。賢明なる投資家が肝に銘じておくべきことは――当然のことではあるが――二流株は、それが積極的投資家にとって完全なる割安銘柄といえる場合以外には、手を出してはならないということである。

ポートフォリオに関する研究によって得られたこれ以外の結論を要約すると、以下のようになる。

われわれが調査研究したポートフォリオのうち、S&P指数（およびダウ平均）以上のパフォーマンスを上げたものは三つしかなかった。その内容は以下の通り。

①最高の格付け（A+）を得ている事業会社株。これらの株は、この期間中にS&P工業株指数が二・四%、ダウ平均は五・六%下落した状況にあって、九・五%上昇した（しかし、五五銘柄が含まれるS&P公益企業株指数の下落が一四%だったのに対して、企業格付けA+の公益企業株一〇銘柄は一八%下落した）。この分野ではS&Pによる格付けがかなり信頼できる結果となったことは一言述べておくべきであろう。すべてのケースにおいて、格付けが高い銘柄を集めたポートフォリオの方が、格付けが低い銘柄を集めたポートフォリオよりも、高いパフォーマンスを上げたのである。

②株価指数が小幅に下落したにもかかわらず、発行済み株式数が五〇〇〇万以上の企業には総じて変化がみられなかった。

③奇妙なことに、値がさ株（一株当たり一〇〇ドル以上）を平均すると、その他の銘柄よりもごくわずか（一%）ながら上昇がみられた。

さまざまな研究を行ったなかには、『株式ガイド』には網羅されていない帳簿価格を基に行った研究もある。この研究によって、われわれの投資哲学とは裏腹に、一定以上の規模を有し、かつ市場価格に企業ののれん価値が大きく織り込まれた企業は、この二年半の保有期間を通じて総じて高いパフォーマンスを上げたということが判明した（「のれん価値」とは、株価が帳簿価格を上回ったその差額という意味で用いている）。われわれの「のれん価値が高い企業」のポートフォリオは三〇の銘柄で構成されており、そのすべてが一〇億ドル以上ののれん価値を有し、その額は株価の半分以上に相当した。こうしたのれん価値の一九六八年末時点での総額は、一二〇〇億ドルを超えていたのである！　こうした楽観的な市場評価が既になされていたにもかかわらず、一九六八年一二月から一九七一年八月までの期間に、このポートフォリオには一株当たり平均一五％の株価上昇がみられ、二〇組の実験的ポートフォリオのなかで、最高の成績を上げたのである。

こうした要因は、投資方針を実行するに当たって無視できないものだ。企業規模、過去の素晴らしい収益実績、将来も収益成長が続くという人々の期待、過去長期にわたる力強い値動きといったさまざまな長所を兼ね備える、大きなのれん価値を有する企業は、少なくともかなりの勢いをもっているというのは明白である。たとえわれわれの計算基準では株価が高すぎるように見えても、そんなマイナス要因はかなりの長期にわたって市場の勢いにかき消される可能性が高いのである（当然ながら、この仮定は大きなのれん価値を有する銘柄すべてに当てはまるわけではない。例えば、この分野でだれもが認めるトップ企業のＩＢＭは、この二年半の間に株価が三一四から三〇五に下がった）。素晴らしい値動きが、どの程度まで「真の」すなわち事実に基づいた投資価値に起因するものなのか、そしてどの程度までが長期にわたって築かれてきた人気によるものなのかを判断するのは難しい。ここでこの双方の要因が重要であることは間違いがない。確かに、大きなのれん価値を有する企業株の長短期的な値動きをみれば、それらを分散投資の一部として株式ポートフォリオに組み入れたくなるだろう。しかし、資産価値が株価の少なくとも三分の二以上であるという要件を満たす良好な投資要因を備えた企業の方に、われわれがより魅力を感じるというのは変わらないのである。

その他の基準に基づいた投資の結果から概して言えることは、単一のプラス要因を基にして任意に組み立てたポートフォリオの方が、その逆の要因を基にした同様のポートフォリオよりも高いパフォーマンスを上げたということである。例えば、この期間中の株価下落率は株価収益率が高い銘柄よりも低い銘柄の方が小さく、また一九六八年末時点で無配の企業よりも配当実績が長い企業の方が、株価の下落率が低かった。これらは、量的つまり有形で評価の可能な基準を満たした銘柄を選択すべきだという、われわれの忠告を裏付ける要因である。

最後に、われわれが組んだポートフォリオは、S&P指数との比較において総じて低調な推移をみせたということを述べておかねばならない。われわれの実験では一企業に対して一株という形で計算するが、S&P指数は各企業の加重平均によって決まる。S&P指数の算出に当たっては巨大企業が重視される形となり、そのために投資結果にこうした大きな差が生じたのであり、また株価の安定性という点においても、「月並みな」企業よりS&P銘柄の方がはるかに上を行くのである。

正味流動資産価値以下の割安銘柄

投資の実験について右に述べてきたが、正味流動資産価値以下の株価で取得した三〇銘柄の投資結果に関しては触れなかった。その理由は、そういった銘柄を一九六八年末の『株式ガイド』から探し出すことは不可能に近かったからだ。しかし一九七〇年の相場下落によって状況は一変し、この年には運転資本以下で買える銘柄が豊富に存在した。正味流動資産の適切な見積もり額――前期までの全損失を差し引き、固定資産およびその他の資産をゼロとみなす――以下の価格で、さまざまな銘柄に分散投資することができれば、極めて満足のいく投資結果を得られるというのは、昔も今も極めて当然のことであろう。われわれの三〇年以上――一九二三～五七年、ただし一九三〇～三二年にかけては実際の売買は行っていない――にも及ぶ経験においても事実そうであった。

ところでこれらの事柄は一九七一年初めの現在と、何か関連があるのだろうか？　われわれの答えは条件付きでの「イエス」である。七一年初めの『株式ガイド』をパラパラとめくれば、およそ五〇あるいはそれ以上の銘柄が、正味流動資産価値を割り込んだ価格での取得が可能だということが分かるはずだ。お気づきのように、これらの多くは、一九七〇年の厳しい状況下で低迷した銘柄である。たとえ直近の一二カ月間に純損失を計上した企業を除外したとしても、十分なる分散投資を行えるだけの候補数が残るであろう。

表15―2は、一九七〇年の安値が流動資産価値を割り込んでいた五つの銘柄に関するデータである。株価変動の本質について思考をめぐらすための材料を、この表は提供してくれている。国民のだれもがその名を知る一流企業に、なぜこのように低い株価がつくのであろうか？　しかも、他社（もちろん収益成長がより高い企業であるが）はバランスシート上の価値を何十億ドルも上回って売られている状況である。「過ぎ去りし日々」においては、無形価値の構成要素としてののれん価値は、通常「社名」との関連づけで考えられていた。シーツで有名なレディ・ペッパレルや水着のジャンセン、万年筆のパーカーなどのブランド名は、実に大きな資産だといえるであろう。だが、ブランド名のみならず、土地や建物、組織までをも含めて「ある企業を市場が嫌気」したら、企業規模などは何の意味も持た

表15-2　1970年に正味流動資産価値以下の株価をつけた有名企業

企業名	1970年の株価	1株当たりの正味流動資産価値	1株当たりの帳簿価格	1970年の1株当たり利益	現在の配当額	1970年以前の高値
コーン・ミルズ	13	$18	$39.3	$1.51	$1.00	41½
ジャンセン	11⅛	12	16.3	1.27	.60	37
ナショナル・プレスト	21½	27	31.7	6.15	1.00	45
パーカー・ペン	9¼	9½	16.6	1.62	.60	31¼
ウエスト・ポイント・ペッパレル	16¼	20½	39.4	1.82	1.50	64

なくなってしまう。「心情は、理性の知らない、それ自身の理性を持っている」と、かつてパスカルは言った。投資家にとっては「心情」を「ウォール街」と読めばしっくりするであろう。

これ以外にも頭に浮かぶ対照的な事柄がある。相場情勢が良く、新規発行株式が容易に売れるような状況下では、全く価値のない株が発行される。それらにはすぐに買い手がつき、株価は発行直後に驚くほどまでつり上がり、対資産や対収益でIBMやゼロックス、ポラロイドなどをしのぐようなレベルに達することも多い。だが、必然的に訪れる株価崩落の前にだれかが大声で停止を命じるまでもなく、ウォール街はそんな狂気を軽々と処理してしまう（証券取引委員会にできることといえば、投機筋にとっては何ら意味を持たない情報開示を企業に求めたり、調査によって明らかな法律違反があった場合の寛大なる罰則規定を告知したりするのがせいぜいなのである）。こうした取るに足らぬ、だがバブルで膨張した企業がほぼ一掃されると、極めて理性的に「ゲームの一部」であったと理解されるようになる。そして、許しがたい無節操を二度と繰り返すまいと、だれもが胸に誓う――次にまた同じことが起きるまでは――のである。

心優しい読者はわれわれの講義を評価してくれるであろうが、読者にとっての「割安銘柄」に関する結論は一体どうなったのだろう？　大きなリスクを負うことなく、割安銘柄でカネを儲けることはできるのだろうか？　そう、できますとも。ただし、十分な銘柄数を見つけて投資を分散することができ、なおかつ買ってすぐに値が上がらなくても我慢できる忍耐力があれば、という条件がつく。時には相当の忍耐力が求められる場面もあろう。前の版では、執筆当時（一九六四年）に行ったある危険な賭けについて触れた。その投資対象は、正味流動資産価値三〇、帳簿価格およそ五〇に対して、二〇で売られていたバートン・ディクシー社だ。これを買ったことによる利益はすぐに出ないことは分かっていた。だが一九六七年八月、全株主に対して、ほぼ帳簿価格に等しい五三・七五ドルで買い取るというオファーが出された。一九六四年三月に二〇で買っていた辛抱強い株主は、三年半の期間で一六五％という利益――単利による年間収益四七％――を手にしたはずである。われわれが過去実際に買った割安銘柄のほとんどは、満足のいく利益が上がるまでにこれほどの時間を要したものも、またこれほどの高い利益率を示したものもなかった。本書を執筆している現在における、これと幾分類似した状況については、ナショナル・プレスト工業に関する第7章の論考を参照のこと。

特別な状況――「骨の折れる仕事」

表題の分野に関して、理論上は積極的投資家の売買計画に組み込み得るものなので、ここで簡単に触れておこう。本書中でこれについては既に解説が済んでいるので、ここではその類型に当てはまる実例をいくつか挙げ、さらには進取の気性に富みかつ用心深い投資家にとって、それがどんなメリットをもたらす可能性があるかについて、考察を深めていく。

さまざまな種類のものがあるが、一九七一年初めにおいて一般的なのは、次の三つのパターンであろう。

状況1

ボーデンによるカイザー・ロスの買収。ボーデン社は一九七一年一月、カイザー・ロス（「多角的アパレル企業」）の経営権取得計画を発表した。その内容は、自社の一と三分の一株をカイザー・ロスの一株と交換するというものであった。その翌日には活発に売買が行われ、ボーデンとカイザー・ロスの終値はそれぞれ二六ドル、二八ドルとなった。もしもある「投機筋」がこれらの株価でカイザー・ロスを三〇〇株買ってボーデンを四〇〇株売れば、またその後告知条件通りに取引が成就すれば、手数料その他は別にして、彼は約二四％の利益を得られたであろう。買収完了までに六カ月かかったとすれば、彼の最終的な利益率は年間およそ四〇％になったかもしれない。

状況2

ナショナル・ビスケット社は一九七〇年一一月、オーロラ・プラスティックス社の経営権を得るために一一ドル（現金）での株の買い取りを表明した。当時の株価は八・五ドルで、その月の終値は九ドルとなり、その後、年末までほとんど値動きはなかった。計算上の当初の総利益は約二五％であるが、買い取りが実行されないリスクと時間的要因によるリスクを負うことになる。

状況3

既に業務を停止していたユニバーサル・マリオン社は、株主に対して企業解散の承認を求めた。会計担当者は、同社の普通株一株当たりの帳簿価格は二八・五ドルであり、その大部分は流動資産の形であると説明した。同株式の一九七〇年の終値は二一・五ドルであり、つまり企業の清算によってその帳簿価格が現金化されれば、三〇％以上の粗利益を得る可能性があった。

リスクを分散させる多角的投資の一環としてこうした株の取引を行うことで、例えば年率二〇％以上の収益を確実に上げられるとすれば、それは十分に実行する価値があるといえるだろう。本書は「特別な状況」に焦点を当てているわけではないので、こうした取引の詳細にこれ以上踏み込むことは避ける（これはむしろビジネスの領域である）。ここで、近年目立つようになった二つの相矛盾する事柄について説明しよう。そのひとつは、例えば一〇年前との比較で、取引の選択の幅が並外れて広がったことである。これは、さまざまな種類の買収劇といった形で表れる、企業の多角化熱とでも呼ぶべきものがもたらした結果だ。一九七〇年になされた「吸収合併声明」は総計で約五〇〇〇件あり、前年は六〇〇〇件を超えていた。こうした取引によって動いたカネは計り知れないほど莫大である。「特別な状況」で売買する者にとっての明白なる購入チャンスは、五〇〇〇件のうちごく一握りにすぎなかったであろうが、それでも調査と選別に忙殺されるほどの件数があったのである。

これと矛盾する事柄というのは、発表された合併のうち、成功裡に終わらないケースの割合が増加したことである。当然ながらそうしたケースでは、期待した利益を手にすることはできず、それればかりかかなりの損失を被る可能性が高い。合併失敗の原因はあまたある。反トラスト調停、株主の反対、「相場情勢」の変化、さらなる調査で判明した自社に不利となる徴候、詳細点における合意の失敗などである。この分野で売買する際のコツは、経験による裏付けを基に、最も成功する見込みが高く、かつ合併が失敗しても最小限の損失で済みそうな案件を選び出す判断力を身に着けることに他ならない。

それぞれのケースに関するコメント

カイザー・ロス

この章の執筆当時、同社の経営陣はボーデンの計画を既に却下（一九七一年一月）した後であった。もしも株式交換が迅速に「行われていな」ければ、手数料までも含めた損失の総計は、カイザー・ロス株の購入コストの一二％程度になったはずである。

オーロラ・プラスティックス社

一九七〇年の同社の業績が芳しくなかったために経営権買収条件は再調整がなされ、買い取り額は一〇・五ドルに切り下げられた。支払いが行われたのは五月末である。これによる年間利益率は約二五％であった。

ユニバーサル・マリオン社

同社は、実際の株価よりも一四・五ドル安い一株当たり七ドルとして、初回の現金分配を即刻実施した。しかし株価はその後一三ドルにまで下落し、清算による最終的な結果に対して疑念を生じさせることとなった。

これら三つの事例が、一九七一年における「骨の折れる仕事、つまり裁定取引」のための極めて代表的なパターンだとすれば、手当たり次第に首を突っ込むべきでないというのは明白だ。この分野は今やほとんどプロのための領域となっており、経験と判断力が必須である。

カイザー・ロスの一件には後日談がある。一九七一年の終わりごろ、同社の株価は二〇ドルを割り込んだ。そのときボーデンの株価は二五ドルであり、株式交換条件に基づけば、これはカイザー・ロスの株価三三ドルに相当する株価であった。カイザー・ロスの経営陣がボーデンの申し出を断ったことが大きな間違いであったか、あるいは同社の株が市場で甚大なる過小評価を受けていたか、どちらかであろう。証券アナリストにとって研究の余地が残る案件である。

第16章　転換証券とワラント

転換社債と優先株は近年、優先特典を与えられた資金調達の分野で重要な位置を占めつつある。これと並行して発展したストックオプション・ワラント——普通株を行使価格で購入する長期的権利——もまた増加している。現在、S&P社の『株式ガイド』に取り上げられている優先証券の半数以上が転換権付きであり、一九六八～七〇年に発行された社債も転換権付きのものが半数以上である。アメリカン証券取引所では、少なくとも六〇種類以上のストックオプション・ワラントを取り扱っている。一九七〇年、ニューヨーク証券取引所で初めて、AT&T社の株式、総計三一四〇万株を一株五二ドルで購入する権利付きの長期ワラントが上場された。「マザーベル」主導のもと、今後も多くの新規ワラント発行が増えるだろう（後で指摘するが、これは複数の意味でペテンである）。

全体として転換証券はワラント債より位置付けが高いので、はじめに検討する。投資家の立場から、次の二点が考慮されるべきである。まずは、転換証券の投資チャンスとリスクはどの程度のものか、次に転換証券がそれに対応する普通株の価値にどう影響するかという点である。

転換証券は投資家と発行企業の双方にとって非常に有利といえる。投資家は債券や優先株に対する優れた安全性が確保できる上に、普通株の価値上昇を見込める。発行側は妥当な利子あるいは優先配当を支払いながら資本を調達できるし、見込み通りの業績が達成できたあかつきには、普通株に転換することによって優先債務を相殺できる。つまり双方にとって大変割安といえるのだ。

とはいえ今述べたことは、場合によっては明らかな言いすぎである。なぜなら、単なる巧妙な仕掛けでは、双方にとってより良い割安状態を作り出せないからである。通常、投資家は転換権と引換えに、質や利回りあるいはその両方という重要なものを放棄することになる（一九七一年九月に同時発行されたフォードモーター・ファイナンス社の二つの証券がこの点を実によく表している。ひとつは二〇年ものの非転換社債で、利回り七・五%だった。もうひとつは二五年ものの劣後債券で、利回りは四・五%にすぎなかったが、六八・五ドルでフォードモーター社株に

表16-1　1946年発行の新規優先株の値動き

発行時から1947年6月の安値に至るまでの価格変化	非転換優先株（銘柄数）	転換優先株（銘柄数）
下げなし	7	0
0-10%下げ	16	2
10-20%下げ	11	6
20-40%下げ	3	22
40%以上下げ	0	12
	37	42
平均下げ率	およそ9%	およそ30%

転換できた。購入者は転換権を手にするために、四〇％の収益をあきらめて後順位債権者の立場を受け入れたのである）。

逆に発行企業にとっては、転換権というメリットを付けることで低コストの資金調達ができる代わりに、普通株主の権利の一部を将来弱めることになる。この問題については賛否両論で、数多くの論議がある。しかし結局は、転換証券は他の証券と同じく、それ単体では魅力や欠点のあるなしをいえず、各証券を取り巻く諸要因によって変わるという結論に達する。

しかし上げ相場の終盤に出てくる転換証券は、全般に満足できる結果を生まない（残念ながら、このような楽観的な時期にほとんど転換社債での資金調達が行われる）。そうなるとタイミングからして芳しくない結果は避けられない。というのも株式市場の大幅な下げは、必然的に転換権の魅力を失わせ、同時に証券そのものの安全性に疑問を生じさせることがよくあるからである。この事例をいくつか

表16-2　優先株、普通株、ワラントの相対的価格変化（1970/12時点を1968/12時点と比較）
（各グループにつき20のサンプルを無差別に抽出）

	非転換優先株 格付け A以上	非転換優先株 格付け Aより下	転換優先株	上場普通株	上場ワラント
上げ	2	0	1	2	1
下げ					
0-10%	3	3	3	4	0
10-20%	14	10	2	1	0
20-40%	1	5	5	6	1
40%以上	0	0	9	7	18
平均下げ率	10%	17%	29%	33%	65%

（S&P500指数は11.3%下げた）

見るために、本書の初版で使われた例に今一度戻ってみる。一九四六年に発行された転換優先株と非転換優先株の相対的な価格動向である。一九四六年は、一九四九年に始まった暴騰をしのぐ上げ相場の終わった年である。一九六七〜七〇年には、実質的に非転換株の新規発行がなかったので比較し難いが、一九六七年一二月〜七〇年一二月の転換優先株の平均価格は、わずか五%の下げ幅である普通株より大きく下がったことは明らかである。

また**表16―2**の二〇証券が示すように、一九六八年一二月〜七〇年一二月における転換株式の成績は、旧非転換優先株よりもやや悪い。この比較は、全般に転換証券は優先株同様に比較的信頼性に乏しく、投機的高騰期を除けば一般市場よりも成績が悪い普通株と連動していることを示す。もちろんこれが全転換証券に当てはまるとは限らない。とりわけ一九六八年と一九六九年は、最高の格付けを持つ債券でさえ非常に金利が高かったため、多くの有力企業がその対処のために転換証券を発行している。しかし、この二〇株の転換優先株において上昇したのはわずか一銘柄で、一四銘柄は下落したということは注目に値する。

以上のことから、転換証券が本質的に非転換証券つまり「ストレート」証券よりも好ましくないとはいえない。他の条件が同じならば、逆のことがいえる。ただ実際に他の条件が同じではないこと、転換権が付くことはしばしば、いや恐らくほとんどの場合、その証券に対する純粋な投資価値がないことを示すことは明らかである。

もちろん同じ会社のものであれば、転換優先株の方が普通株より安全性が高い、つまり最終的な元本損失のリスクが小さい。したがって普通株を買う代わりに新規転換証券を買うということは、その点では理論的である。しかし実際、多くの場合、手始めに普通株を時価で買うというのは賢明な方法ではなく、代わりに転換優先証券を買ったところで状況は十分に良くはならなかった。さらに転換証券を大量に買ったのは、普通株にさして興味がなく信頼もしていない投資家たち、つまり普通株を買うなど考えたこともないが、優先権と市場価格に近い転換権があるという理想的な組み合わせに引かれた人たちだった。うまくいった例もあるが、統計的には失敗する可能性の方が高い。

転換証券の保有に関して、ほとんどの投資家が気づかない特別な問題がある。利益が出てさえ、ジレンマが生じるということである。それは少しでも価格が上がったら売るべきなのか、それとももっと上昇するまで待つべきなのか、また償還を請求されたならば（普通株が高騰するとよく起こる）その時点で売ってしまうべきなのか、それとも普通株に転換して保有すべきなのだろうか、というジレンマである。

具体的に話を進めよう。利率六％の債券を一〇〇で買うとする。これは二五ドルで株式に転換できる。つまり債券一〇〇〇ドルで四〇株ということである。株が三〇ドルになると債券価値は少なくとも一二〇になり、一二五で売れる。もちろん保有していても売却してもよい。さらなる高値を期待して保有すれば、普通株主とほぼ同じ立場になる。もしも株が下がったら、債券も下がるからである。保守的な人なら、一二五以上は投機的になりすぎと言うだろう。そして彼は売却し、二五％という満足すべき収益を手にする。

ここまでは問題ない。が、もう少し掘り下げてみよう。多くの場合、保有者が一二五で売れるような状況では普通株が続伸し、転換証券もこれに伴い上がる。すると、結果早く売りすぎた投資家は痛みを味わうことになる。そして次は一五〇か二〇〇まで待とうと心に決め、一四〇になっても売らずに持ち続ける。ところが市場が下落して、彼の債券は八〇まで下がってしまう。そして、彼はまたしても失敗を犯してしまうのである。

このような悪い見通しに伴う精神的苦痛は避けて通れないが、それはさておき、転換証券の運用には実際に欠点がある。二五％か三〇％の利益で売るという断固とした方針が最もうまくいくのは、多くの転換証券を保有している場合である。これは利益の上限をもたらすと共に、証券が上昇した場合に限り実現される。ただもしも、恐らく現実にあり得るが、これらの証券が本源的価値に欠け、上げ相場の後半になってから流通して取引されたら、それらのほとんどは大部分が一二五まで上がらず、しかも下げ相場になったら確実に崩落する。このように転換証券の投資機会は実際には幻想で、総体的には少なくとも一時的な大損失を被るときもあれば同程度の利益を手にすることもあるというのが実態だ。

一九五〇～六八年に驚異的に続いた上げ相場が原因で、転換証券全般は一八年間にわたって好成績を残した。しかしこれはただ普通株の大部分が大幅に値上がりしたため、ほとんどの転換証券がそれに乗じることができたというだけである。転換証券への投資の健全性は、株式市場の低迷時の成績によってのみ試されるのであり、それは全体として残念な結果になっている。

一九四九年の本書の初版で、転換証券が値上りしたときに「どうすべきか」というこの特別な問題について述べたが、それが今も役立つことを信じて疑わない。それは、われわれの実際の投資経験に基くものだからである。われわれは、投資ファンドへの投資を主とする「セレクト・グループ」のメンバーで、エバーシャープ社の私募債に手を出した。それは四・五％の利付き転換社債で価格は一〇〇、一株四〇ドルで普通株に転換できた。株式は六五・五ドルに急騰し、その後（二株を三株に分割後）八八ドル相当になった。この八八ドルという値段からすると、転換社債の価値は二二〇以上となる。この間、二つの証券のプレミアムは少なかったので、実際すべて普通株に転換され、元来の無担保社債の投資ファンドの買い手に保有された。時を待たずして価格が暴落し、一九四八年三月には株価は七と八分の三ドルという安値を付けた。これは社債としては二七の価値にすぎず、一〇〇%以上の利益を手にする機会を逃したばかりか七五%もの損失を被る結果となった。

この一件で本当に大切なのは、当初の購入者の一部が債券を株式に転換し、大幅な下落にもかかわらずその株を持ち続けたことである。彼らは「転換債を決して転換するな」というウォール街の格言に背いたのである。この格言が意味するのは、いったん転換してしまえば、利息に対する優先権に魅力的な収益が加わる可能性といううまみを失うということである。すると、悪いタイミングで投資家は投機家に転じてしまうことになる（株は既に上昇してしまったからだ）。もし「転換債を決して転換するな」が良い格言なら、なぜ経験豊富なファンドマネジャーたちはエバーシャープ社の債券を株式に転換して、後々大損失を出すことになったのか？　それは間違いなくエバーシャープ社の将来性を狂信し、株式の「好ましい市場動向」に心を奪われてしまったからである。ウォール街には賢明な原則があるにもかかわらず、常にそれが一番必要な時に忘れられてしまう。先人が残した有名な金言は他にもある。「私の言うとおりにしろ、だが私のするとおりにしてはいけない」

以上のように、転換証券に対してわれわれは信用を置いていない。つまり他でも述べたが、投資家は買う前によく考えるべきだということだ。冷静に調査すれば、見逃すにはあまりにも惜しい、意外な掘り出し物を見つけられるかもしれない。もちろん理想的なのは、それ自体魅力的な普通株に転換できる、強力に保護された転換証券を、現在の市場より少し高い価格で買うことである。時折この基準に合う新規証券が売り出される。しかし証券市場の本質上、そのような機会は往々にして新規証券よりも好位置に上がってきた旧証券で見つかることが多い（新規証券が本当に強いものなら、良い転換権はつかないであろう）。

標準的な転換証券のメリットとデメリットの好ましいバランスは、AT&T社が資金調達する際、このような証券を主に用いたことによく示される。一九一三～五七年の間、同社は少なくとも九銘柄の転換社債を個別に売り出しているが、その多くは株主になるという出資権の形を取っている。転換社債は会社にとって、株式発行よりも広範囲の購入者を獲得できるという大きなメリットがある。これは、多額の資金を持ちながらも株式購入が認められていない一部の金融機関に、債券の人気が高かったからである。債券の金利収入は一般的に、それ相応の株式の配当利回りの半分以下であり、これは債券所有者の優先権を相殺すべく計算された要素である。同社は九ドルの配当を四〇年間継続しているので（一九一九年から、株式分割後の一九五九年まで）、結果的にはすべての転換社債が普通株に転換されたことになる。だからこの転換社債の購入者は、この間は十分報われているが、初めから普通株を買っていた場合ほどではない。この例はAT&T社の健全性を示すが、転換社債の本質的な魅力を示してはいない。それが実際に健全であることを証明するには、普通株が下落しても転換証券が上昇したという事実を多く必要とするが、そのような事例はあまりない。

普通株に対する転換証券の影響

転換証券が企業合併や新規買収に伴って発行されてきた例は数多い。恐らくこのような取引のうちで最も衝撃的な例は、NVF社によるシャロン・スチール社買収で、前者は後者の大部分の株式と引き換えに、ほぼ一億ドルの五％利付き転換社債（ワラント付き）を発行した。この件に関しては後述する。通常、形式的には取引の結果、普通株一株当たりの報告利益は増える。つまり株価は、収益増加によるだけではなく、経営陣が企業活力、企業性、株主により多くの利益をもたらす力を示すことによっても上昇するのである。しかし、これを相殺する二つの要素がある。それは楽観的市場において実質無視されているものと、完全に無視されているものである。第一の要素は、新転換権から生じる、普通株の現在的および将来的な収益の実質上の希薄化である。この希薄化は、最新の収益なり、その他の数字を推定して、またすべての転換証券が実際に転換された場合の一株当たりの調整収益を計算

表16-3　1969年末時点で大量の転換証券およびワラントを発行している企業（単位:1000株）

	普通株発行残高	権利が行使された場合に追加発行される普通株 転換社債	転換優先株	対ワラント	追加普通株の合計
アブコ・コーポレーション	11,470	1,750	10.436	3.085	15,271
ガルフ&ウェスタン	14,964	9,671	5,632	6,951	22,260
インターナショナル・テル&テル	67,393	190	48,115		48,305
リング・テムコ・ボート	4,410[a]	1,180	685	7,564	9,429
ナショナル・ゼネラル	4,910	4,530		12,170	16,700
ノースウエスト・インダストリーズb	7,433		11,467	1,513	12,980
ラピッド・アメリカン	3,591	426	1,503	8,000	9,929

a　「特別株」を含む
b　1970年末時点

することによって数量化できる。ほとんどの企業では、結果的に一株当たりの数字はさほど減少しない。しかし例外がたくさんあり、そうしたケースが増加する危険性がある。急速に拡大する「巨大企業（コングロマリット）」が転換証券ペテンの実行犯である。**表16―3**に、転換社債なりワラントなりの権利行使によって株式に転換される大量の株式を持つ七社を挙げた。

普通株から優先株への望ましい切り換え

一九五六年当時、普通株は同じ会社の優先株より利回りが良く、特に優先株に市場価格に近い価格での転換権が付いている場合にそうであった。現在では、一般的にその逆になっている。そのため、現在は普通株よりも明らかに魅力的な転換優先株がかなり多くある。普通株の保有者には失うものがなく、普通株を優先株に切り替えて差額を得るというメリットがある。

例

典型的な例は、一九七〇年末のスチュードベーカー・ワーシントン社である。同社の普通株五七ドルに対して、五ドルの配当がある転換優先株の終値は、八七・五ドルだった。優先株一株は一・五の普通株に転換でき、それは八五・五ドルの価値があった。これは優先株の買い手にとってはわずかな金額の差である。ところが普通株の配当が年率一・二〇ドル（一・五株に対して一・八〇ドル）だったのに対し、優先株では一株当り五ドルだった。かくして元々の価格差は一年以内に埋め合わされ、その後一定期間は優先株の方が普通株よりかなり高い配当利回りを生んだ。しかし当然ながら最も重要なのは、普通株の株主が切り換えによって有利な立場を得られることだ。一九六八年と一九七〇年の市場低迷時、優先株は一・五の普通株より一五ポイント高かった。その転換権が普通株より安くならないことを保証していたからである（一九七一年終盤、スチュードベーカー・ワーシントン社の普通株は三八ドルという安値だったが、五ドルの配当のある優先株は七七ドル程度の値が付いていた。この格差は年間、二から二〇ポイントに広がり、ここでも切り替えが好ましいことと、株式市場が計算通りには動かない傾向を示した。ちなみに一九七〇年一二月の普通株に対する優先株のわずかなプレミアムは、配当の高さによって埋め合わされている）。

ストックオプション・ワラント

まずはっきり言っておく。われわれは最近のストックオプション・ワラントの発達を、ほぼ欺瞞、実在の脅威、大惨事の温床だと考えている。ストックオプション・ワラントは、無から巨額の「価値」を生み出した。この存在意義といえば、投機家と投資家を誤った方向に導いたということ以外にはない。法律によって禁じられるか、少なくとも企業の総資本においてあまり大きな割合を占めないように厳しく制限されるべきである。

歴史や文学をひもとくと、これと似たようなことがある。ここでは、ゲーテの『ファウスト』（第二部）から、紙幣の発明について述べた部分を参考にする。ウォール街の歴史に残る忌まわしき先例として、アメリカン&フォーリンパワー社のワラントについて述べる。同社のワラントは、一九二九年に一〇億ドルを超える市場価値があったが、同社の貸借対照表には脚注程度にしか示されていなかった。一九三九年までにこの一〇億ドルは八〇〇万ドルまで下落し、一九五二年には支払い能力があるにもかかわらず、減資により償却した。

元来、ストックオプション・ワラントはその時々に応じて債券に付けられるものであり、通常は部分的転換権と似たようなものだった。量的に見てもさほど問題はなく、それゆえに害もなかった。ところが一九二〇年代終盤に、その他多くの金融不正と共に利用が拡大されたが、その後ずっと影をひそめていた。しかし悪貨と同じように復活し、一九六七年以降「資金調達の手段」として姿を現した。新規不動産ベンチャー、大手銀行の系列会社の資金調達のための標準的な手法として発達したのである。同価格で追加普通株を買うことのできる普通株とワラントを同数一組にして売るという手法である。例えば一九七一年、クリーブトラスト・リアルティ・インベスターズは普通株（受益権のある株）とワラントの組み合せを一組二〇ドルで二五〇万組売った。

ここで、この資金調達の裏に隠されているものを考えてみよう。通常、企業の経営者が普通株発行による増資を望んだとき、既存の株主は追加割り当ての優先権を持つ。この「新株引き受け権」は、配当を受け、企業の成長に参加し、経営者を選べる権利と共に、普通株の所有者となる価値のひとつである。追加購入権の付いたワラントが個別に発行されると、通常の普通株が本来持つ価値を部分的になくし、それを別の証券に移すことになる。配当を受ける権利（期間の限定、非限定にかかわらず）、企業の売却もしくは倒産による資産の売却益を受ける権利、あるいは決議権などのあるワラント発行と同じようなことである。では、なぜこのようなワラントは基本的な資本構造の一部として生み出されたのだろう？　それは単に、人々が金融に関して無知だからである。普通株はワラントの発行によって価値が下がるということに気づかないからである。このため、市場では株式とワラントの組み合わせは通常、株式単体よりも価格が高くなる。通常の企業報告書では、一株当たり利益を、発行済みワラントの影響についての適切な数字を考慮に入れずに計算している（あるいはされてきた）。このため当然、収益と資本金の市場価値との本当の関係は誇張される。

ワラントの存在を許容する最も簡単で恐らく最良の方法は、その市場価値と同等の金額を普通株の資本金に加え、一株当たりの「真の」市場価値を増すことである。優先証券の販売に伴いワラントが大量に発行されている現状では、株式転換された際の株式購入代金が、当該債券や優先株を償還するために使われたと仮定して調整されるのが慣わしである。この方法は行使価値を上回るワラントのいわゆる「プレミア価値」を十分に見込んでいない。**表16—4**は、一九七〇年のナショナル・ゼネラル社における二つの計算法による結果を比較したものである。

表16-4　大量のワラント発行残高を考慮した普通株の「真の市場価値」と調整済み株価収益率の試算

（例：ナショナル・ゼネラル・コーポレーション　1971/6）

1.「真の市場価値」試算

ワラント3銘柄の市場価値（1971年6月30日）	$ 94,000,000
普通株1株当たりのワラント価値	18.80
普通株単体の価格	24.50
ワラントを考慮した普通株の調整済み価格	$ 43.30

2.ワラントによる希薄化後の株価収益率の試算

（1970年の収益）	ワラントによる希薄化前	ワラントによる希薄化後 同社による試算	ワラントによる希薄化後 われわれによる試算
A.特別項目控除前			
一株当たり利益	$ 2.33	$ 1.60	$ 2.33
普通株の価格	24.50	24.50	43.30（調整済）
株価収益率	10.5倍	15.3倍	18.5倍
B.特別項目控除後			
一株当たり利益	$ 0.90	$ 1.33	$ 0.90
普通株の価格	24.50	24.50	43.30（調整済）
株価収益率	27.2倍	18.4倍	48.1倍

注）同社の試算の狙いは一株当たり利益を増やし、株価収益率を低く抑えることにある。これは明らかに不合理である。われわれの試算方法をとれば、当然ながら、希薄化によって株価収益率は増大する

企業は必要なときに何らかの方法で確実に増資できるという意味において、ワラント発行からメリットを得られるのだろうか？　決してそんなことはない。通常、企業がワラントの保有者に権利行使を請求する方法はなく、ワラントの満期以前に新たな資金調達を行うことはできない。そのうちに、もし企業が追加の普通株発行（増資）を行おうとすれば、通常の方法で株主に株を割り当てなければならず、そうなるとその株価はやや市場価値を下回ることになる。ワラントはこのような場合において全く役に立たない。単に提示価格を頻繁に下方修正し、問題を複雑にするだけである。ここでもう一度断言しておく。ストックオプショ

ン・ワラントは虚偽の市場価値を作り上げるだけで、何の役にも立たない。

ゲーテが『ファウスト』を書いたころ使われていた紙幣は、かの有名なフランスのアシニャ紙幣だった。これは素晴らしい発明として歓迎されたが、結局は価値をすべて失った。アメリカン＆フォーリンパワー社の一〇億ドルのワラントと同じ運命を辿ったのである。詩人の言葉の中には、次の通り、発明についてそっくり当てはまるものがある。

ファウスト　　：大切なのは想像力。
　　　　　　　　しかし、夢見ても現実にはかなわぬこと。
メフィストフェレス（発明家）：カネが必要なら仲買人が待ち構えているさ。
愚者　　　　　：（ついに）あの魔法の紙だな！

補足

ワラントの罪は「それが生まれたこと」自体にある。一度生まれると、他の証券形態と同じように機能し、利益と損失の機会を提供してしまうのだ。新ワラントのほぼすべてが期限付きの五～一〇年ものだが、かつては無期限のものが多く、何年も魅惑的な価格が続く傾向があった。

例

記録によれば、トリーコンチネンタル社のワラントは一九二九年に底値まで落ち、三二分の一ドルという考えられないような価格だった。一九六九年にはそれほどの安値から七五・七五ドルという高値まで、つまり二四万二〇〇〇％という驚くべき上昇を見せたのである（当時はワラントが株式そのものよりやや高めで取引されていた。これは株式分割といった技術的開発によってウォール街によく起ることである）。最近ではリング・テムコ・ボート社のワラントの例がある。一九七一年の上半期に二・五ドルから一二・五ドルまで上げ、その後、四ドルまで反落している。

ワラントについては、その時々に応じて巧妙に運用されることはいうまでもないが、ここで論ずるにはあまりにも技術的な問題すぎる。ワラントは、転換権付き債券や優先株などよりもやや高めの傾向がある。この意味からすれば、転換証券によって希薄化要因を作り出すより、ワラント付き債券を売る方がいいという考え方もできるかもしれない。ワラントの総量が少なければ、その理論的な面を考えすぎる必要はない。しかし、発行株式に対してワラントの割合が多ければ、恐らくそれはその企業には不安定な優先資本があることを示している。本来ならば、普通株を追加発行するべきなのである。このように金融メカニズムとしてのワラントに対してわれわれが反発する目的は、適切な規模の債券との兼ね合いで利用することへの非難ではなく、この分野において巨額の「ペーパーマネー」という怪物を深く考えることなく作り出すことを非難したいためである。

第17章　特別な四社の例

この「特別な」という言い方は少々当たらないかもしれない。なぜなら近年ウォール街ではさまざまな「特別な」ことが起っているのは、だれもが知るところだからである。しかしこれらの事例は株式や債券の世界に深いかかわりを持つすべての人――一般投資家や投機家はもとより、機関投資家、証券アナリスト、ファンドマネジャー、信託管財人、そして企業に融資する銀行家にとって示唆に富み、警告ともなる。次の四社には、それぞれ異なる特別な点がある。

ペン・セントラル鉄道

その債券や株式の保有者がみんな、同社の財政基盤が脆弱でありながら、その最も初歩的な危険信号を見逃したという点において特別な例である。不安定な巨大企業の株価が異様に高い例の典型でもある。

リング・テムコ・ボート社

急速で不安定な「帝国建設」企業が、実際には最終的に破綻することが確実だったにもかかわらず、銀行の無差別融資で救済された特別な例である。

NVF社

企業買収の特別な例で、小企業が七倍の規模の企業を吸収し、巨額の負債を抱え込み、驚くべき特別な会計操作を行っていた例である。

AAAエンタープライズ

小企業が株式公開によって資金調達を行ったきわめて特殊な特別な例である。この企業の価値は「フランチャイズ」という魔法の言葉に基づいて決められ、有力な証券会社が保証人となった。同社は売り出しから二倍の高値になった後、二年もたたずに破産した。

ペン・セントラル鉄道

資産と総収入で国内最大のこの鉄道会社が一九七〇年に破産したとき、金融界に激震が走った。債券の大半は返済不可能になり、事業継続はきわめて厳しい状態にあった。同社の発行証券は暴落し、普通株は一九六八年の八六・五ドルという高値から、一九七〇年には五・五ドルまで下がった（この株式が再建によって消滅するのは、ほとんど疑問の余地がない）。

ここで言いたいのは、証券分析の最もシンプルな原則に基づき、健全な投資のための最もシンプルな基準に照らし合わせれば、ペン・セントラル社の経営の根本的な脆さは破産のずっと前に分かったはずだということである。株価が一九二九年来の記録的な高値を付け、発行債券の大半が表面利率を同じくする保証付きの公益企業債と同価格で交換できた一九六八年には、破産はほぼ確定的だったのだ。次に順を追って説明を加える。

①S&P社の『債券ガイド』で同社の支払利息に対する収益の倍率を見てみると、一九六七年は一・九一倍、一九六八年には一・九八倍となっている。われわれは『証券分析』で、通常鉄道債に要求するインタレストカバレッジを、所得税引き前で五倍、所得税引き後で二・九倍以上とした。われわれの知る限り、この基準の妥当性が投資専門家の間で疑問視されたことは一度もない。この課税後収益の基準に照らして、ペン・セントラル社は安全基準を満たしていない。しかしわれわれの言う税引き後収益の基準は、五倍という税引き前収益の基準をベースに、債券利払

い後の収益から所得税差し引き後に適用する基準だ。ペン・セントラル社の場合、過去一一年間所得税というものを払っていなかったのである！　したがって税引き前のインタレストカバレッジが二倍以下となり、われわれの防衛的基準の五倍には遠く及ばない。

②同社がそれほど長い間、所得税を払っていなかったという事実は、報告収益の信憑性について深刻な疑問を投げかけるべきであった。

③ペン・セントラル社の社債は一九六八年と一九六九年に、価格や利子を犠牲にすることなく、より保証された証券に変換できた。例えば一九六九年なら、一九九四年満期で表面利率四・五％のペンシルベニア鉄道社債（ペン・セントラル社の一部）は、六一ドルから七四・五ドル、一九九四年満期で表面利率四と八分の三％のペンシルベニア電気社債は六四・二五ドルから七二・二五ドルまでの価格帯だった。一九六八年当時、電気会社のほうは税引前で支払利息の四・二〇倍の収益を上げていたのに、ペン・セントラル社のほうはわずか一・九八倍だった。また一九六九年になると後者の成績は確実に悪化していた。この乗り換えは明らかに必要だったし、乗り換えておけばペン・セントラル社の債券保有者が泣きを見ることはなかった（一九七〇年末には、表面利率四・二五％の鉄道社債は債務不履行に陥り、わずか一八・五ドルに下がったが、表面利率四と八分の三％の電気社債は六六・五ドルで引けた）。

④ペン・セントラル社は一九六八年の一株当たり収益を三・八〇ドルと報告しており、その年の八六・五ドルという最高値は収益の二四倍になった。だが有能なアナリストなら、所得税を支

払う必要なしと報告された収益を「本物」と納得するはずはない。

⑤一九六六年に再編された同社は、一株当たり利益を六・八〇ドルと報告していたため、これに反応して普通株はその後八六・五ドルという最高値まで上がっている。これは時価総額で二〇億ドル以上となる。そのときのそれほど素晴らしい収益は、合併に伴う「費用と損失」として、一九七一年に二億七五〇〇万ドル、つまり一株当たり一二ドルも特別計上される前の数字だった。このことを知っていた買い手が果たして何人いただろうか？　ウォール街とは、不思議の国である。そこでは企業があるところでは一株当たり六・八〇ドルの「収益」があると言っておきながら、他では一二ドルもの特別な「費用と損失」があると言うのである。そして、株主や投機家たちはそれをもろ手を挙げて歓迎するのだ。

⑥鉄道株のアナリストは、ペン・セントラル社は他の高収益の鉄道会社より経営状態がずっと悪いことを先刻承知だっただろう。例えば、一九六八年の収入に占める輸送コストは四七・五％だったのに対して、ノーフォーク・アンド・ウエスタン社は三五・二％だった。

⑦至るところに特殊会計操作による奇妙な処理があったが、ここではその複雑な内容には触れない（『バロンズ』誌一九七一年一月一一日号、A・J・ブリロフ博士「シックス・フラッグス・アンド・ハーフマスト」参照）。

結論

経営が良ければ、ペン・セントラル社が破産せずに済んだのかどうかは議論の余地がある。いずれにせよ明らかに遅くとも一九六八年の時点では、有能な証券アナリスト、信託マネジャー、融資担当者たちのどの証券口座にも、ペン・セントラル社の債券と株式を残しておくべきではなかった。

倫理

証券アナリストは株式市場の動向を調べ、水晶球を見つめ、細かな数字の計算をしたり、スポンサー付きの旅に出かける以前に、基本的な責務を果すべきである。

リング・テムコ・ボート社

これは急速に成長し、また急速に負債を背負い込み、巨額の損失を出して多くの金融問題の引き金となった企業の物語である。このような例のご多聞に漏れず、巨大帝国を作り出し、無残に崩壊させたのは「若き天才」と呼ばれるお坊ちゃんだったが、周囲にも多大な責任がある。

表17―1において、リング・テムコ・ボート社の盛衰を、一九五八〜七〇年における五年分の収入勘定と貸借対照表項目に集約した。第一の縦軸は一九五八年の創業当時の数字で、売上はわ

表17-1　リング・テムコ・ボート社（1958-1970年）
（1株当たり利益以外の単位は、100万ドル）

A.損益状況	1958	1960	1967	1969	1970
売上	$ 6.9	$143.0	$1,833.0	$3,750.0	$374.0
課税、金利支払い前の純利益	0.552	7.287	95.6	124.4	88.0
金利負担	.1 (est.)	1.5 (est.)	17.7	122.6	128.3
（対収益倍数）	(5.5×)	(4.8×)	(5.4×)	(1.02×)	(0.68×)
所得税	0.225	2.686	35.6	*cr. 15.2*	4.9
特別項目				*dr. 40.6*	*dr. 18.8*
特別項目控除後の純利益	0.227	3.051	34.0	*dr. 38.3*	*dr. 69.6*
普通株に割り当てられる純利益	0.202	3.051	30.7	*dr. 40.8*	*dr. 71.3*
普通株1株当たり利益	0.17	0.83	5.56	*def. 10.59*	*def. 17.18*
B.財務状況					
総資産	6.4	94.5	845.0	2,944.0	2,582.0
1年以内支払債務	1.5	29.3	165.0	389.3	301.3
長期債務	.5	14.6	202.6	1,500.8	1,394.6
株主持ち分	2.7	28.5	245.0†	*def. 12.0**	*def. 69.0**
各レシオ					
流動資産/流動負債	1.27×	1.45×	1.80×	1.52×	1.45×
資産/長期負債	5.4 ×	2.0 ×	1.2×	0.17×	0.13×
株価変動幅		28–20	169½–109	97¾–24⅛	29½–7⅛

*　優先株を償還価値で控除し、社債発行差金を除く
+　公表通り
x＝倍数、cr.＝マイナス、dr.＝マイナス、def.＝赤字

ずか七〇〇〇万ドルである。第二の縦軸は一九六〇年で、わずか二年の間に二〇倍に成長してはいるが、規模としてはまだ小さい。その後一九六七年と一九六八年に大きく飛躍し、売上は二〇倍の二八億ドルになったものの、負債も四四〇〇万ドルから一六億五三〇〇万ドルへと膨れ上がっている。一九六九年には新たに買収を行ったため負債はさらに増え（総計一八億六五〇〇万ドル！）、深刻な問題が噴出し出した。その年、異常事態による巨額の損失が計上されると、株価は一九六七年の一六九・五ドルという高値から二四ドルという安値に下がり、若き天才は社長の座を追われた。一九七〇年の決算はさらにひどいものとなった。七〇〇〇万ドル近い最終純損失が報告され、株価は七と八分の一ドルと暴落し、最も大量発行した債券は一時一ドルに対して一五セントという悲惨な値を付けた。同社の拡大方針は急きょ撤回され、さまざまな重要事業は売りに出され、巨額負債の軽減を目指すこととなった。

表の数字を見れば説明は必要ないだろうが、あえてコメントを加える。

①この会社の拡大期にも問題があった。一九六一年にはわずかながら経常赤字を出している。しかしその後一九七〇年において多くの決算報告に見られるようになった手法を使い、明らかに可能な限りの経費と引当金を業績の悪い年に振り替えている。この額はほぼ一三〇〇万ドルに上り、それに先立つ三年前の累計純利益を超えている。かくして一九六二年をはじめとする「最高利益」を粉飾できたのである。

②一九六六年末の純有形資産は普通株一株当たり七・六六ドル（一株を三株に分割後）だった。

よって一九六七年に、市場価格は財務報告書上の資産価値の二二倍に達した。一九六八年末の貸借対照表によると、純資産価値は普通株およびAA格付の優先株からなる三八〇万株の株式を通じて二億八六〇〇万ドル、つまり一株当たり七七ドルあるとしていた。しかし優先株を額面で差し引き、さらに無形資産と巨額の社債発行差金「資産」を除くと、普通株式に対し一三〇〇万ドルしか残らず、これでは一株当たりわずか三ドルにすぎない。この純資産は翌年の損失で消えてしまった。

③一九六七年末にかけて、優良銀行の二行がリング・テムコ・ボート株六〇万株を一株当たり一一一ドルで売りに出した。かつては時価一六九・五ドルの高値だったものであるが、三年もたたないうちに株価は七と八分の一ドルまで下がった。

④一九六七年末、銀行融資額は一億六〇〇万ドルに達し、一年後には四億一万ドルという驚くべき金額となった。さらに長期負債も一二億三七〇〇万ドルに上った。一九六九年までには合計負債は一八億六九〇〇万ドルに達した。このような巨額負債は、唯一の例外であるスタンダード・オイル・オブ・ニュージャージー社を除けば、製造業において最大であった。

⑤一九六九年と一九七〇年の損失は、創業以来の総利益をはるかに超えている。

倫理

リング・テムコ・ボート社の話からまず浮かぶのは、なぜ商業銀行が拡張期にそれほど巨額の資金を融資できたのかという基本的な疑問である。一九六六年以前の同社のインスタントカバレッジは安全基準を満たしていないし、流動比率、自己資本負債比率についても同じことがいえる。ところが翌二年間にわたって銀行はさらなる「多角化」のための資金として四億ドルという多額の追加融資を行っている。これは銀行にとって良い取引ではなかったし、同社の株主にはさらに悪いことだった。リング・テムコ・ボート社の悪例から、商業銀行がこのような不健全な拡張を扇動するような愚行を遠ざけることを学べば、いつか良い結果につながるだろう。

NVFのシャロン・スチール社買収（収集品として）

一九六八年末時点、NVF社は長期負債四六〇万ドル、株式資本一七四〇万ドル、売上三一〇〇万ドル、純利益五〇万二〇〇〇ドル（特別貸越勘定三七万四〇〇〇ドル計上前）の企業だった。事業内容は「バルカンファイバーとプラスチック」とされている。経営陣はシャロン・スチール社を買収する決断を下した。当時のシャロン・スチール社は、長期負債四三〇〇万ドル、株式資本一億一〇〇〇万ドル、売上二億一九〇〇万ドル、純利益二九二万九〇〇〇ドルだった。このように、買収したい相手は七倍の規模だったのである。一九六九年初め、NVF社はシャロン社の全株に買い注文を出した。条件はシャロン社株一株を、NVFの額面七〇ドル、一九九四年満期の五％利付劣後債に交換するというもので、これにNVF社株一株を二二ドルで一・五株買えるというワラントをつけた。シャロン側はこの買収に激しく抵抗したが、失敗した。NVFは指定の条件でシャロン社株の八八％を手に入れ、一億二〇〇万ドルの五％の利付債券と、二一九万七〇〇〇株分のワラントを発行した。買収が一〇〇％達成されていたとしたら、合併会社は一九六八年には負債一億六三〇〇万ドル、有形株式資本わずか二二〇万ドル、売上二億五〇〇〇万ドルとなっていた。純利益の問題は多少複雑だが、その後、同社は特別貸越勘定前でNVF株一株当たり五〇セントの純損失、貸越勘定後で三セントの純収益を発表している。

説明一

この買収は、言うまでもなく一九六九年に成立した買収劇の中でも極めて財政的に不釣合いなものであった。買収側は新たな過剰債務に対する責任を負い、その上一九六八年の利益は、黒字から赤字に転落した。この段階における同社の財政悪化の状況は、五％利付新規債券が発行年に一ドル当たり四二セント以上で売れなかった事実を見れば分かる。これは債券の安全性とその会社の将来性に重大な問題があることを示していた。しかし経営陣は、実際にはその債券価格を利用して予想される一〇〇万ドルの年間所得税を免れようとしたのである。

一九六八年、シャロン社買収後に公表された財務報告書には、この買収劇の縮図が見え、過年度法人税の払戻調整を行っているが、この中に奇妙な点が二点見られる。

①「繰り延べ負債費」として五八六〇万ドルが計上されている。この金額は全「株主資本」と

して計上されている四〇二〇万ドルを上回る。

②ところが株主資本には「シャロン社への投資に当っての費用超過資産」とされるべき二〇七〇万ドルが含まれていない。

説明二

あり得ないことだが負債費用を資産として除外し、これはよくあることだがその他の項目を株主資本に計上するなら、より現実的にはNVF株有形資産額は二二〇万ドルになる。このように、この買収の第一の影響はNVF社の七三万株からなる「本来の資本価値」を一七四〇万ドルから二二〇万ドルへ、つまり一株当たり二三・七一ドルから三ドルへと下げたことである。しかもNVF社の株式保有者は、一九六八年末の市場の終値より六ポイント下回る価格で、本来の株式数の三・五倍もの増資株式を購入する権利を他人に与えることになつた。ワラントの当初の市場価値は約一二ドル、これは買い注文も含めると総計三〇〇〇万ドルとなる。実際にはワラントの市場価値はNVF社発行済み株式の時価総額を大きく超え、買収における主客転倒という本質を示している。

会計操作

この形式的な貸借対照表から翌年の報告書に目を移すと、いくつか奇妙な記載事項に気づく。七五〇万ドルもの支払い利息に加え、「繰り延べ負債費の割賦償還」として一七九万五〇〇〇ドルが控除されている。しかしこれは次の行で「被買収側の投資コストの割賦償還――一六五万ドル」という奇妙な収入項目でほぼ相殺されている。脚注には、われわれが知る限り他の報告書にはない事項がある。例えば、株式資本の一部が「買収に付随して発行されたワラントの正当な市場価値等二二一二万九〇〇〇ドル」として表示されているのである。

このような事項は、一体何を意味するのだろうか？　一九六九年の報告書の説明にはどれひとつとして触れられていない。熟練の証券アナリストはあたかも探偵のごとく、自分でこの謎を解かなければならない。彼は五％利付無担保社債の当初の低価格は、税法上のメリットを引き出すためのものだったことに気づくだろう。この巧妙な手立てに興味のある読者のために、補遺5でそれに対するわれわれの説明を示しておく。

その他の特別な項目

①一九六九年の大納会の後、NVF社は六五万のワラントを一ワラント九・三八ドルで買い入れた。これは（A）NVF社本体が年度末でわずか七〇万ドルしか現金を持っておらず、期限が一九七〇年の負債が四四〇万ドルあったこと（当然ワラントに支払った六〇〇万ドルは借入しな

ければならなかった）、（B）このワラントという「有価証券」の買い入れが、五％利付債券が一ドルにつき四〇セント以下で売られていた時期、つまり普通なら先々の財政状況が悪くなるという警告が必要な時に行われたこと、などを考えると異常である。

②同社はこれを部分的に相殺するものとして、五一万ドル分の債券と二五万三〇〇〇分のワラントを、ほぼ同量の普通株と引き換えに償還した。これが可能だったのは、市場において無配の普通株が平均価格一三・五ドルで売られていたのに対して、五％の利付債券は四〇以下で売られていたからである。

③同社は従業員に株だけでなく、株を買うためのワラントをさらに売ろうとしていた。株式購入と同様、ワラントは頭金として五％支払い、残りを何年かにわたって分割払いする。このようなワラントを社員に購入させる計画は前代未聞である。今後、株を買う権利を買う権利などというもの発明して分割払いで売り出す者が出るのだろうか？

④一九六九年、子会社となったシャロン・スチール社は年金費用の計上方法を変更し、同時に減価償却率を低くした。このような会計処理の変更によって、希薄化以前のNVF社の報告利益に一株当たり一ドルが上乗せされた。

⑤一九七〇年末のS&P社『株式ガイド』では、NVF社株は株価収益率たった二倍と、掲載株全四五〇〇余銘柄中で最低である。ウォール街的に言えば、これは「本当なら大ごと」だった。この数字はその年の終値八・七五ドルと、一九七〇年九月までの一二カ月の一株当り五・三八ド

ルという「利益」を元にはじき出されている（この値で計算すれば、この株は利益のわずか一・六倍で売られていたことになる）。しかしこの数字には大きな希薄化要因も、実際一九七〇年の最終四半期に起こった業績悪化の結果も反映されていない。最終的にその一年を通しての数字が出たとき、希薄化以前の一株当たり利益はわずか二・〇三ドル、算入後で一・八〇ドルとなっている。その日の株とワラントの合計時価総額が一四〇〇万ドルだったのに対し、長期負債が一億三五〇〇万ドルだったこと、つまり実にひどい財務状況にも留意すべきである。

ＡＡＡエンタープライズ

歴史

一九五〇年代後半にウィリアムズという大学生が移動住宅（後の「トレーラーハウス」）の販売を始め、一九六五年に会社を立ち上げた。その年に彼は五八〇万ドルの移動住宅を販売し、法人税引前で六万一〇〇〇ドル稼ぎ出した。一九六八年までには「フランチャイズ」の波に乗じ、同社の商標の下に移動住宅を売る権利を他人に売り始めた。彼はまた自分の移動住宅を事務所として使い、所得税還付を促す事業に参入するという抜け目のないアイデアを温めていた。そこで「ミスター・タックス・オブ・アメリカ」という子会社を作り、この発想と社名を他人に売る権利を売り始めた。そして会社の株数を二七一万株に増やし、株式公開の準備を整えた。大手証券会社などはこの取引に身を乗り出した。一九六九年三月、AAAエンタープライズの五〇万株が一株一三ドルで一般に売り出された。このうち三〇万株はウィリアムズ氏個人によって買われ、二〇万株が会社用に売られ、二四〇万ドルの資産増となった。株価はすぐ倍の二八ドルに上がり、簿価四二〇万ドルに対して時価八四〇〇万ドルとなり、最高報告収益は六九万ドルとなった。このように一株当たり経常(そして最大)収益の一一五倍という極めて高い株価となったのである。ウィリアムズ氏がAAAエンタープライズという社名にしたのは、恐らく電話帳やイエローページのトップに記載されると踏んだからであろう。実際、ウィリアムズ氏の企業名はS&P社の『株式ガイド』の冒頭に出た。アブ・ベン・アデムス社と同様、常にトップに記載されたのである。これは、一九六九年の新しい資金調達と「人気株」の悲惨な例として選んだ特別の理由である。

説明一

これはウィリアムズ氏にとっては悪い取引ではなかった。彼が売った三〇万株は、一九六八年一二月時点で簿価一八万ドルあり、彼は二〇倍の純益、三六〇万ドルという大金を手にしたことになる。引き受け業者と販売業者は諸費用差し引き後の五〇万ドルを折半している。

説明二

販売会社の顧客にとって、これはさほど心引かれる取引ではなかった。彼らは自らのおカネで一株当たりの簿価を五九セントから一・三五ドルに引き上げた上で、その簿価の約一〇倍で株を買うよう求められたのである。最高の年となる一九六八年の前年、同社の最大利益は奇妙なことに一株当たり七セントだった。もちろん将来への野心的な計画はあったが、一般大衆はその計画が予定通り実現する前に多額の支払いを要求されたのである。

説明三

にもかかわらず、株価は公開後すぐ二倍に跳ね上がり、証券会社の顧客はだれもが十分な利益を手にした。この事実は新規証券の募集を変えたのだろうか、あるいは時折ある発行後の株式の上昇は、証券の売り出し元を株式公開とその後の結果の責任から解放したのだろうか？　簡単には答えは出せないが、ウォール街や政府の規制機関は注意深く検討する必要がある。

その後

資本を増大させたＡＡＡエンタープライズは、さらに二つの事業に参入した。一九六九年にはカーペットの小売チェーン店を始め、そして移動住宅の製造会社を買収した。最初の九カ月間の報告業績はそれほど華々しくはなかったが、前年よりは多少向上して一株一四セントから二二セントに上がった。だがその後数カ月間に起ったことは、文字通り信じられないようなことだった。同社は四三六万五〇〇〇ドル、一株当たり一・四九ドルの損失を出したのだ。これによって株式公開前の全資本金と、株の売り出しによる二四〇万ドルすべてと、一九六九年の最初の九カ月の収益の三分の二すべてを足しあわせたものを食いつぶした。わずか七カ月前に新規発行株を一三ドルで買った一般株主に対して残された資本は、わずか二四万二〇〇〇ドル、一株当たり八セントとなった。にもかかわらず、一九六九年の大納会で株価は八と八分の一ドルを付け、同社は二五〇〇万ドル以上の「評価」を与えられたことになる。

追加説明一

一月から九月まで実際に六八万六〇〇〇ドルの収益を上げていた会社が、残り三カ月で四三六万五〇〇〇ドルもの損失を出すとは信じ難い。九月三〇日の報告には残念ながら、何かしらの悪意ある、そして非難すべき点があったのである。

追加説明二

この年の大納会で付けた終値が八と八分の一ドルだったということは、株式市場では全く不用意に価格が形成されるということを示す。売り出し価格が一三ドルだったことや、その後の「人気株」効果で二八ドルという高値になったからではない。後者は少なくとも熱望と希望――とはいえ現実と常識の釣り合いを全く欠いているが――に基づく価格だが、少なくとも理解はできる。しかし年末評価の二五〇〇万ドルというのは、多大の損失によって資本がわずかしか残っていない、つまり完全に破産状態が差し迫っている会社に対するものであり、このような会社に「熱狂」や「希望」という言葉を使うのは、ただの辛辣な皮肉にすぎない（年末の数字が一二月三一日に公表されていなかったのは事実だが、月例の営業報告を受け、その会社の状態を正確にとらえられるのが企業に密着するウォール街の証券会社の仕事である）。

最後に

一九七〇年上半期について同社は、さらに一〇〇〇万ドルの損失を計上した。既に十分な債務超過状態である。これは二五〇万ドルに上るウィリアムズ氏の融資によって辛うじて支えられた。その後何の発表もなかったが、一九七一年一月、AAAエンタープライズは破産申し立てをした。月末の上場株価はまだ一株五〇セントを付けており、全発行株で一五〇万ドルとなるが、これは明らかに紙切れ以上の価値を持たない。すべての終わりである。

倫理そして疑問

投機的な一般大衆を救うことは難しい。彼らは数で言えば、三までしか数えられないほどである。彼らは何らかの「動き」があると思われる銘柄ならば、値段を見ずに買うからだ。「フランチャイズ」、コンピューター、電気、科学、技術など何であれ、流行ならばすぐその気になってしまうのである。分別ある投資家のわれらが読者は、もちろんそんな愚かな真似はしないだろう。だが疑問が残る。責任ある投資会社は名誉にかけて、このような企業、つまり十中八九初めから失敗する運命にあるような企業を認めない義務があるのではないだろうか？（一九一四年に著者がウォール街入りしたとき、実際このような状況だった。あらゆる改革や規制にもかかわらず、「ウォール街」の倫理基準は五七年前と比べると、良くなるどころか悪化した）

現在、証券取引委員会（ＳＥＣ）の権限は目論見書に重要な関連事実をすべて記載することを要求することに限られているが、さらに強い権限を持たせて一般投資家を保護することができないものか、またはすべきではないか？　さまざまなタイプの公募に評価付けのようなことをして、印刷物にして分かりやすく表すべきではないか？　すべての目論見書、そして恐らくすべての初回発行の売り出し証書は、その証券の募集価格が既に市場にある同じような証券の一般価格とあまりかけ離れていないことを公式に保証すると記載すべきではないか？　この改訂版を書いている間にも、ウォール街の悪弊改革への動きが進行している。しかし新規発行に対する大変革は難しいだろう。なぜならばこのような悪弊は、大衆自身の無分別と貪欲さによるところが大きいからである。しかしこの問題は、じっくり注意深く考えてみる価値はある。

第18章　八組の企業比較

本章では新しい試みをする。株式取引所名簿で隣り合わせか、ごく近くにある企業を八組選び、そのさまざまな性質、財務構造、経営方針、業績や、近年の証券取引に見られる投資や投機的姿勢などを具体的に明らかにしていきたい。各組の比較にあたっては、このような観点から特に意味のある重要事項についてのみ説明する。

一組目：リアルエステート・インベストメント・トラスト（店舗、事務所、工場等）と、リアルティエクイティーズ・オブ・ニューヨーク（不動産投資、総合建築）

一組目の比較は、他組と同様にアルファベット順である。特にこの組を選んだのは、次の点を要約しているからである。一方の企業が、契約に基づいて他人の資金を運用するという伝統的手法で、無理なく、安定して、総じて好ましい成果を収めているのに対し、もう一方の企業は最近の企業運営にありがちな無謀な拡大、粉飾決済、経営方針の急変などを行っているという好対照を示している。この二社は社名が似ており、長らくアメリカ証券取引所名簿に並んで載っている。株式ティッカーにはＲＥＩとＲＥＣで表示されており、混同されやすい。しかし一方は、三人の受託者が管理する堅実なニューイングランドの信託会社で、創業はほぼ一世紀にさかのぼり、一八八九年以降配当を出し続けている。一貫して堅実な投資方針を取っており、急激な拡大を抑え、負債も管理可能な程度にとどまっている。

もう一方は典型的なニューヨーク生まれの急成長ベンチャーで、八年間で資産を六二〇〇万ドルから一億五四〇〇万ドルに増やし、負債も同じように増やしている。この会社は普通の不動産会社から、二つの競馬場、七四の映画館、三つの著作権代理人会社、ＰＲ会社、ホテル、スーパーマーケットなどを含む多くのベンチャーに手を広げ、大手化粧品会社の株式二六％を所有していた（この化粧品会社は一九七〇年に倒産している）。この巨大複合化したベンチャーは、以下の

表18-1A　1組目　トラスト社とエクイティーズ社（1960年）

	トラスト	エクイティーズ
総収入	$ 3,585,000	$1,484,000
純利益	485,000	150,000
1株当たり利益	.66	.47
1株当たり配当		.10
1株当たり簿価	$20.	$4.
値幅	20–12	5⅜–4¾
総資産	$22,700,000	$6,200,000
総負債	7,400,000	5,000,000
普通株簿価	15,300,000	1,200,000
普通株時価総額の平均	12,200,000	1,360,000

ような財務的状況にあった。

①優先株は年間七ドルの配当を出すことになっていたが、額面価格はわずか一ドルで、一株当たり一ドルの負債があった。

②二〇万九〇〇〇株を買い戻すために必要な五五〇万ドルを引いてもなお、二五〇万ドル（一株当たり一ドル）という普通株資産があると発表していた。

③ストックオプション・ワラントによって計一五七万八〇〇〇株を買う権利を与えている。

④抵当、社債、短期償還私募社債、銀行への支払手形、「手形、ローンおよび契約上の支払い」、中小企業庁への支払ローンなど、少なくとも六つの債務が一九六九年三月に合計一億ドルを超えていた。その他、通常の税金と買掛金もある。

まず一九六〇年の両社の数字をいくつか示す（**表18―1A**参照）。

この表から、トラスト株の市場価値はエクイティーズ株の九倍だったことが分かる。トラスト社の方が負債が少なく、総収入に対する純益率が高いが、普通株の価格は一株当たり収益から見て高い。

次に**表18―1B**に八年後の状況を示す。トラスト社は「澄んだテノールを響かせ続け」、収益と一株当たり収益を約四分の三ほど増やしたが、エクイティーズ社は途方もなく危険な会社へと変貌している。

ウォール街は、この二企業のほぼ正反対の変化にどのような反応を示したのだろう？　トラスト社にはほとんど注意を払わず、もっぱらエクイティーズ社に注目したのである。一九六八年、エクイティーズ社は合計二四二万株の販売によって、株価が一〇ドルから三七・七五ドルへ、ワラント価格は六ドルから三六・五ドルへと跳ね上がった。この間トラスト社は控えめながらも、二〇ドルから三〇・二五ドルへと上がっている。エクイティーズ社の一九六九年の貸借対照表では、資産価値は一株当たりわずか三・四一ドルと、その年の高値の一〇分の一以下となっている。トラスト株の簿価は二〇・八五ドルだった。

翌年になるとエクイティーズ社の経営状況が良くないことが明らかになり、株価は九・五ドルまで下げた。一九七〇年の報告書を見た株主は、同社が一三二〇万ドル、一株当たり五・一七ドルという純損失を出したことを知ってがっかりするしかなかった。これは実質的に彼らのわずか

表18-1B　1組目　トラスト社とエクイティーズ社（1960年）

	トラスト	エクイティーズ
1968/12/31の株価	26½	32½
発行済み普通株	1,423,000	2,311,000（1969/3）
普通株時価総額	$37,800,000	$75,000,000
ワラントの推定市場価値	—	30,000,000[a]
普通株と ワラントの推定市場価値	—	105,000,000
負債	9,600,000	100,800,000
優先株	—	2,900,000
資本総額	$47,400,000	$208,700,000
ワラント調整後の 1株当たりの株価	—	45 (est.)
1株当たりの簿価	$20.85（11月）	$3.41
	1968/11	1969/3
収入	$6,281,000	$39,706,000
利払い前純益	2,696,000	11,182,000
支払い利息	590,000	6,684,000
所得税	58,000[b]	2,401,000
優先株配当		174,000
普通株配当原資	2,048,000	1,943,000
特別項目	245,000 cr.	1,896,000 dr.
普通株配当最終原資	2,293,000	47,000
特別項目控除前の 1株当たり利益	$1.28	$1.00
特別項目控除後の 1株当たり利益	1.45	.20
普通株配当	1.20	.30
対収益利息率	4.6×	1.8×

a　さまざまな行使価格で160万株以上購入可能なワラントが存在した。上場株は1ワラントにつき30 1/2で売られていた
b　不動産信託である同社は、1968年には連邦税の支払いが免除されていた
x＝倍数、cr.＝マイナス、dr.＝マイナス、est.＝推定

な資産を食いつぶしてしまうほどだったのだ（この悲惨な数字には、投資に対する見込み損失引当金八八〇万ドルも含む）。にもかかわらず、経営陣は大胆にも（？）経営年度末直後に、五セントの増配を表明している。しかしその後、問題が噴出し始めた。同社の監査役は一九六九～七〇年の会計報告書を承認せず、株はアメリカン証券取引所で取引停止となった。そして店頭取引での買い気配値は二ドル以下となった。

一方のトラスト株は、一九六九年以降、典型的な価格変動をたどった。一九七〇年の安値は、一六・五ドルで、一九七一年初めには二六と六分の五ドルに戻している。最新報告利益は一株当たり一・五〇ドルで、株価は一九七〇年の簿価二一・六〇ドルをわずかに上回っている。一九六八年の最高値はやや行きすぎの観があったが、経営陣は株主に対して正直に、適正に対応した。エクイティーズ社はこれと違い、悲しむべき結果となった。

二組目：エア・プロダクツ・アンド・ケミカルズ（産業用、医療用ガスなど）と、エア・リダクション（産業用ガスと装置、化学品）

この二組は先の一組と比べ、社名も業務内容もかなり似ている。したがって他の組が本質的に異なるのに対して、この二社の比較は一般的に行われているタイプの証券分析である。プロダクツ社はエア・リダクション社より新しく、一九六九年時点で発行株式数は半分以下である。にも

表18-2　2組目　プロダクツ社とエア・リダクション社（1969年）

	プロダクツ	エア・リダクション
1969/12/31の株価	39½	16⅜
発行済み普通株	5,832,000[a]	11,279,000
普通株時価総額	$231,000,000	$185,000,000
負債	113,000,000	179,000,000
市場からの調達資金総額	344,000,000	364,000,000
1株当たりの簿価	$22.89	$21.91
売上高	$221,5000,00	$487,600,000
純収入	13,639,000	20,326,000
1969年の1株当たり利益	$2.40	$1.80
1964年の1株当たり利益	1.51	1.51
1959年の1株当たり利益	.52	1.95
現行配当率	.20	.80
配当開始年	1954	1917
各レシオ		
株価/収益	16.5 ×	9.1 ×
株価/簿価	165.0 %	75.0 %
配当利回り	0.5 %	4.9 %
純利益/売上	6.2 %	4.25%
収益/簿価	11.0 %	8.2 %
流動資産/負債	1.53×	3.77×
運転資本/負債	.32×	.85×
1株当たり収益の伸び率		
1969年（対1964年）	＋ 59%	＋19%
1969年（対1959年）	＋362%	マイナス

a　優先株の転換を想定
x　倍数

かかわらず、前者の株式時価総額はエア・リダクション株より二五％以上高かった。表18―2に見られるように、その理由はエア・リダクション株の高い収益力と優れた成長である。これはより「質」の高い企業の株価のほうが安いという典型的な結果である。エア・プロダクツ社の株価は収益の一六・五倍だったが、エア・リダクション株は九・一倍だった。またエア・プロダクツ株は資産裏付けを優に上回る価格だったが、エア・リダクション株は簿価の七五％で買えた。エア・リダクション社のほうが配当率は高かったが、これはエア・プロダクツ社の利益留保の強い意向を反映しているものと思われる。またエア・リダクション社は運転資本の状態が良かった（この点について、高収益の会社は常に何らかの永続的な資金調達によって現状を作り上げているといえるだろう。われわれの基準では、エア・プロダクツ社はやや負債が多い）。

もしアナリストがこの二社からどちらかがいいかと問われたら、何の迷いもなくエア・プロダクツ社のほうが将来性があると結論を下しただろう。だがこれで高値のエア・プロダクツ株はさらに魅力を増したのだろうか？　この質問にはっきり答えられる人はいないだろう。一般的に、ウォール街では「量」より「質」に重点を置くので、ほとんどの証券アナリストは割高ではあるがエア・プロダクツ株を「よし」とし、安いエア・リダクション株を「よくない」とするだろう。このどちらが吉と出るかは、明快な投資理論よりも、予測できない将来によるものである。この例からすれば、エア・リダクション社は、株価収益率が低い重要企業に入る。これまでの例が示す通り、そういった株価収益率の低い企業グループのほうが全体的に株価収益率の高い株より良い結果を出すなら、理論的にはエア・リダクション社のほうがよいということになるが、それはあくまでも分散運用の一部としての考え方である（個々の企業を入念に検証することによってアナリストが逆の結論に達することも考えられるが、そのためには既に過去の実績を反映しているという理由がなければならない）。

後日談

一九七〇年の暴落時、エア・プロダクツ株の下げは一六％で、エア・リダクション株の二四％の下げよりも持ちこたえた。しかし一九七一年初めにはエア・リダクション株のほうが大きく回復し、一九六九年の終値を五〇％上回った。一方のエア・プロダクツは三〇％上回ったのみだった。つまり株価収益率の低い株のほうが、少なくともとりあえずは有利だったということになる。

三組目：アメリカン・ホーム・プロダクツ（薬品、化粧品、家庭用品、キャンディ）と、アメリカン・ホスピタル・サプライ（医療用品、医療器具の製造販売）

一九六九年末、この二つの「一〇億ドル規模の大企業」は、急成長・高利益の「健康産業」を代表している。ここではそれぞれをホーム社、ホスピタル社と呼ぶことにしよう。両社の主要データを表18−3に示す。

両社に共通する評価すべき点とは、一九五八年以降後退することなく素晴らしい成長を見せていることである。つまり収益安定性が一〇〇％であり、財務状態も非常に良い。一九六九年末までのホスピタル社の成長率はホーム社よりかなり高い。しかしホーム社は売上と資本の収益率がかなり高い（実際、一九六九年のホスピタル社の対資本収益率は九・七％とかなり低く、過去の売上と収益の成長率がいくら高かったとはいえ、事業そのものは本当に高収益だったのかという疑問が頭をもたげる）。

株価を比べると、現在（あるいは過去）の収益と配当という点では、ホーム株はかなりチャンスが高い。ホーム社の非常に低い簿価は、普通株分析のあいまいさと矛盾を表している。つまりこれは一方で、同社が資本に対して高収益を上げていることになり、それは一般には強度と繁栄の証である。しかしもう一方で、現在の株価では、投資家は同社の収益状況が大きく後退した場合、特に立場が弱くなるということになる。一九六九年にホスピタル株は簿価の四倍を付けていたので、この危険信号は両社に適用されるべきである。

結論

われわれの防衛的選択法に従う決意を固めた投資家は、いずれの企業も現在の株価では「高」すぎると考えるべきである。これは、両社に見込みがないということではない。むしろ、株価に「見込み」要素が含まれすぎていて、実際の経営実績が十分反映されていないことが問題なので

表18-3　3組目　ホーム社とホスピタル社（1969年）

	ホーム *1969*	ホスピタル *1969*
1969/12/31の株価	72	45⅛
発行済み普通株	52,300,000	33,600,000
普通株時価総額	$3,800,000,000	$1,516,000,000
負債	11,000,000	18,000,000
市場からの調達資金総額	3,811,000,000	1,534,000,000
1株当たりの簿価	$5.73	$7.84
売上高	$1,193,000,000	$ 446,000,000
純収入	123,300,000	25,000,000
1969年の1株当たり利益	$2.32	$ .77
1964年の1株当たり利益	1.37	.31
1959年の1株当たり利益	.92	.15
現行配当率	1.40	.24
配当開始年	1919	1947
各レシオ		
株価/収益	31.0×	58.5 ×
株価/簿価	1250.0 %	575.0 %
配当利回り	1.9%	0.55%
純利益/売上	10.7%	5.6 %
収益/簿価	41.0%	9.5 %
運転資本/負債	2.6×	4.5 ×
1株当たり収益の伸び率		
1969年（対1964年）	＋ 75%	＋142%
1969年（対1959年）	＋161%	＋405%

x　倍数

ある。両社を合わせると、一九六九年の株価はほぼ五〇億ドルというのれん価値を反映していた。このれん価値が配当や有形資産として「実現」するためには、高収益が将来何年続けばよいのだろうか？

後日談

一九六九年末時点、市場は明らかにホーム社よりホスピタル社の方が収益が高いと予測していた。ホスピタル社の株価収益率はホーム社のほぼ二倍だったからである。しかし、一九七〇年にホスピタル社はわずかに収益が下がったのに対して、ホーム社は八％という増益を果たした。ホスピタル社の市場価格はその一年の減収に大きく反応し、一九七一年二月には三二ドルと一九六九年の終値より三〇％ほど下げたのに対し、ホーム社は一九六九年の終値を少し上回る値を付けたのである。

四組目：H＆Rブロック（所得税サービス）と、ブルーベル（作業着、制服等の製造）

この二社はニューヨーク証券取引所では比較的新参者であるという共通点があり、全く別のジャンルのサクセスストーリーを代表している。ブルーベル社は非常に競争の激しい業界において茨の道を歩み続けた後、ついに最大手にまで上り詰めた。収益は景気によって多少変動したが、一九六五年以降の伸びは目覚ましい。創業は一九一六年だが、一九二三年以降、無配なしである。一九六九年末の時点では、株式市場は同社に注目しておらず、株価収益率はわずか一一倍で、S＆P指数の一七倍を下回っていた。

これに対してH＆Rブロック社は彗星のごとく華々しく登場した。上場は一九六一年だが、初年度は総収入六一万ドルで、八万三〇〇〇ドルの利益を上げている。ところが八年後、総収入は五三六〇万ドル、純利益は六三〇万ドルと急増した。このころ、株式市場はこの華々しい企業に対して忘我状態であり、一九六九年の終値五五ドルは、それに先立つ一二カ月の財務報告上の一

表18-4　4組目　H&Rブロック社とブルーベル社(1969年)

	H&Rブロック 1969	ブルーベル 1969
1969/12/31の株価	55	49¾
発行済み普通株	5,426,000	1,802,000[a]
普通株時価総額	$298,000,000	$89,500,000
負債	—	17,500,000
市場からの調達資金総額	298,000,000	107,000,000
1株当たりの簿価	$1.89	$34.54
売上高	$53,600,000	$202,700,000
純収入	6,380,000	7,920,000
1969年の1株当たり利益	$ .51 (10月)	$ 4.47
1964年の1株当たり利益	.07	2.64
1959年の1株当たり利益	—	1.80
現行配当率	.24	1.80
配当開始年	1962	1923
各レシオ		
株価/収益	108.0×	11.2 ×
株価/簿価	2920 %	142 %
配当利回り	0.4%	3.6 %
純利益/売上	11.9%	3.9 %
収益/簿価	27 %	12.8 %
流動資産/負債	3.2×	2.4 ×
運転資本/負債	no debt	3.75×
1株当たり収益の伸び率		
1969年(対1964年)	+630%	+ 68%
1969年(対1959年)	—	+148%

a　優先株の転換を想定
x　倍数

株収益の一〇〇倍にも及んだ。もちろんこれは今日までの最高記録である。三億ドルの株式時価総額は、株価の後ろ盾となる有形資産のほぼ三〇倍だった。これは実質的な市場価値としては史上最高である(当時、IBMは簿価の約九倍、ゼロックスは一一倍だった)。

表18－4はブロック社とブルーベル社の評価の大きな違いを金額と比率で示したものである。実際、ブロック社の資本一ドル当たり利益はブルー

ベル社の二倍で、実質的にはゼロから始まった過去五年間の収益の伸び率はさらに高い。しかし、ブルーベル社は時価総額で見るとブロック社の三分の一以下の規模であった一方で、ブルーベル社は事業としては四倍大きく、収益にしても二・五倍も高く、実質投資も五・五倍多く、配当利回りも九倍あったのである。

結論

ベテランのアナリストはブロック社の大きな勢いを認め、将来の成長について良い予測をしたことだろう。所得税サービス分野における激しい競争の危険について多少不安はあったかもしれないが、ブロック社が実現した高投資収益に惑わされたのである（読者は先のＡＡＡ社のこの分野への事業参入を試みながら、すぐに失敗した例を思い出すだろう）。

しかし非常に競争の激しい分野において、エイボン・プロダクツ社のように優れた企業が継続的に成功を収めていることが心にあったため、彼はブロック社の成長線が急激に横ばいになることを予測したくなかったのである。このアナリストの最大の関心事は、単にこの会社に対する三億ドルという評価はまだ足りないのではないか、そして恐らくこの優れた商売から期待し得るものを過大評価していないのではないかということだったのだ。一方、極めて控えめな値を付けていたブルーベル社を優良企業として薦めることは躊躇したのである。

一九七一年三月までの後日談

一九七〇年のにわか恐慌によってブルーベル社の株価は四分の一、ブロック社は三分の一に下がっている。その後、一般市場の大幅な回復に合わせて、一九七一年二月にはブロック社の株価は七五ドルに上がり、ブルーベル株は一〇九ドルへと大きな回復を見せている（二株を三株に分割後）。一九六九年末時点で、明らかにブロック株よりブルーベル株の方が買いだった。ところがブロック株がこの明らかに行き過ぎた価格からさらに三五％ほど続伸したという事実は、どれほど株価が高く見えても、アナリストや投資家は優良企業を短期で売るので――言葉であれ、行為であれ――十分気をつけなければいけないことを示している。

五組目：インターナショナル・フレーバーズ＆フレグランス（他企業向けの香料など）と、インターナショナル・ハーベスター社（トラック製造、農業機械、建設用機械）

この比較は、驚くだけでは済まない。ダウ平均採用の三〇巨頭の一社であるインターナショナル・ハーベスター社はあまりにも有名だが、ニューヨーク証券取引所名簿で隣り合わせのインターナショナル・フレーバーズ＆フレグランス社の名前を聞いたことのある読者が、何人いるだろう？　語るも不思議な話だが、このフレーバーズ社は一九六九年末で株価総額が七億四七〇〇万ドルと、ハーベスター社の七億一〇〇〇万ドルより多いのである。ハーベスター社がフレーバーズ社の一七倍もの株式資本、二七倍もの年間売上があることを考えるとさらに驚く。実際にわずか三年前まで、ハーベスター社の純利益は一九六九年のフレーバーズ社の売上より多かったのである。なぜこれほどまでの格差が生じたのだろう？答えは二つのマジックワード、収益力と成長にある。フレーバーズ社は双方で抜きん出ており、ハーベスター社はあらゆる面で遅れをとったのだ。**表18―5**を見れば一目

表18-5　5組目　フレーバーズ社とハーベスター社（1969年）

	フレーバーズ *1969*	ハーベスター *1969*
1969/12/31の株価	65½	24¾
発行済み普通株	11,400,000	27,329,000
普通株時価総額	$747,000,000	$710,000,000
負債	4,000,000	313,000,000
市場からの調達資金総額	751,000,000	1,023,000,000
1株当たりの簿価	$6.29	$41.70
売上高	$94,200,000	$2,652,000,000
純収入	13,540,000	63,800,000
1969年の1株当たり利益	$1.19	$2.30
1964年の1株当たり利益	.62	3.39
1959年の1株当たり利益	.28	2.83
現行配当率	.50	1.80
配当開始年	1956	1910
各レシオ		
株価/収益	55.0×	10.7×
株価/簿価	1050.0%	59.0%
配当利回り	0.9%	7.3%
純利益/売上	14.3%	2.6%
収益/簿価	19.7%	5.5%
流動資産/負債	3.7×	2.0×
運転資本/負債	large	1.7×
受取利息	—	（税引前）3.9×
1株当たり収益の伸び率		
1969年（対1964年）	＋ 93%	＋ 9%
1969年（対1959年）	＋326%	＋39%

x　倍数

瞭然で、フレーバーズの一四・三％という驚異的な売上利益率（税引前では二三％）に対し、ハーベスター社は二・六％にすぎない。同様に、フレーバーズ社は株式資本に対して一九・七％の収益があるのに対し、ハーベスター社は五・五％にとどまっている。さらにフレーバーズ社の純利益は五年間でほぼ倍増しているが、ハーベスター社は実質的に横ばいである。一九五九～六九年の間、この傾向は変っていない。こうした業績の違いによって典型的な市場評価の格差が生じた。一九六九年、フレーバーズ社は最終報告利益の五五倍で売られたが、ハーベスター社は一〇・七倍にすぎなかった。またフレーバーズ社は簿価の一〇・四倍の評価だったが、ハーベスター社は純資産額を四一％も下回る価格で売られたのである。

解説と結論

最初に言っておくべきなのは、フレーバーズ社の市場での成功は、中心事業の発展に専念することを心がけ、近年ウォール街で流行の企業の策略、買収計画、資本過大構造などに巻き込まれなかったためである。極めて利益率の高い業務に専念した、実はそれだけのことである。ハーベスター社の歴史を見るとこれと全く別の疑問がわくが、これらも「売り上げの多さ」とは関係がない。なぜこのように、長い繁栄にもかかわらず、多くの大企業の収益が落ちたのだろう？　企業が株主の投資に十分応えられる利益を上げられないなら、二五億ドル以上に及ぶビジネスの有利性はどこにあるのだろう？　この問題を解決するのはわれわれの仕事ではない。しかし経営陣だけではなく、株主一般にも問題があること、そしてそれに対処できる最高の頭脳と努力が必要であることに気づくべきだと言いたい。普通株選択の観点からすれば、どちらの株式もわれわれの言う健全で、然るべき魅力を持ち、適性な価格という投資基準に満たない。フレーバーズ社は典型的な華々しい成功企業だが、過大評価が著しい。ハーベスター社の場合は、割安ではあっても真に魅力的というにはあまりにも月並みである（それなりの価格帯で、もっと良い価値の高いものが間違いなくあった）。

一九七一年までの後日談

ハーベスター株は一九六九年末に低価格だったため、一九七〇年の暴落時にそれ以上大きく下落せず、一〇％下げただけで済んだ。フレーバーズ株の方が大きく反応し、三〇％も下げて四五ドルとなった。その後の景気回復で両社とも一九六九年の終値を大きく上回る水準まで回復したが、ハーベスター社はすぐに二五ドルまで下げてしまった。

六組目：マグローエジソン（公益事業と設備、家庭用品）と、マグローヒル（書籍、映画、教育システム、雑誌と新聞の出版事業、情報サービス）

この二社は名前が似ているので、エジソン社、ヒル社と呼ぶが、いずれも全く異なる分野の大企業である。一九六八年一二月三一日のデータを比較の対象時期として選び、**表18―6**に示す。

株価はほぼ同じだが、ヒル社の方の資本金が大きいので時価総額としては約二倍になる。この違いには少なからず驚く。なぜならエジソン社は約五〇％も売上が多く、純利益も四分の一ほど多かったからである。その結果、最も重要な株価収益率は、ヒル社のほうがエジソン社の二倍以上高くなっている。この現象は、

表18-6　6組目　エジソン社とヒル社（1968年）

	エジソン *1968*	ヒル *1968*
1968/12/31の株価	37⅝	39¾
発行済み普通株	13,717,000	24,200,000[a]
普通株時価総額	$527,000,000	$962,000,000
負債	6,000,000	53,000,000
市場からの調達資金総額	533,000,000	1,015,000.000
1株当たりの簿価	$20.53	$5.00
売上高	$568,600,000	$398,300,000
純収入	33,400,000	26,200,000
1968年の1株当たり利益	$2.44	$1.13
1963年の1株当たり利益	1.20	.66
1958年の1株当たり利益	1.02	.46
現行配当率	1.40	.70
配当開始年	1934	1937
各レシオ		
株価/収益	15.5 ×	35.0 ×
株価/簿価	183.0 %	795.0 %
配当利回り	3.7 %	1.8 %
純利益/売上	5.8 %	6.6 %
収益/簿価	11.8 %	22.6 %
流動資産/負債	3.95×	1.75×
運転資本/負債	large	1.75×
1株当たり収益の伸び率		
1968年（対1963年）	＋104%	＋ 71%
1968年（対1958年）	＋139%	＋146%

a　優先株の転換を想定
x　倍数

主に市場が出版企業株に強い情熱と偏好を持ち続けたことによるものと思われる（そうした企業のうち何社かが、一九六〇年代後半に株式上場を果たしている）。

実際、一九六八年末ごろにはこの熱狂が行きすぎであることは明らかだった。一九六七年にヒル株は五六ドルで売られており、直近に報告された一九六六年の一株当たり利益の四〇倍以上だったのである。しかし一九六七年にはやや下げ、一九六八年はさらに下げている。このように既に二年も減益している企業に、三五倍という高い株価収益率が付けられていたのである。にもかかわらず、株は有形資産裏付けの八倍以上で評価されており、一〇億ドル近いのれん価値の要素があったことを示す。この株価はジョンソン博士の名言、「過去の実績より将来への期待の勝利」を具現している。

これとは対照的に、エジソン株は（高い）一般市場水準や同社の全体的な業績や財務状況から見て妥当な株価だったようである。

一九七一年までの後日談

マグローヒル社の収益は一九六九年、一九七〇年と下がり続け、一株当たり一・〇二、さらには〇・八二ドルまで落ちた。一九七〇年五月の大暴落で株価は一〇ドルと壊滅的に下がり、二年前の五分の一以下となった。その後、順調に回復したものの、一九七一年三月の高値である二四ドルも一九六八年の終値の六〇％だった。マグローエジソン社はそれほど悪くなく、一九七〇年に二二ドルまで下げたものの、一九七一年五月には四一・五ドルに戻している。

マグロー−ヒル社は今も強力な優良企業である。しかしその株価の歴史は、他の多くの例にもれず、ウォール街において楽観主義と悲観主義の無規律な変動から投機的な賭けが作り出されていることを如実に表している。

七組目：ナショナル・ゼネラル（大型複合企業）と、ナショナル・プレスト・インダストリーズ（各種電気器具、兵器）

この二社を比較の対象としたのは、その大きな違いゆえである。ここでは両社をそれぞれゼネラル社、プレスト社と呼ぶ。一九六八年末を比較のときとして選んだのは、一九六九年のゼネラル社は貸し倒れ損失によって、その年の数字が非常に不明瞭になったからである。ゼネラル社の広範な営業成果は前年まで実を結んでいなかったが、既にだれの目から見ても複合企業となっていた。『株式ガイド』の短評には「全国規模の劇場チェーン――映画とテレビ番組の制作、貯蓄融資、出版」とある。そこにさらに、「保険、投資銀行、レコード、音楽出版、コンピューター化サービス、不動産およびパフォーマンスシステムズ（最近、ミニーパールズ・チキン・システムズから社名変更）の三五％」を付け加えることができよう。プレスト社も多角化戦略を取ったが、ゼネラル社に比べるとかなり控えめである。プレスト社は圧力調理器の先発メーカーとしてスタートし、他のさまざまな家庭用品や電気器具に手を広げている。ゼネラル社と決定的に違うのは、米連邦政府と多くの兵器契約を結んでいることである。

表18―7は、一九六八年末の両社の簡単なデータである。プレスト社の資本構造は極めて単純明快で、市場価格にして五八〇〇万ドルの普通株一四七万八〇〇〇株以外何もない。これに対してゼネラル社はこの二倍に相当する普通株の他に、転換優先株と、大量の普通株を必要とする株式ワラント三種、多額の転換社債（先ごろ保険会社の株との交換によって発行された）、および相当量の非転換社債などがある。これらの合計は、期日の近い転換社債などを除くと五億三四〇〇万ドル、そのような証券も含めると七億五〇〇〇万ドルに及ぶ時価総額となる。ゼネラル社は非常に多額の資本があるにもかかわらず、実際にはプレスト社より収益規模がかなり少なく、純収益はプレスト社の七五％しかない。

ゼネラル社の普通株資本の本当の市場価値の決定には、証券アナリストにとって興味ある問題が示されている。また株式に興味を持つ人すべてにとって、単なるギャンブル以上の重要な意味がある。四・五ドルという少額の転換優先株は、普通株が適切な市場水準ならば普通株へ転換されるという前提で納得がいく。表18―7の示す通りである。しかし、ワラントは話が別である。「完全に希薄化」された状態で計算した場合、会社は全ワラントが行使され、その収入を負債回収に充て、さらに差額を市場での普通株購入に使うものとする。このように推定しても、実際一九六八年に一株当たり利益への影響はなく、希薄化の前後でいずれも一・五一ドルと報告されて

表18-7　7組目　ゼネラル社とプレスト社（1968年）

	ゼネラル *1968*	プレスト *1968*
1968/12/31の株価	44¼	38⅝
発行済み普通株	4,330,000[a]	1,478,000
普通株時価総額	$192,000,000	$58,000,000
3種類のワラント の市場価値	221,000,000	—
普通株時価総額と ワラントの市場価値の総額	413,000,000	—
優先証券	121,000,000	—
市場からの調達資金総額	534,000,000	58,000,000
（ワラントを考慮に入れた 普通株の株価）	(98)	—
普通株の簿価	$31.50	$26.30
売上高および収入	$117,600,000	$152,200,000
純収入	6,121,000	8,206,000
1968年の1株当たり利益	$1.42 (December)	$5.61
1963年の1株当たり利益	.96 (September)	1.03
1958年の1株当たり利益	.48 (September)	.77
現行配当率	.20	.80
配当開始年	1964	1945
各レシオ		
株価/収益	69.0 ×[b]	6.9 ×
株価/簿価	310.0 %	142.0 %
配当利回り	.5 %	2.4 %
純利益/売上	5.5 %	5.4 %
収益/簿価	4.5 %	21.4 %
流動資産/負債	1.63×	3.40×
運転資本/負債	.21×	no debt
1株当たり利益の伸び率		
1968年（対1963年）	＋ 48%	＋450%
1968年（対1960年）	＋195%	＋630%

a　優先株の転換を想定
b　ワラントの市場価値に調整済
x　倍数

いる。しかしわれわれはこれを非理論的、非現実的と考える。

ワラントは「普通株全体」の一部であり、その市場価値は資本の一部としての普通株の「実質的な市場価値」の一部なのである（第16章参照）。このワラントの市場価格に普通株の市場価値を足すというシンプルな技術は、一九六八年のナショナル・ゼネラル社の業績に大きく影響しており、**表18―7**に見られる通りである。実際に普通株の「真の市場価格」は、相場の二倍となっている。したがって一九六八年の本当の株価収益率は二倍以上となり、六九倍というとんでもない数字になった。そして「普通株」の時価総額は四億一三〇〇万ドルとなり、これは有形資産の三倍以上である。

このような数字はプレスト社と比べて実に異常である。プレスト社が経常利益の六・九倍にしか評価されていないのに、ゼネラル社はほぼ一〇倍なのはなぜかと疑問を抱かざるを得ない。プレスト社の数字はすべて極めて満足すべきものだが、事実その成長率のあまりの高さは眉唾ものである。しかしこれは、同社が軍需によって潤っていたためであり、株主は戦時特需がなくなれば収益が減ることを予想しておかなければならないのである。しかし結局、プレスト社は投資適格条件をすべて満たしていたが、一方のゼネラル社は一九六〇年代後半という当たり年の典型的な「複合企業」の特徴をすべて備え、さまざまに工夫を凝らし、その巨大さを誇りながらも、相場の裏付けとなる実質的価値に欠けていたのである。

後日談

ゼネラル社は一九六九年も多角化方針を取り続け、負債も若干増加した。しかし主にミニパール・チキンへの投資によって何百万ドルもの膨大な損失を出している。最終決算では、税額控除前で七二〇〇万ドル、税額控除後で四六四〇万ドルの損失となっている。株価は、一九六九年に一六・五ドルに下がり、一九七〇年には九ドルにまで下がった。これは、一九六八年の高値六〇ドルのわずか一五％である。一九七〇年の収益は希薄化後一株当たり二・三三ドルと報告され、株価は一九七一年に二八・五ドルまで回復した。ナショナル・プレスト社は一九六九年と一九七〇年に一株当たり利益をやや増やし、一〇年間利益を伸ばし続けている。にもかかわらず、株価は一九七〇年の暴落時に二一・五ドルまで下げた。この価格は最終報告収益の四倍以下で、同時期の普通株の純経常資産を下回っていることから、おかしい。一九七一年末のナショナル・プレスト社の株価は六〇％増の三四ドルとなっているが、比率としてはまだ異常である。増加した運転資本は現在価格と同等程度で、最終報告収益の五・五倍にとどまっている。今、投資家が分散投資のためにこのような株を一〇銘柄見つけられれば、必ず満足いく結果が得られるだろう。

八組目：ホワイティング（資材運搬機器）と、ウィルコックス＆ギブズ（小型複合企業）

この二社はアメリカン証券取引所の名簿で近くに載っているが、隣り合わせではない。

表18―8Aにおける比較を見るにつけ、ウォール街は本当に理性的な機関なのかと疑わざるを得ない。売り上げも利益も少なく、普通株の有形資産が半分しかない企業が、他方の企業の四倍もの時価総額を付けていたのである。この高い評価を受けていた会社は

表18-8A　8組目　ホワイティング社とウィルコックス&ギブズ社(1969年)

	ホワイティング *1969*	ウィルコックス&ギブズ *1969*
1969/12/31の株価	17¾	15½
発行済み普通株	570,000	2,381,000
普通株時価総額	$10,200,000	$36,900,000
負債	1,000,000	5,900,000
優先株	—	1,800,000
市場からの調達資金総額	$11,200,000	$44,600,000
1株当たりの簿価	$25.39	$3.29
売上高	$42,200,000（10月）	$29,000,000（12月）
特別項目控除前の純収入	1,091,000	347,000
特別項目控除後の純収入	1,091,000	*def. 1,639,000*
1969年の1株当たり利益	$1.91（10月）	$.08[a]
1964年の1株当たり利益	1.90（4月）	.13
1959年の1株当たり利益	.42（4月）	.13
現行配当率	1.50	—
配当開始年	1954	(none since 1957)
各レシオ		
株価/収益	9.3 ×	very large
株価/簿価	70.0 %	470.0 %
配当利回り	8.40%	—
純利益/売上	3.2 %	0.1 %[a]
収益/簿価	7.5 %	2.4 %[a]
流動資産/負債	3.0 ×	1.55×
運転資本/負債	9.0 ×	3.6 ×
1株当たり利益の伸び率		
1969年(対1964年)	変化なし	decrease
1969年(対1959年)	+354%	マイナス

a　特別損失支払前
x　倍数

特別損失に伴う多額のロスを報告しようとしていたし、一三年間も配当を出していない。他方は長い間十分な収益を上げており、一九三六年以降無配はなく、普通株全体の中で最高の配当利回りを出す企業に返り咲いている。二社の業績の違いをより明確に示したのが**表18—8B**で、一九六一～七〇年の収益と株価の記録である。

この二社の歴史は、本章に登場した大企業と比べると、米国の中小企業の発展という点で興味深い。ホワイティング社は一八九六年創業で、少なくとも七五年の歴史がある。物資搬送関連事業にほぼ的を絞っており、ここ一〇年以上業績は極めて良好である。ウィルコックス&ギブズ社はこれをさかのぼる一八六六年の創業で、産業用ミシンで知られている。同社は過去一〇年間、やや変わった多角化方針を取ってきた。子会社を多く持ち（二四社以上）、さまざまな製品を作りながらも、

表18-8B　ホワイティングとウィルコックス&ギブズの10年間の株価と収益の推移

年	ホワイティング 1株当たり利益a	ホワイティング 株価変動幅	ウィルコックス&ギブズ 1株当たり利益	ウィルコックス&ギブズ 株価変動幅
1970	$1.81	22½–16¼	$.34	18½– 4½
1969	2.63	37 –17¾	.05	20⅝– 8¾
1968	3.63	43⅛–28¼	.35	20⅛– 8⅓
1967	3.01	36½–25	.47	11 – 4¾
1966	2.49	30¼–19¼	.41	8 – 3¾
1965	1.90	20 –18	.32	10⅜– 6⅛
1964	1.53	14 – 8	.20	9½– 4½
1963	.88	15 – 9	.13	14 – 4¾
1962	.46	10 – 6½	.04	19¾– 8¼
1961	.42	12½– 7¾	.03	19½–10½

a　翌4/30までの1年間

複合企業としてはウォール街の基準からすると烏合の衆でしかないのである。

われわれは、ホワイティング社の収益の伸びをほぼ理想的だと考える。それは一九六〇年に一株四一セントだったのが、一九六八年には三・六三ドルへと、確実にしかも大きく成長した。しかし将来もこの成長が続くという保証はない。その後、一九七一年一月末までの一二カ月で一・七七ドルまで下げたのは、景気全般の低迷を反映したにすぎないのかもしれない。しかし株価は激しく反応し、一九六八年の高値四三・五ドルから、一九六九年の終値にかけて六〇％も下げた。われわれの分析からすると、この株式は健全で魅力的な二流株投資を示しており、こういった株式は積極的投資家の分散投資の一部として適している。

後日談

ウィルコックス＆ギブズ社は一九七〇年にわずかな営業損失を出している。その結果、株価は四・五ドルという安値に急落し、典型的な回復を見せて一九七一年二月には九・五ドルになったが、この株価は統計的には正しいとは言い難い。一方、ホワイティング社の下げは小幅で、一九七〇年に一六・七五ドルとなった（株式の後ろ盾となる流動資産とほぼ同等の価格で売られていたということだ）。利益は、一九七一年七月で一株当たり一・八五ドルある。一九七一年初めには株価は二四・五ドルに上がり、これは十分手ごろな値段だが、われわれの言う「割安」価格ではない。

一般的見解

以上、八組の株式は多少意図的に選ばれており、普通株名簿から無作為に抽出したものではない。また工業分野や重要な公益事業や輸送企業に限られており、金融企業が出てこない。しかしこれらの企業は、規模、業態、量的・質的な面で非常にバラエティーに富んでおり、普通株をまさに選択しようとしている投資家に、妥当な考え方を示している。

株価とその価値の関係も各企業によって大きく違った。ほとんどの場合、過去に大きく成長していて収益性が高い企業は、現在の利益に対して高い株価収益率で売られており、一般的にこれはとても論理的である。株価収益率の明らかな差は、こうした事実によって正当化されているのか、あるいは将来の発展によってその正しさが立証されるものなのかを確信を持って答えることはできない。また、価値ある判断に達することのできる事例は非常に少ない。これはほとんどの場合、潜在的な健全性に問題のある企業に、市場で大きな値動きがあるためである。そのような株は投機的（つまり本質的に危険という意味）であるばかりでなく、一時的には好取引でも明らかに過大評価されている。その他の証券は、逆の市場態度――われわれが言うところの「非投機的状態」――または収益減少による過度の悲観主義に影響されて、実際の価値以下の価格を付けていたようだ。

表18—9は、この章で取り上げた企業の株価の推移である。多くは一九六一年～六二年、および一九六九～七〇年に大きく下げている。明らかに投資家は将来、株式市場でこのような下げ相場があることを覚悟しておかなければならない。**表18—10**は一九五八年～七〇年のマグローヒル社の年ごとの株価推移を示す。注目すべきは一三年間の各年を見ると、株価は上げるにしても下げるにしても、少なくとも三年から二年はかかっていることである（ナショナル・ゼネラル社の場合、この上下の幅は二年である）。

この章で採用した株式を検討した結果、われわれはやはり、通常の証券分析の目的と、信頼でき、かつ利益の見

表18-9　普通株16銘柄の株価変動（1970年まで株式分割調整済）

	株価変動幅 1936-1970年	下げ幅 1961～1962年	下げ幅 1968-69～1970年
エア・プロダクツ	1⅜–49	43¼–21⅝	49 –31⅜
エア・リダクション	9⅜–45¾	22½–12	37 –16
アメリカン・ホーム	⅞–72	44¾–22	72 –51⅛
アメリカン・ホスピタル	¾–47½	11⅝– 5¾	47½–26¾[a]
H&Rブロック	¼–68½	—	68½–37⅛[a]
ブルーベル	8¾–55	25 –16	44¾–26½
フレーバーズ&フラグランシズ	4¾–67½	8 – 4½	66⅜–44⅞
ハーベスター	6¼–53	28¾–19¼	38¾–22
マグロー・エジソン	1¼–46¼	24⅜–14[b]	44¾–21⅝
マグローヒル	⅛–56½	21½– 9⅛	54⅝–10¼
ナショナル・ゼネラル	3⅝–60½	14⅞– 4¾[b]	60½– 9
ナショナル・プレスト	½–45	20⅝– 8¼	45 –21½
トラスト	10½–30¼	25⅛–15¼	30¼–16⅜
エクイティーズ	3¾–47¾	6⅞– 4½	37¾– 2
ホワイティング	2⅞–43⅜	12½– 6½	43⅜–16¾
ウィルコックス&ギブズ	4 –20⅝	19½– 8¼	20⅜– 4½

a　高値、安値ともに1970年
b　1959年から1960年

込める証券分析と思えるものには大きな食い違いがあると強く感じた。ほとんどの証券アナリストが選ぼうとしているのは、将来最もいい成績を上げられそうなものである。彼らは主に市場の動きを見ているが、収益の伸びも考慮に入れている。はっきり言ってこれで満足な結果が得られるのかどうか、疑問である。われわれは、アナリストの仕事とは価格が価値を十分に下回っていると自信を持って断言できるような、例外的なつまり希少価値のあるものを探すことであることを望む。アナリストは、長年満足のいく平均的な成果を出した豊富な経験を生かせば、このことができるはずである。

表18-10　マグローヒルの1年ごとの株価変動(1958-1971年)a

		値上がり	値下がり
1958	1959	39 −72	
1959	1960	54 −109¾	
1960	1961	21¾− 43⅛	
1961	1962	18¼− 32¼	43⅛−18¼
1963	1964	23⅜− 38⅞	
1964	1965	28⅜− 61	
1965	1966	37½− 79½	
1966	1967	54½−112	
1967	1968		56¼−37½
1968	1969		54⅝−24
1969	1970		39½−10
1970	1971	10 −24⅛	

a　株価は株式分割調整前

第19章　株主と経営陣——配当方針

一九三四年以降、われわれは数々の著書の中で、経営陣に対する株主のより賢明で精力的な態度について論じてきた。それは、株主は明らかに成果を出している経営には寛大な態度を取り、逆にしかるべき成果が出せなかった場合には満足のいく説明を求め、向上に向けて非生産的な経営要因を排除する動きを助けるべきだというものである。次のような状況では、当然株主は経営陣の能力について問題提起すべきである。①満足できる成果が出せなかったとき、②状況の似ている他社に比べて成果が悪かったとき、③長期にわたって満足のいく株価水準にならないとき—

――である。

しかし過去三六年間、実際には多くの株主の賢明なる行動は実を結んでいない。分別ある十字軍戦士は――もしもそのような人がいるとすればであるが――時間を無駄にするくらいなら、戦いをあきらめる方がよいと考えるだろう。たまたまわれわれが目的を果たすことができたのは、企業買収または株式公開買い付けとして知られる特別な方法によって救われたからである。われわれは第8章で、脆弱な経営は低い市場価格しか生み出さないと述べた。しかし低い市場価格は、多角経営化に興味を持つ企業を魅惑する。現在、そうした企業の数は非常に多い。現役経営陣との合意や、市場での株のかき集めや、被買収企業の幹部を抱き込むことなどによって、そのような無数の企業買収が成し遂げられた。入札価格は経営陣が有能な場合は、大抵その企業の価値の範囲内である。だからこそ多くの場合、愚鈍な一般株主は「部外者」の行動によって救済される。「部外者」は、個人企業家であることも、自力で活動する集団であることもある。

次のことはほぼ例外のない一般論である。脆弱な経営は「一般株主」の行動ではなく、個人や小集団による管理の投入によってのみ変わる。近ごろ頻繁に起きていることだが、公的に管理されている典型的な企業では、業績やその結果としての株価が著しく下がったら、取締役を含めた経営陣は大きな企業買収の標的になり得ることを通告される。その結果、取締役会は以前よりも自分たちの会社の経営幹部がしっかり仕事をしているかどうかを見るという基本的な責務をきちんと果たすようになったのだろう。近年、より多くの社長交代がみられるようになった。

業績不振企業のすべてがそうした望ましい変化を遂げているわけではない。また改善活動のない長期業績不振の後でもしばしば変化は起こる。そしてその変化の原因は、がっかりした株主が低価格で株を売り払うことによって、精力的な部外者が株式の支配的な地位を得たことである。しかし、一般株主が経営陣や経営方針を向上させる動きを助けることで自分たちを本当に救えるという考え方はあまりにも理想を求めすぎていて、本書ではこれ以上割いて述べることはできない。株主総会に自ら出席するだけの勇気ある一般株主たちには――全く無駄な行為であることがほとんどだが――経営陣にどのような問題提起をすべきかについてアドバイスする必要などないだろう。その他の人たちには、恐らく助言するだけ無駄であろう。しかし株主は、企業の明らかに不満足な経営状況にメスを入れたがっている株主仲間から送られる委任状はどんなものでも、偏見を持たず、そして用心深く熟考するよう祈りつつ締めくくりたい。

株主と配当方針

昔はよく、配当方針が一般、つまり「少数」株主と経営陣との間で議論となった。株主はより多くの配当を求め、一方の経営陣は収益を「会社をさらに成長させるため」に留保したがる。経営陣は株主に、会社のため、そして自分自身にとっての将来の利益のために、目先の利益を犠牲にするよう訴えてきた。しかしここ数年、投資家の配当に対する姿勢がゆっくりと、しかし確実に変化している。今や配当が少額なのは、企業がおカネを「必要」としているからではなく、むしろさらに利益を生み出す事業拡大のための資金を留保することによって、株主がすぐに利益を得られるからだと言われている。かつては、収益の六〇～七五％という一般的な額を配当として支払わずに、保留せざるを得なかったのは、決まって脆弱企業であった。その結果は、ほとんど株価に不利に作用した。最近では、故意に配当を低く抑える企業は強力な成長企業であり、こうした企業の株が投資家や投機家に認められている。

利益の留保に関しては、それが収益を大きく向上させ得るという見方もあったが、反論もあった。例えば、利益は「株主のもの」であり、常識的な経営の範囲内で株主にはそれを分け与えられる権利があるというもの。また多くの株主が生活のために配当収入を必要としているというもの。さらに配当として受け取る収益は「本物のおカネ」だが、企業が保有する収益は後に有形資産として株主の前に姿を現すこともあるし、そうでないこともあるといったものだ。これらの反論には説得力があり、株式市場は無配当もしくは配当の少ない企業より配当の多い企業を好むという姿勢を示し続けた（分析の結果、典型的な例において、配当を一ドル支払った場合、無配当の場合と比べて株価が四倍も高くなった。このことは一九五〇年以前の何年にもわたり、公益企業によって証明されている。配当性向も株価収益率も低い銘柄が、後で配当が上がったために値上がりし、とても魅力的な買い物であった例がよくみられた。一九五〇年以降、この業種の配当性向は、ほとんどどの企業も同じになった）。

過去二〇年間、「再投資は儲かる」式の理論が主流だった。過去の成長が大きければ大きいほど、投資家も投機家もより低配当方針を受け入れるようになったのである。多くの人気成長株は、配当率――もしくは無配――が株価に何の影響も及ぼさなかったことから、これは真実である。

この顕著な例は、テキサス・インスツルメンツ社の歴史に見られる。一九五三年に五ドルだった同社の普通株の株価は、一九六〇年には二五六ドルに上昇した。利益も一株当たり四三セントから三・九一ドルに増えた。にもかかわらず、その間配当らしきものは一切なかったのである（一九六二年に初めて現金配当が支払われたが、その年に利益は一株当たり二・一四ドルまで落ち、株価も四九ドルという衝撃的な下落を記録した）。

もうひとつ極端な例として挙げられるのが、スーペリアーオイル社である。同社は、一九四八年には一株当たり三五・二六ドルの利益、三ドルの配当を出し、株価は二三五ドルという高値を付けた。一九五三年には配当は一ドルになったが、株価は六六〇で高値更新。そして一九五七年には全くの無配当にもかかわらず、なんと二〇〇〇ドルという値を付けたのだ！　この異例銘柄は、その後一九六二年には七九五ドルまで下がり、利益は一株当たり四九・五〇ドル、配当は七・五〇ドルとなった。

成長企業の配当方針に対する一般認識は、まだ定まった状態というには程遠い。この問題について相対する見解が、AT&T社とIBM社という二つの大企業の例によって示される。一九六一年、AT&T株はその年の収益の二五倍で買われ、相当な成長の可能性が見込まれていた。にもかかわらず、企業の現金配当方針は投資家、投機家にとっての最大の関心事だった。そしてその相場は、近々配当率が上がるという単なるうわさにまで敏感に反応した。一方、ＩＢＭ社の「現金」配当は、市場ではあまり注目されなかった。同社は一九六〇年に高値を更新したにもかかわらず、配当率はたった〇・五％で、一九七〇年の終値では一・五％であった（しかしどちらの場合も株式分割をして、株価に大きな影響が出た）。

現金配当方針に対する市場の評価は、次の方向に向かっているように思われる。株価の伸びが最も重視されているわけではない株式は「インカム銘柄」として分類され、そこでは配当率が最も重要な株価決定要因になっている。一方、高度成長株は、将来の、例えば向こう一〇年間の期待成長率によって評価され、現金配当率はほとんど問題にされない。

このことは現在の傾向を述べているが、決してすべて、いや大多数の普通株に対して明確な指針を与えるものではない。第一、多くの企業が成長企業と非成長企業の中間に位置している。それぞれの場合、成長性にどれほど比重をかければよいかを一概に述べることは難しいし、それについての市場の見方も年々急激に変化する。第二に、成長の低い企業により高い現金配当を求めるのは、逆説的ではないだろうか？　つまりこれらは一般的にあまり儲かっていない企業であり、過去においては経営が順調であればあるほど、高配当や増配の期待というものは大きかったのである。

われわれは、株主は経営陣に対して収益のおよそ三分の二を配当として支払うか、もしくは再投資した利益が一株当たりの収益を十分上げたという明確な証拠を示すよう要求すべきだと考える。通常、成長企業と見なされる企業では、そのような証明が可能である。しかし他の多くの場合、配当性向が低いということは、明らかに平均市場価格がその価値をはるかに下回っていることが原因であり、株主は質問や不満を言う権利があるのだ。

企業がしばしば低配当方針を余儀なくされるのは、その企業の財務状態が悪く、収益と減価償却費のすべてもしくは大部分が、債務支払いと流動資産の増加のために必要だからである。そのようなときには、株主は会社をそのような逼迫した財政状況に陥らせたことに対して経営陣を非難するのがせいぜいである。しかしあまり業績の良くない企業が、事業拡大という明白な目的で配当を低く抑えることがある。そのような方針は筋が通っておらず、株主はそれを受け入れる前に、完璧な説明を得て、納得する必要がある。過去の経験に照らしてみると、二流の業績しか出せなかった企業が、古い経営体制を引きずったままで株主のおカネを使って事業を拡大し、そこから株主が利益を得られるとは考え難い。

株式配当と株式分割

投資家が株式配当（株式による配当）と株式分割の本質的な違いを理解することは、大切なことである。典型的な株式分割の場合、一株に対して二株もしくは三株を発行する。発行される新しい株は、過去の特定の期間に再投資された特定の利益には全く関係ない。株式分割の目的は、一株当たりの市場価格を下げることであり、このような低価格が新旧すべての株主によって受け入れられると考えられるのである。株式分割は、専門用語で株式配当といってもよい手法によって実行される場合がある。すなわち、利益剰余金を資本勘定へ繰り入れる方法を取る場合である。また、一株当たりの額面を変えることによっても分割は行われ、この場合には利益剰余金勘定には影響しない。

われわれが本来の株式配当と呼ぶのは、二年以上さかのぼらない過去の短期間の収益で、株主の勘定において、その企業に再投資された特定の収益があったことを証拠として示すために株主に支払われる配当である。このような株式配当は、その発表時点での株式のおおよその価値で評価し、その金額を利益剰余金勘定から資本金勘定へ振り替えるというやり方が一般にとられている。したがって典型的なケースにおける株式配当の額は少なく、大抵、五％以下である。本質的にこの種の株式配当は、利益からこれと同額の配当を支払い、同時にこれの額に見合う株式を株主に対して売り出したのと同じことである。しかし株式配当として出した場合には、公益企業ではほぼ標準的な習慣となっている現金配当と新株式割り当てとの組み合わせに比べ、税金上の利点が大きい。

ニューヨーク証券取引所では、株式分割と株式配当を区別する境界線として二五％という基準を設定している。二五％以上の場合は、その株式の時価相当額を利益剰余金から資本金勘定に移行させる必要はない。特に銀行などの企業は古い習慣に従い、収益に関係なく、例えば一〇％といった株式配当を続けていて、金融界において望ましくない混乱を引き起こしている。

われわれは以前から、現金配当と株式配当の支払いについては明確な企業方針を求めてきた。明確な方法の下、すべてもしくは一部を事業に再投資するために株式配当を行うというケースも時にはあるだろう。収益を全額株式配当とするというこの方針は、ピューレックス社、ガバメント・エンプロイーズ・インシュアランス社、その他数社で採用されてきた。

どんな株式配当も、この道の研究者たちには認められていないようだ。彼らは、株式配当はただの紙切れにすぎず、株主に対して新しい資産を与えるものではないから、不要な出費と不都合を生じさせてまでそんなことをする必要はない、と主張する。だがわれわれは、この考え方は完全に机上の空論だと考える。彼らは投資の実際的な心理的現実を考慮に入れていない。確かに、例えば五％といった定期的な株式配当は、所有者の投資「形式」を変えるにすぎない。つまり、彼が所有するのは一〇〇株ではなく一〇五株となるが、彼の一〇五株は株式配当前の一〇〇株と同じ価値でしかない。しかしそれでもなお、形式の変化は実際に非常に重要なことのひとつで、価値があるのだ。もしも彼がこの再投資された利益を示す株式配当として受け取った株を現金化したいと思ったら、以前から持っていた株券に手をつける必要はなく、新たに送られてきた株券を売却すればよいのである。またこの株式配当をそのままにして一〇五株持っていたとすれば、一〇五株に対して以前の配当率で現金配当を受け取れるので、この株式配当によって現金配当が五％だけ増加したのと同じ効果が得られるのだ。

定期的な株式配当方針の利点が最もはっきりするのは、株主に多額の現金配当を出したうえで、（株主割当てによって）追加株式を売ることによって、その資金を再び吸収するという、公益企業の慣例と比べたときである。先に述べたように、株主にとっては株式配当も、現金配当プラス新株式引き受けというやり方も、全く同じことなのである。唯一の違いは、株式配当が所得税の面で有利であることである。持株数を増やすよりも、毎年最大の現金収入を得る必要がある、または希望する人は、引き受け権を売るように株式配当を売却すればよいのだ。

現在行われている株式配当と新株式引き受けという組み合わせをやめて、株式配当のみを用いる場合、多額の節税効果が期待できる。米国財務省にとってはマイナスになるが、われわれは公益企業においてこの変更がなされることを主張する。その理由は、企業は株式を売り出すことによって同じ金額を取り戻すので、得てもいない利益に対して株主が第二の（個人）所得税を課されるのは、全く不公平だと考えるからである。

力のある企業は絶えず設備、製品、経理、管理職教育、労使関係を近代化している。そこで企業が主な財務方法、特に配当方針の近代化について考えるべきときは、とうに来ているのだ。

第20章　投資の中心的概念「安全域」

ある昔話のなかで、最後に賢者は歴史の必定を一言に要約した――「この出来事も過去となっていく」。堅実な投資の極意を三つの単語で言い表すという同様の難題に直面する今、われわれは勇気をふるって、それを「安全域（MARGIN OF SAFETY）」であると述べよう。この言葉は、多くの場合明確に、時としては間接的な表現を用いて、投資方針に関して本書で述べてきたすべての事柄を貫くエッセンスである。ここで簡単にこの概念を復習してみよう。

経験を積んだ投資家はみんな、健全な債券や優先株の選択に際しては、安全域の概念が必須であることを認識している。例えば、鉄道債が投資適格であるといえるためには、過去数年間をとってみて、その固定金利負担総額の五倍以上の税込み収益を上げていなければならない。金利費用支払い要件以上の収益を上げたという企業の過去の能力が安全域を形成し、将来的に純益が減少した場合にも、その安全域によって投資家が損失や投資の失敗から保護されることが期待できるのである（この安全域は、例えば「売上が何％低下すれば金利費用を差し引いた残りの利益がゼロになるか」というような別の表現で言い表すこともできる――だが、基本となる考えは同じである）。

債券投資家は、将来の平均収益が過去と同じになるとは考えない（もしも同じものとすれば、安全域は小さくともよいことになろう）。債券投資家はまた、将来的に収益が大きく変化するかどうかに関する自身の判断を最重要視することもない（もしもその判断が重大だと考えるのであれば、過去の業績から導き出される安全域に頼ることなく、慎重に見積もった収益勘定を基に、自分にとっての安全域を算出しなければならないであろう）。ここでの安全域の本質的な働きとは、正確な将来見積りを不必要とすることだ。大きな安全域が存在すれば、将来的な収益が過去のそれを大きく下回ることはないと考える根拠となり、投資家は業績の変動から自らが十分に守られていると考えることができるのである。

債券の安全域は、企業全体の価値と負債額を比較するという、もうひとつの方法でも計算ができる（これと似たような計算が、優先株にも有効であろう）。例えば、一〇〇〇万ドルの負債がある企業の資産価値が三〇〇〇万ドルあるとすれば、その価値の三分の二が減少するまでは――少なくとも理論上は――債券保有者が損失を被ることはない。負債額を上回るこの余剰価値、つまり「クッション」は、過去数年以上の普通株の平均株価を使って概算することができる。平均株価は一般的に平均収益力と関連しているため、負債の額を上回る「企業価値」の幅と、金利費用を上回る収益の幅は、ほとんどのケースにおいて同様の結果となるのである。

「確定利付き証券」の安全域についての話はこれぐらいにしよう。ところで、この概念は普通株にも通用するのだろうか？　答えはイエスであるが、若干の修正が必要である。

優良債券と同程度の安全域を有するという理由から、普通株が優良であるといえる場合がある。それは例えば、ある企業が普通株だけしか発行しておらず、その時価総額が株式市場の低迷期において、企業の資産および収益力からみて安全に発行できる社債の金額を下回っている場合である。一九二二～二三年の株価低迷期においては、財務状態の非常に良い事業会社の多くに、こうした状態がみられた。このような状況下では、投資家は債券保有者と同じ安全域を得ることができ、さらには普通株固有の長所として、増配や元本の上昇をも期待できたのである（配当支払いを求める法的強制力がないことが短所として挙げられるが、これは株式の持つ利点に比べれば取るに足らないものといえるであろう）。こうした状況はめったに訪れるものではないが、そうした状況で株式を購入することができれば、安全性と収益機会を同時に手に入れることができる。こうした状況の最近の例として、一九七二年の時価総額が四三〇〇万ドルであった、ナショナル・プレスト・インダストリーズ株を再び取り上げよう。同社の直近の税引前収益は一六〇〇万ドルとなっており、同社は無理なくこの額の債券を発行できたはずである。

通常の状況下において投資目的で株式を買う場合の安全域は、期待収益力が現行の債券利率を大幅に上回ったその超過部分となる。前回の版では、この点について以下のような説明を行った。

収益力が株価の九％、債券利率が四％という一般的なケースでは、株式の方が債券よりも年率で五％の利幅を有することになる。その利幅の一部は配当として株主に支払われ、たとえこの部分を投資家が使い果たしたとしても、これは彼の投資の全体成績に反映される。配当として支払われない部分は、株主のためにこの企業の事業に再投資されることになる。しかし多くの場合、収益が再投資に回されても、収益力および株式価値にそれが相応に反映されることはない（社内留保される部分の収益よりも、配当金として支払われる収益の方を株式市場が高く評価する傾向が非常に強いのは、この理由による）。しかし全体として見た場合、社内留保の増大と企業価値の増大とは、それ相応の密接な関係にあるのである。

一〇年という期間をとってみると、株式収益力が社債利率を上回る部分を総計すると、平均で株式取得原価の五〇％ほどという結果となるはずだ。これは真の安全域というのに十分な数字であり、通常の状況下であれば損害を防ぐ、あるいは最小限に食い止めることができる。もしもこのように大きな安全域を有する二〇以上の株式銘柄で分散投資をしていれば、「通常の経済状況」

下では、好成績を収められる可能性が非常に高い。代表的な一流銘柄に投資する場合に、高度の洞察力や先見の明などを必要としないのはこのためである。数年以上にわたる買い付け期間を通じてこうした株式を平均株価水準で購入していれば、この取得原価によって十分なる安全域がもたらされるのである。投資家にとって危険なのは、相場の天井近辺で買い付けを集中させたり、収益力の減少するリスクが平均よりも大きい二流の銘柄を購入することだ。

みなさんお分かりのように、一九七二年の情勢における株式投資の問題点は、「典型的な状況」における収益力が、今や株式取得原価の九％をはるかに下回ってしまっているという現実に集約される。大企業のうちで株価収益率が低い銘柄にある程度焦点を合わせ、防衛的投資家が最近の収益に対して一二倍の値が付いた株を取得するとしよう――つまり、取得原価に対して八・三三％の収益ということである。そして配当利回りが約四％であるとすると、残りの四・三三％は内部留保されることになる。この状況では、一〇年間でみた債券利率を上回る株式収益力の超過部分が、十分な安全域を備えるというにはほど遠いであろう。

そうした理由からわれわれは、堅実な銘柄で分散投資を行ったとしても、今や実質的なリスクが存在すると考えるのである。そうしたリスクは、収益期待の大きい銘柄でポートフォリオを組むことによって完全に相殺することが可能であり、実際、投資家にはそうする以外に道がない。なぜならそれ以外の方法を取れば、ドルの価値が年々下落しているなかで確定利付のものばかりを保有するという、さらなるリスクを背負う恐れがあるからである。それでも投資家は、大きな収益期待と小さな本源的リスクが組み合わさったかつてのような投資はもうできないのだということを、達観した境地で認識し、そして受け止めた方がよいであろう。

しかし、優良銘柄の購入にあまりに高い金額を支払うことによるリスクは、一般的な証券投資家にとっての最大の問題ではない。長年の経験から分かっていることは、投資家が最大の損失を被るのは、好景気下で優良とはいえない証券を購入したときだということである。このような買い方をする人々は、直近の好収益がその企業の「収益力」であるととらえ、また、業績が好調であることが安全性であると考えている。質の低い債券や優先株を額面近くで大衆に売ることができるのは、このようなときだ。なぜなら、こうした銘柄は若干利回りが高めであったり、偽りの魅力を備えた転換権が付されているからである。過去二〜三年に素晴らしい収益を上げたというだけの理由から、訳の分からない会社の株式を有形資産よりはるかに高い価格で売り出すことが可能となるのも、このようなときである。

このような証券は、どこからみても十分な安全域を備えているとはいえないものだ。社債利息や優先株配当金に対して全純益がどの程度であるかに関して、一九七〇年から七一年にかけてのような景気の停滞期も含め、過去何年間もさかのぼって調べる必要がある。株式収益を収益力の指標としてみなすためにも、やはり同様のことがいえる。よって、晴天の景気状況のときに高い価格を払って買ったものの多くは、地平線上に暗雲の兆しが見えたら、時すでに遅く、大きな価値の下落を被る運命をたどる。さらには、その投資家はその後の回復に確信を抱くことができない。なぜなら、いずれ下落の一部は必ず回復するが、彼は不況の間を乗り切れるだけの真の安全域を手にしていないからである。

成長株投資の根本原理には、安全域の原理と相容れる部分と相反する部分がある。成長株を買う人たちの根拠は、過去の平均収益を上回る期待収益力である。よって、彼らは安全域の計算に当たって過去の数字の代わりに、このような期待収益力を基にしているといえるであろう。綿密に予測された将来の期待収益が、過去の実際の数値よりも、投資指針としての信頼性が低いとする投資理論上の根拠はない。実際に証券分析においては、将来に対する適切な評価を重視する傾向が非常に高まってきている。よって、将来の計算を控えめに見積もると同時に、その数値が株式買い付けに当たって支払う価格との比較で十分な余裕を有するのであれば、成長株投資が通常の投資の場合と同じような信頼に足る安全域を生み出すといえるかもしれない。

成長株投資における危険は、まさにこの点にある。非常に人気の高い銘柄には、将来の収益の控えめな見積りから十分な安全域を確保できるような株価が付かない傾向にある（見積られた数字が過去の実績と異なるときには必ず、少なくともその見積りを若干は控えめにしておかねばならないというのが、慎重な投資の基本原則である）。安全域は、常に支払う価格によって決まる。安全域とは、ある価格では大きく、それよりも高い価格では小さくなり、さらに高い価格では全く存在しなくなるものだ。われわれの考えるように、大部分の成長株は平均株価水準が高すぎるために、それを買う人は十分な安全域を得ることができないとすれば、この分野の株式に対して単純な分散投資というテクニックを用いたとしても、満足すべき結果は得られないだろう。このような銘柄全体に共通する、高い株価水準がはらむ危険を克服できるだけの賢明な銘柄選択を行うためには、特別な先見性や判断力が求められるのである。

安全域の考え方は、割安銘柄に適用することでさらに明白なものとなる。割安銘柄は本質的に、株価がその株式の評価価値よりも安い状態にあるわけで、その差がすなわち安全域である。安全域は、計算ミスや運の悪さを十分に吸収する効果がある。割安銘柄に投資する人は、その銘柄が逆境に耐え得る能力があるかという点を特に重視している。つまり、大抵の場合、彼らにはその会社の将来の成長性に対する強い思い入れなどはないのである。もちろんいかに株価が安くとも、投資家は将来性が全くないような銘柄を買う気にならないであろう。しかし過小評価された銘柄にはさまざまなものがあり、恐らくその大部分は、確実な将来性が見込まれているわけでも、かつ確実に将来性がないわけでもないというような銘柄なのだ。このような銘柄を割安価格で買えば、たとえ収益が少々低下したとしても、それは必ずしもこの投資によって満足すべき成果を収めるための妨げとはならない。このようなときに、安全域は本来の目的を果たしたといえるわけである。

分散投資の理論

安全域の概念と分散投資の原理との間には、密接なる論理上の関連性が存在する。お互いがお互いに対して相補関係にあるのだ。相当の安全域を備えていても、銘柄によっては損失を生むものもある。なぜなら、安全域が保証するのは、損失よりも利益を上げる可能性の方が大きいということだけであって、絶対に損をしないということではないからである。しかし、安全域を備えた銘柄に投資をするとき、その銘柄数が増加するに従って、利益の総額が損失の総額を上回る確実性がさらに増す。これは、保険引き受け事業の基本原理と同じである。

分散投資は保守的な投資法の既定の教義である。これをあまねく受け入れることによって、投資家は分散投資と対をなす安全域の原則を真の意味で受容していることになる。この点については、ルーレットを例に説明すると分かりやすい。もしもある人がルーレットのある番号に一ドル賭けるとすると、勝てば三五ドルの利益を得るが、三七対一の確率で彼は負けることになる。この場合、彼が有しているのは「マイナスの安全域」である。彼が分散投資を行うのは愚かなことだ。多くの番号に賭ければ賭けるほど、最終的に利益を上げる確率は下がるからだ。彼が（シングルゼロおよびダブルゼロを含めた）すべての数字に一ドルずつ賭けたとすれば、ルーレットが回るたびに、必ず二ドルずつ損することになるのである。

ところでもしも勝ったときに三九ドルもらうということだったらどうだろう？　この場合に

は、小さくとも重要な安全域を有することになる。ゆえに、多くの数字に賭ければ賭けるほど、利益を得る可能性が高まり、全部の数字に単純に一ドルずつ賭ければ、ルーレットが回るたび確実に二ドルずつ儲かることになる（ところで右の二つの例には、シングルゼロとダブルゼロの両方を含んだルーレット盤でプレーする人と「カジノ経営者」の、一方は損をして一方は儲けるというそれぞれの立場が表れている）。

投資と投機の判断基準について

一般に容認されている投資の唯一の定義というものは存在しないので、専門家はほとんど好きなように定義することができる。彼らの多くは、投資と投機の概念を区別するための有用かつ信頼できる基準などない、と主張している。しかしわれわれは、こうした懐疑的な考えは無益かつ有害であると考える。有害であるという理由は、こうした考え方によって、危険な株式投機の熱狂へと走りがちな多くの人々をさらにあおることになるからである。われわれは、投資による売買と投機的売買とを区別するための優れた試金石として、安全域の概念が利用できる可能性を提起したい。

恐らくほとんどの投機家は自分に勝算があると思ってやっているので、自分たちの売買には安全域が存在すると主張するであろう。彼らはみな、自分が良いタイミングで買い付けを行っておくり、また一般大衆よりも優れた技術を持っているとか、あるいは自分の投資顧問や売買システムは信頼できるものだと思っている。しかし、このような主張は説得力に欠ける。彼らは主観的判断に頼っているにすぎず、そこには何ら実体的な裏付けや決め手となるような論証もない。相場が上昇あるいは下落するという自らの判断に基づいてカネを賭けている人が、実際的な意味における安全域によって守られているとは、われわれには到底思えないのである。

これとは対照的に、投資家にとっての安全域の概念は——本章の冒頭で述べたように——統計データから得られる単純かつ明確な数学的論証に基礎を置いている。またこれは、実際的な投資経験によって立証されていると、われわれは考えている。根本をなすこの量的ファンダメンタル・アプローチが、将来の未知の状況下にあっても望ましい結果を示し続けるという保証はない。しかし同様に、悲観的となるべき根拠もないのである。

結論的には、真の投資には安全域が不可欠だということである。そして真の安全域とは、数字や筋道の立った論証、また実際の経験に照らして証明可能なものでなくてはならない。

投資概念の拡大

安全域の原理に関する論議を補完するために、従来型投資対象と例外的投資対象との区別を明確にしておかなければならない。従来型投資対象は、一般的なポートフォリオに適したものだ。

その代表としては、米国政府債および質が高く配当を欠かさない一流企業株が挙げられる。また各種地方債も、それに適用される免税による恩恵を十分に受けられる人たちに対しては、このなかに含めてきた。さらには一流企業の社債も、例えば現在のように、米国貯蓄債券よりも十分に高い利回りを得られる場合には、このなかに含まれる。

例外的投資対象は、積極的投資家のみに適したものである。これに該当する投資対象は広範に及ぶ。この範疇のうちで最も選択肢が多いのは、割安となっている二流企業株の分野であり、われわれが購入を勧めているのは、そうした銘柄のうち評価価値の三分の二以下で買うことができるものである。そのほか、評価価値から相当割り引かれた同様の安値で売られている中程度の質の社債や優先株も、多くの場合選択肢に事欠かない。普通の投資家は、これらの対象を投機性が強いと考えている。彼らにとっては、これらの証券が高い信用格付けを得ていないことが、すなわち投資対象としてのメリットを欠くことになるからである。

われわれの主張は、二流の証券であっても価格が十分に安ければ、投資家が必要な情報と経験を有し、かつ適切な分散投資を行うのであれば、それは健全な投資対象といえるということである。なぜなら、十分な安全域を生み出すほどに価格が安ければ、その証券はわれわれの投資の基準に合致するからだ。われわれはよく、不動産債券を例にこれを説明している。一九二〇年代、何十億ドルという不動産債券が額面で売られ、健全な投資対象として広く推奨されていた。この多くは債務に対する安全域が非常に薄く、実は投機的性格が強いものであった。一九三〇年代の不況時に、これらの債券の多くは利払いが滞り、債券価格も暴落し、なかには一ドルに対して一〇セント以下にまで下がったものもあった。そのころには、当初こうした銘柄を額面で購入することを健全な投資として推奨していた投資顧問たちが、今度はこれらを最も危険で魅力のないものとして投資対象外としていた。しかし実際には、九〇％前後も値下がりしたことで、これらの証券の多くは極めて魅力ある、安全な投資対象となっていた。というのは、その証券の真の価値は、市場価格の四～五倍にも上っていたからである。

こうした債券が、一般に「大きな投機的利益」と呼ばれるものを実際に生み出す結果となったからといって、安値で売られている時点でいえば、これらが真の優良投資対象たりえなかったということではない。この「投機的」利益は、投資家が非常に抜け目ない投資を行ったことに対する報酬だったのである。注意深い分析の結果、彼は時価よりもその実質価値が上回っていることで大きな安全域が生じていることに気づいたのであろうから、これは投資機会と呼ぶにふさわしいであろう。このように、前述した「晴天の景気状況時の投資」がまさに、うぶな証券投資家にとっては深刻な損失を生む最大のもととなり、また洗練された投資家にとっては、買い時価格になるまで待つてからこれを買い付けることで堅実に利益を得る機会を数多く生み出すのである。

「特別な状況」の分野全体も、われわれの投資の定義に合致する。なぜならこの場合、買い付けが行われるのは常に、緻密な分析の結果、払う価格以上の利益が約束されているという結論が出た場合だからである。もちろんこの場合も、個々の投資にはそれぞれ危険要素が付随するが、それは計算に織り込まれ、分散投資を行うことで全体結果に吸収されるものなのである。

この議論を論理的極限まで高めるために、われわれは歴史的安値が付いている一連の「普通株オプション・ワラント」に代表される無形価値の取得によっても防衛的投資が可能であることを示したいと思う（これはいくぶん衝撃的な例として取り上げてみた）。この普通株オプション・ワラントに価値が生まれるか否かは、将来その株価がオプション価格以上に上がる可能性にすべてがかかっている。当面はこのオプションを行使する価値はない。しかしすべての投資は将来への合理的な期待の上に成り立っているので、将来の強気相場がこの普通株オプション・ワラントの価値および価格を大幅に増大させる可能性を数学的に割り出したうえで、このような普通株オプション・ワラントの価値を判断するのが適切である。こうした研究から、次のような結論が導き出せるだろう――損失額よりも利益の方が相当に多くなり、最終的に損を出すよりも利益を上げる可能性の方がかなり高い。もしそうだとすれば、このような怪しげな形態の証券にすら、安全域が存在しているといえる。よって進取の気性に富んだ投資家は、例外的投資銘柄の一部として、「普通株オプション・ワラント」を含めてもよいであろう（この議論は、一九四七年第３四半期版の『アナリスツ・ジャーナル』誌に掲載された「普通株オプション・ワラントの投機性」と題した記事の内容を参考に組み立てたものである）。

むすび

投資が最大に知的な行為となるのは、それが能率的に行われたときである。ウォール街で株式を売買する有能な実業家の多くが、自分の事業で成功するに至った原理原則を全く無視して投資行為に挑もうとするのには、ただ驚くばかりである。株式は、その企業に対する持ち分、あるいは債権であるという認識を持つべきであろう。証券の売買によって利益を得ようとするなら、その人は投機的事業に乗り出そうとしていることになり、成功のチャンスをつかむには、正当とされる事業原則にのっとった売買をしなければならないのである。

その第一の原則は、「自分が何をしているのかを知れ――己の事業を知れ」という極めて明白な事柄だ。この言葉の投資家にとっての意味は、例えば販売業や製造業を行う場合、自社製品の価値についてよく知る必要があるわけで、それと同様に投資においても買い付ける証券の価値を十分に認識しているのでなければ、通常の利息や配当以上の「事業利益」を証券に期待するなということである。

第二の事業原則は、「決して自分の事業を他人任せにしてはならない。他人に任せるのであれば、①彼のやることに対して注意を怠らず、かつ十分に理解することができ、②その人の誠実さと能力に絶対の信頼がおけるという並々ならぬ確証が持てなければならない」ということである。投資家にとってこの原則は、自分のカネを使った投資の売買判断を他人に委託する場合の条件を意味する。

第三の原則は、「信頼のおける計算の結果、相応の利益を得るチャンスが十分にあると考えられる場合を除いて、その事業（投資）に踏み出してはならない。特に、利益よりも損失の方が多いであろう投機的行為には手を出してはならない」ということだ。積極的投資家にとってこの原則は、利益を求めて証券を売買するに際しては、楽観論ではなく数学的計算を基に行う必要があることを意味している。すべての投資家に対しては、従来型の債券や優先株のように、（少なくともかつては）利益の少ないものに投資して限定的利益を得ようとするのであれば、大きな元本割れのリスクは冒していないという絶対的な確証がもてなければならないということである。

第四の事業原則は、もっと積極的なものだ。すなわち「自分の知識や技術に勇気をもって従いなさい。事実に基づく結論を自ら下し、その判断が正しいと確信したのなら、たとえ他人がそれに対して躊躇したり異なった考えを持っていようが、自分の判断に従って行動しなさい」ということである（みんながあなたと正反対の考えであろうとも、そのこととあなたの判断の正否とは無関係だ。あなたのデータやそれに基づく判断が正しければ、あなたは正しいのである）。同様に証券の世界でも、十分な知識と信頼できる判断という裏付けがあれば、勇気が最高の価値を持つのである。

幸いなことに、一般的な投資家にとっては、自分の能力に応じたところに野心を据え、投資活動を標準的な防衛的投資という安全な狭い範囲に限定するのであれば、投資を成功させるためにこれらの資質を有する必要は皆無である。満足のいく投資結果を生むことは、多くの人々が思っているよりも簡単だ。ただし、それ以上の結果を成し遂げるのは、想像以上に困難なのである。

あとがき

われわれの友人に、ウォール街で自分や他人の資金を運用することに半生をささげた二人のパートナーがいる。手痛い経験をくぐり抜けてきた彼らは、世界中のカネを手に入れようともがくよりも、安全かつ慎重に事を運ぶべきだということを、身をもって学んだ。彼らは証券売買に関して、十分な利益の機会と堅実な価値を組み合わせた独自の手法を確立した。過大評価された銘柄にはそれが何であれ手を出さず、もはや魅力がないとみたものの切り捨ても非常に早かった。そして常に一〇〇以上の銘柄で十分な分散投資を行った。このようにして、彼らは相場の波を長年にわたって非常に巧みに切り抜けてきたのである。顧客から運用を託された数百万ドルに対して、平均で年率二〇%の利益を上げ、顧客はその結果に大変満足していた。

本書の初版が上梓された年、某成長企業の権利の半分を買わないかという話が彼らのファンドに舞い込んだ。ある理由から、ウォール街は当時その業種を嫌気しており、この取引は既に数社の大手投資信託から申し出を却下されたものであった。だが、二人はその企業の可能性を強く感じていた。とりわけ決め手となったのは、直近の収益と資産価値に照らして値ごろ感がある点であった。彼らはこの取引を進め、その取得金額はファンドの総額に対しておよそ五分の一にも上った。彼らとその新たな投資対象の関係は極めて深いものとなり、その事業は大きく好転した。

実際、業績成長が著しかったため、その株価は投資金額の二〇〇倍以上まで上昇した。株価の上昇は現実の収益成長をはるかに上回り、その相場はパートナーの二人にとっての投資基準からみるとあまりに高すぎた。しかし彼らはその会社をいわば「ファミリービジネス」ととらえていたので、株価が華々しく上昇したにもかかわらず大部分の株を保有し続けた。同様に、彼らの顧客の多くもファンドにとどまり、この単一企業やその後に組織された関係会社における持ち分を通じて、顧客たちはミリオネアとなったのである。

しかし皮肉なことに、このたったひとつの投資判断による累積的利益の総額は、このパートナーたちが二〇年間に及んで調査や思考を重ね、独自の判断を基にさまざまな証券売買を行ってきた結果として生み出された利益の総額をはるかに超えてしまった。

賢明なる投資家にとってこの話から教訓が得られるだろうか？　まずは言うまでもないが、ウォール街でカネを得て、それを保持する方法にはさまざまなパターンがあるということ。そしてこちらほど明白なことではないが、たった一回の幸運、あるいはたった一度の最高に抜け目ない決断――両者は最終的には同じことであろう――によって、熟練者が生涯努力を費やした結果以上の成果が生み出される可能性が高いということだ（実をいえば、この取引は頓挫しかかった。

取得価格よりも資産価値のほうが上回るという確証をパートナーたちが求めたからである。三億ドル以上に上る将来の市場価値が、およそ五万ドルの会計項目によって生み出された。彼らは自らが固執したものを、まぐれで手に入れたのである）。しかし、その幸運や重大な決断の陰には、そのための心構えと鍛練によって培われた能力という背景が必ずある。投資家が十二分にエスタブリッシュしてはじめて、こうしたチャンスを自分のもとにたぐり寄せることができるのだ。そしてそうしたチャンスをモノにするためには、そのための手段と判断力、そして勇気が必須なのである。

当然ながら、冷静かつ注意を怠らずに何年もやってきた賢明なる投資家たちすべてに、同様のチャンスが巡ってくると保証することはできない。冒頭で笑いの種にしたJ・J・ラスコフのうたい文句「だれでもカネ持ちになれる」をもって本書を締めくくるつもりはない。しかし、金融界は面白い可能性に満ちあふれており、賢明かつ積極的な投資家たちは、その目まぐるしさのなかで楽しみと利益の両方を得られるはずだ。エキサイティングなことだけは、長年、投資に携わってきた私が一〇〇％保証する。

補遺

1．グレアム・ドッド村のスーパー投資家たち

ウォーレン・バフェット

「時価に対して大きな安全域を有した価値ある銘柄を探す」というグレアムとドッドの証券分析手法は、今や時代遅れなのでしょうか？　この問いかけに対して、投資の教本を執筆するよう

なプロの多くが「イエス」と答えるでしょう。彼らの主張とは、市場は効率的なものであり、よって株価は企業の将来展望や経済の状況といったことに関して、すべての周知の事柄を反映している、というものです。頭脳明晰な証券アナリストたちが、入手可能な情報を基に常に株価の適正水準を割り出しているために、過小評価された株式など存在しないと彼らは言います。彼らによれば、毎年相場に勝っているようにみえる投資家たちは、単に幸運であるにすぎません。「株価が入手可能な情報を余すところなく反映すれば、投資の熟練などといったことは意味がない」――これは、投資教本の執筆者たちのひとりが記した言葉です。

確かにそうかもしれません。しかし私はみなさんに、毎年必ずスタンダード・アンド・プアーズ総合五〇〇種株価指数を上回る運用成績を上げている人々の話をしたいと思います。それが単なる幸運にすぎないとしても、その内容を考察する価値はあるでしょう。この考察に当たって非常に重要なのは、これらの成功者たちすべては私のよく知る人々であり、以前（最短の人でも一五年以上前）からスーパー投資家と目されていた人たちであるという事実です。もしも私が今朝、何千ものデータにあたって恣意的に数人を選び出したのだとすれば、これ以上読み進めても無駄です。しかし、これから挙げるデータはすべてが監査済みのものです。さらには、これらのファンドマネジャーたちを使った人々の多くと私は以前からの知り合いであり、彼らは何年も前から報告書通りの利益を得てきているのです。

この件に関して述べるに当たり、まずみなさんに全国民的コイン投げ大会が行われることを想像してもらいたいと思います。二億二五〇〇万人の全アメリカ国民に対して、明朝、各々一ドルずつ掛け金を出すように頼みます。人々は日の出とともに外に出て、表か裏かを声に出して一斉にコインを投げます。予想が当たった人は、外れた人から一ドルもらいます。当たって得たおカネは、すべてが翌日の掛け金に回されます。一〇回目のコイン投げが終わった一〇日目の朝には、およそ二二万人の国民が勝ち残り、その全員が一〇〇〇ドル余りを手にしていることになります。

このころには恐らく勝者たちは少し天狗になっているはずです。努めて平静を保とうとしても、カクテルパーティーの席では魅力ある異性に対して、自分がどんな技術を持ち、どんな素晴らしい洞察力を武器にコイン投げに臨んでいるかについて、得々と語る人も出てくるでしょう。勝者が敗者から順当に掛け金を回収していけば、さらに一〇日後には二〇回連続でコイン投げを勝ち抜いて、一ドルを一〇〇万ドル以上に増やした二一五人が残ります。

このころには、勝者たちはもう正気を失っています。「二〇日間、毎朝三〇秒の労働で、一ドルを一〇〇万ドルにする方法」というタイトルで本を書く人さえ現れるはずです。しかしもっと悪いことに、彼らは恐らく国内を飛び回って「効率的コイン投げセミナー」に参加し、疑い深い講師陣を相手取って「それがあり得ないと言うなら、われわれ二一五人の存在をどう説明するのだ」と食って掛かることでしょう。

そこで恐らくどこかのビジネススクールの教授が無礼にも割って入り、ある事実を提起するはずです。つまり、二億二五〇〇万匹のオランウータンに同様のことをやらせても、結果はほとんど同じ――二〇回連続で勝ち抜いた二一五匹の自己中心的なオランウータンが残る――であろうと。

しかし今から私が述べる例には、重要な相違点がいくつかあります。第一に、もしも（A）二億二五〇〇万匹のオランウータンを、米国民とほぼ同様の人口分布で全国に分散させ、（B）二一五頭が二〇日後に勝ち残り、（C）そのうちの四〇匹がネブラスカ州オマハのある特定の動物園にいるオランウータンだとすれば、何か理由があるとみんなが確信するはずです。そこで動物園に出向き、どんなエサを与えているのか、特別な運動をさせているのか、どんな本を読ませているのかなど、ありとあらゆることを飼育係に尋ねることでしょう。つまり、成功者が異常なまでに集中していることに気づけば、それが単なる偶然にすぎないかもしれなくとも、その因果関係を知りたいと思うだろうということです。

科学的調査は通常そうしたやり方を採用します。米国内で年間一五〇〇例ほど報告される、ある珍しい種類のガンに関する原因分析を行っているとして、そのうち四〇〇例がモンタナ州のとある小さな炭鉱の町に住む人々だとすれば、その土地の水質や患者の職業などについて強い関心が集まるはずです。単なる偶然によって、四〇〇もの例がごく狭い地域に集中したと考える人はいません。必ずしも原因が特定できなくとも、調査すべき場所は明確なのです。

原因を明らかにする方法は地理学だけではないと、私はみなさんに申し上げたいと思います。地理学的な要因に加えて、知性面における要因と呼ぶべきものが存在するといえるのではないでしょうか。投資の世界におけるコイン投げの勝者が、「グレアム・ドッド村」という名のとても小さな知性の村に集中していることに、みなさんは気づかれることでしょう。偶然では説明のつかない勝者の集中に関して調べれば、この知性の村にたどり着くはずなのです。

たとえこのように勝者が集中したとしても、そのことに重要性が認められない場合もあるかもしれません。一〇〇人の人々が、リーダー格の人間の賭け方をそっくりまねしてコイン投げをしているような場合です。彼が「表」と言えば、一〇〇人の追随者たちは同じように賭けます。そのリーダーが最後に残った二一五人の一人のとき、一〇〇人が共通の知性的な要因を有しているという事実は何ら意味を持たないでしょう。一〇〇の事例ではなく、単一の事例として扱われるはずです。同様に、強い家長制が保たれた社会を想像してみましょう。便宜上、米国のすべての世帯が一〇人家族だとします。家長は絶対的な存在であるために、二億二五〇〇万人がコイン投げ大会の初日に外へ出ると、家族全員が家長と同じ面に賭けるとします。二〇日後には二一五人が勝ち残り、彼らがたった二一・五世帯の家族たちだということになります。これはコイン投げで当てるという大きな遺伝的要因の存在を示しているのだ、と純真な人は言うかもしれません。しかしもちろん、そんなことには全く重要性はありません。なぜならば、ただ単に、二一五人の勝者が個人ではなく、任意に分散された二一・五の家族であるということにすぎないからです。

私が今からお話する投資の成功者たちには、知性面における共通の家長がいます。ベン・グレアムです。しかし、この家長の家を離れた子どもたちは、「コイン投げ」に各々異なったやり方で臨みました。彼らはさまざまな場所に散らばり、異なる株式や企業を売買してきたにもかかわらず、その総合的な売買実績は単なる偶然では説明不可能なものとなっていたのです。これは、彼ら全員が指導者の合図に従って同じコインの面に賭けたという例えでは、全く説明のつかないものです。家長はただ単にコイン投げにおける判断を下すための知的理論を示したにすぎず、生徒各自がその理論を自分なりに適用して決断を行ってきたのです。

グレアムとドッドを師とする投資家たちの共通の知的主題とは、あるビジネスの持つ価値と、そのビジネスの断片に付けられた市場価格との不一致を探すというものです。本質的に彼らはその格差を利用して利益を得るのであって、その株を何曜日にあるいは何月に買うべきかというような、効率的市場理論支持者たちのようなことは考えません。ついでに言えば、多くの実業家は、事業を買う――それはグレアムとドッドの門下の投資家たちが市場を通じた株式の買い付けという形で行っていることと同じです――場合に、その購入の判断を下すに当たって購入時期を重要な要素とは考えないはずです。ある事業全体を買うときに、それが月曜日だろうと金曜日だろうと何ら違いがないとすれば、学識者たちはなぜ、その同じ事業の一部分を買うときには購入のタイミングによる違いを調べるために多くの時間と労力を注ぎ込むのか、私には理解できません。グレアム・ドッド門下の投資家たちは、当然ながらベータ値や資本資産評価モデル（CAPM）、投資収益における共分散などに関する検討は行いません。そういった事柄は興味の対象外なのです。実際、ほとんどの者たちはそれらの意味を正確に理解すらしていないでしょう。彼らが重視するのは二つの変数、つまり価格と価値だけなのです。

私は常々、株価と出来高の動向や市場予測に関して、あまりに多くの研究がなされていることを、異常なことだと思っています。先週や先々週に株価が大幅上昇したという理由から、ある事業全体を購入するなどということが想像できますか？　当然ながら、株価や出来高というこれらの変数を用いた研究がなされている背景には、今日のコンピューター社会において、入手可能なデータには事欠かないという現実があります。こうした研究が行われるのは、必ずしもそれに有用性があるからではなく、ただそこにデータがあり、そのデータを巧みに操るための数学的技術を学識者たちが学ぼうと努力してきたということにすぎません。ひとたびそうした技術を身につけると、たとえ有用性がなかろうと逆効果であろうと、技術を活用しないことが罪に思えてきます。「ハンマーを手にした者にはすべてがクギに見えてくる」と、以前私の友人が言いましたが、まさにそういう状況なのです。

共通の知性の家を持つこの集団は、研究の価値があると私は考えます。ついでに言えば、株式のパフォーマンスに関して、価格や出来高、相場の周期、総資本の規模などについてさまざまな学術的研究がなされているにもかかわらず、価値を志向することで利益を上げてきたこの異例の集団に対しては、これまで何らその手法についての研究はされていないのです。

その投資結果の研究に当たっては、一九五四年から五六年までグレアム・ニューマン社で働いていた四人についての話から始めましょう。社員はたった四人、しかも何千人ものなかから選り抜かれた人々ではありません。私はベン・グレアムの講義を取った後、グレアム・ニューマン社で無償で働かせてほしいと申し出ましたが、買い被りすぎと言って、彼は私の申し出を拒絶しました。彼は価値を非常に重視していたのです！　かなりしつこく食い下がった後、彼はついに私を雇いました。パートナーは三人で、それ以外の四人は素人のようなものでした。その四人全員が、会社が解散する五七年までの二年間に会社を去り、その後の三人の記録をたどることができます。

その最初の例（四七〇ページ掲載の**表1**参照）は、ウォルター・シュロスの記録です。彼はカレッジ出ではありませんが、ニューヨーク金融協会でのベン・グレアムの夜間コースを取りました。ウォルターはその後、一九五五年にグレアム・ニューマン社を去り、二八年間以上にわたって表に示したような成績を上げ続けたのです。

ここに金融ジャーナリストの〝アダム・スミス〟が――ウォルターに関して私が彼に話した後で――『スーパーマネー』（一九七二年出版）のなかで彼に関して触れた文章があります。

彼は有用な情報を持たないし、その入手法も知らない。実際、ウォール街に彼の名を知る人はおらず、彼には吹き込まれた概念などというものはない。冊子から必要な数字を探し出し、年次報告書を取り寄せる――彼がするのはそれだけである。

私にシュロスのことを紹介するに当たり、ウォーレンは自分自身の考えをも語ったようである――「彼は自分の扱っているカネが他人のものであることを肝に銘じており、それが損失に対する彼の憎悪をより一層強めているのです」。彼は完全なる高潔さを備え、現実的な自己分析ができる男である。彼に対しては、カネも、そして株も正直だ――そのことによって「安全域」の原則の魅力が窺い知れるのである。

ウォルターの分散投資は半端ではなく、常に一〇〇銘柄以上を保有しています。彼は個人株主の立場から見て、価値を大幅に下回った価格で売られている証券を見つけ出す方法を知っています。そして彼がするのはそれだけです。それが何月であろうが何曜日であろうが、あるいは選挙年であろうが、彼には関係ありません。彼が言うのは、一ドルの価値がある事業を私が四〇セントで買えるなら、何か私にとって良いことが起きるかもしれない、という至極単純なことです。そして彼自身がそれを何度も何度も何度も繰り返しています。彼は私以上に多くの株を保有しています。事業の基調をなす性質に対する関心は私よりはるかに低いのですが、ウォルターは私のことなどあまり気にしていません。それが彼の強みのひとつであり、彼はだれの影響も強く受けることはないのです。

第二の例は、トム・ナップです。彼もグレアム・ニューマン社で私の同僚だった人物です。彼は戦前にプリンストン大学で化学を専攻していましたが、兵役後は浜辺でブラブラしていました。そんなある日、彼はコロンビア大学でデイブ・ドッドによる投資に関する夜間コースが開講されることを知りました。トムは、卒業単位外となるその講座を受講して投資に非常に強い興味を抱き、コロンビア大学ビジネススクールに入学し、そこで経営学修士を修得しました。彼は再びドッドの講座を受講し、ベン・グレアムの講座も取りました。ちなみに、今述べた彼の経歴を確認するため、三五年を経てトムに電話をすると、彼はまたもや浜辺にいました。以前との唯一の違いは、今やそのビーチの所有者となっていたことです！

一九六八年に、トム・ナップとエド・アンダーソン（同じくグレアムの教え子）は、同様の信念を持った少数の男たちとトゥイーディ・ブラウン・パートナーズを設立し、非常に幅広い分散投資によって**表2**のような実績を上げました。彼らは企業の経営権を取得することもありましたが、パッシブ投資でも同様の成績を上げています。

表3は、グレアム門下生の第三の例として、一九五七年に設立されたバフェット・パートナーシップの成績を示したものです。設立者の最大の功績は、一九六九年に職を辞したことでした。ある意味それ以降、バークシャー・ハサウェイがそのパートナーシップを引き継ぐ形でこれまでやってきました。バークシャーにおける投資管理の明確なる判断基準となるような、単一の指標をみなさんに示すことはできませんが、どのような計算法によろうと満足のいく結果を上げてき

たといえると思っています。

表4は、セコイア・ファンドの実績を表したもので、その経営者は、一九五一年にベン・グレアムの講座を通して知り合ったビル・ルエインです。彼はハーバード・ビジネススクールを卒業後にウォール街の一員となり、そこでビジネスに関する正しい教育の重要性を悟り、コロンビア大学でベンの講座を取りました。そこで私たちは一九五一年初めに知り合ったわけです。比較的少額を運用していた一九五一〜七〇年にかけてのビルの実績は、平均をはるかに上回るものでした。バフェット・パートナーシップを閉じたときに、ファンドを立ち上げて私たちのパートナー全員を引き受けてくれないかと私がビルに頼んだのが、セコイア・ファンド誕生のきっかけです。彼がファンドを立ち上げたのは、まさに私が継続を断念したひどい状況のときでした。マーケットが二極化し、価値に焦点を合わせた投資法によって利益を上げるのが非常に困難な時期に、相場に足を踏み入れたのです。私の元パートナーたちが驚くほどの比率で彼のファンドにとどまったばかりでなく、表からお分かりのように相当の利益を得られたというのは、私にとって大きな喜びです。

これは後知恵による人選ではありません。ビルは私がパートナーたちに推薦した唯一の人物であり、私はそのときに「もしも彼が年率でS&P指数より四ポイント以上高いパフォーマンスを上げれば、それはかなりの成績といえるだろう」と述べました。ビルは、漸増する金額を運用しつつ、それをはるかに上回る成績を上げたのです。金額が増えるにつれて、運用の難しさも増します。規模とは錨の役割を果たすものです。規模が大きくなるにつれて平均以上の成績を上げられなくなるということではなく、利益が縮小するのです。万が一、あなたが二兆ドルを運用し、それが米国経済における証券価値の総額であるとすれば、平均以上の成績を上げられるとは考えないことです！

これまで見てきた記録について、付け加えておくべきことがあります。全期間を通じて、実際上これらのポートフォリオには共通部分がないということです。価格と価値の不一致という観点から証券選択を行っているというのは全員同じですが、それぞれの銘柄選択は大きく異なっています。ウォルターの最大の保有銘柄は、ハドソン・パルプ・アンド・ペーパーやジェッド・ハイランド石炭、ニューヨーク・トラップ・ロック・カンパニーなどで、その他の銘柄もビジネス誌に時折目を通す人ならなじみの名前ばかりです。トゥイーディ・ブラウンの選択銘柄は、知名度という点でいえばこれよりはるかに劣るものばかりです。それとは対照的に、ビルは大企業に投資してきました。彼らのポートフォリオが部分的にでも一致するというのは極めてまれなことです。これらの記録は、先導者が賭けたのと同じコインの面に、五〇人が大声で従うというやり方によって達成されたものではないのです。

表5は、ハーバード大学ロースクール出身で、大手法律事務所を設立した友人の投資記録です。

一九六〇年ごろにばったり再会したときに、私は彼に言いました。法律は結構な趣味だが、もっと君の実力を発揮できることがあるかもしれないと。彼は、ウォルターとは正反対のパートナーシップを設立しました。彼のポートフォリオの大部分は、発行残高が非常に少ない銘柄で占められており、そのために彼のパフォーマンスはウォルターのそれよりはるかに不安定でしたが、割安銘柄を探すという取り組み方針は両者とも同じでした。彼はパフォーマンスに大きな山と谷ができることをむしろ好んでおり、投資結果に表れているように、彼は精神集中の鬼だったのです。ちなみにこれは、バークシャー・ハサウェイにおける私の経営上の長年にわたるパートナーである、チャーリー・マンガーの投資記録です。しかし彼が自分のパートナーシップを運営していたときは、彼のポートフォリオは私や先に述べただれのポートフォリオとも異なっていたのです。

表6は、南カリフォルニア大学で数学を専攻していた、チャーリー・マンガーの友人の投資記録です（彼もビジネススクールとは無縁のタイプです）。彼は卒業後ＩＢＭに入社し、しばらくは営業マンをしていました。私がチャーリーと出会った後に、チャーリーは彼と出会いました。彼の名はリック・ゲーリンです。リックは一九六五～八三年の期間に、Ｓ＆Ｐの複利換算の上昇率三一六％に対して、二万二二〇〇％という数字を上げました。恐らく彼がビジネススクールの教育を受けていないからでしょうが、その数字こそ彼が統計学上重要であると考えるものなのです。

ここで付随的な事柄を述べておきましょう。驚くべきことに、一ドル札を四〇セントで買うという概念は、それを学んで即座に効果を発揮する人と全く効果のない人がいます。予防接種のようなものなのです。話を聞いてすぐに理解しない人には、何年かけてもデータを見せても無駄です。彼らは、単にその単純な概念を理解できないようなのです。リック・ゲーリンのような人物は、正規のビジネス教育を受けずとも、バリュー・アプローチを即座に理解し、五分後にはもうそれを実践しています。私はこれまで、一〇年かけて徐々にこのアプローチに転換していった人を見たことがありません。これは知能指数や大学教育とは無関係のようです。即座に理解するか全く理解しないか、どちらかしかないのです。

表7は、スタン・パールメターの記録です。スタンはミシガン大学の教養学部出身で、ボーゼル&ジェイコブスという広告代理店のパートナーの一人でした。オマハにある私たちのオフィスが偶然にも同じビルにあったことから、一九六五年、彼は私のビジネスの方が儲かることに気づき、広告業界に見切りをつけました。このときも、スタンがバリュー・アプローチをモノにするのに要した時間はたったの五分です。

パールメターのポートフォリオは、ウォルター・シュロスのポートフォリオとも違えば、ビル・ルエインのそれとも違っています。彼らの記録はみな、それぞれ別個に作り出されたものです。しかし、パールメターが株を買う理由は常に、支払った以上のものを得られるかということに他なりません。彼は四半期ごとの収益予測や翌年の収益など気にかけませんし、買い付け日が何曜日になろうが、どこの投資調査会社が何を言おうが、彼にはどうでもよいことであり、価格のモメンタムや出来高なども彼の興味の対象外です。彼が唯一問題とするのは、そのビジネスにどれだけの価値があるか、ということなのです。

表8と**表9**は、私がかかわってきた二つの年金ファンドの記録です。これらは、私がかかわったいくつもの年金ファンドのなかから選り抜いたわけではありません（私が運用にかかわった年金ファンドは、この二つだけなのです）。両方のケースにおいて、私はファンドマネジャーたちにバリュー・アプローチを実践するよう指示しました。価値という観点から運用が行われている年金ファンドは、ごくごくわずかしかありません。**表8**はワシントン・ポスト社年金基金の運用記録です。同社は数年前にはある大手銀行に運用を任せており、バリューを重視するファンドマネジャーを選んだほうが良い結果が得られるだろうと、私は彼らに提案したのです。

表からお分かりのように、変更後は全体的に高いパフォーマンスを維持しています。ワシントン・ポストはファンドマネジャーたちに債券比率を二五％以上に保つように指示しましたが、それは必ずしもマネジャーたちの意思ではなかったようです。ですから債券のパフォーマンスを表に含めておいたのは、彼らが債券の専門知識は特に有していないことを示すためにすぎません。彼らもそのことは認めるでしょう。得意としない分野で資金の二五％を運用し、それが全体収益の足を引っ張っているにもかかわらず、彼らは資金運用のランク付けで高い地位を得たのです。

このワシントン・ポストのファンドに関する表は、長期間のデータを網羅したものではありませんが、遡及的に選ばれたのではない三人のファンドマネジャーがどのような投資判断を下してきたのかが、非常によく表れています。

表9は、FMC社のファンドの運用記録です。私自身がその投資判断に携わることはありませんが、一九七四年に同社がバリュー・マネジャーを選択するに当たって、私は彼らにアドバイスをしています。それ以前のFMCは、多くの大企業と同じような方法でファンドマネジャーを選んでいました。同社はこのバリュー・アプローチに「転換」して以来、今やベッカーによる年金ファンド調査の規模の部門で一位の座を獲得しています。昨年、同社には経歴一年以上のファンドマネジャーが八人おり、うち七人は、累積的運用成績がS&Pの成長率を上回っていました。昨年に限れば、八人全員がS&P指数以上の成績を上げています。この期間でみると、FMCの実際のパフォーマンスは、平均的パフォーマンスを正味金額で二億四三〇〇万ドルも上回っています。FMC社ではその理由を、ファンドマネジャー選択における自分たちの姿勢にあると考えています。同社のマネジャーたちは必ずしも私が名指しで選んだ人々ではありませんが、彼らには価値を基準に据えて証券選択を行うという共通的特徴があるのです。

さてみなさん、これまで取り上げてきた九つの記録は、グレアム・ドッド村出身の「コイン投げ師」たちのものです。これらファンドマネジャーたちは、何千人ものなかから私が後知恵によって選んだわけではありません。また、宝くじを当てた人々の名を、当てる以前には赤の他人であったにもかかわらず、単に羅列しているわけでもありません。彼らは投資判断に関する基本的取り組み方という観点から、何年も前に私が選び出した人たちなのです。私は彼らがどのような教育を受けてきたかを知っていましたし、さらには個人的に彼らの知的能力や性格、気性などもある程度承知していました。この集団が、平均よりはるかにリスクを低く抑えて投資を行ってきているということを理解するのは、とても重要なことです――相場全体が弱気だった年に彼らが上げた成績に注目してください。これら投資家たちは、投資スタイルという点でいえばまちまちですが、常に株券ではなくビジネスを買うという投資に対する姿勢では、全員が一致しています。なかには時としてビジネス全体を購入する者もいますが、ほとんどの場合は、みな単にビジネスの一部を買います。ビジネス全体を買うときもごく一部を買うときも、彼らは常に同じ姿勢で取り組みます。幅広い分散投資を行う者もいれば、ごく一握りの銘柄数しか保有しない者もいますが、彼ら全員が、市場価格と内在価値の差を利用して利益を得ているのです。

私は、市場は効率的ではないことがままあると確信しています。グレアム・ドッド派の投資家たちは、価格と価値の差を利用して利益を上げることに成功してきています。非常に感情が激しかったり、強欲であったり、あるいは意気消沈したウォール街の「群集」によって、株価が影響を受けて極端に振れる可能性があるとすれば、市場価格が常に合理的だとはいえないはずです。

実際、市場価格がバカげたものとなることはたびたびあるのです。

リスクと報酬ということに関して、重要なことをひとつ述べましょう。リスクと報酬が、明白な相互関係にある場合もあります。だれかが私にこう言ってくるとします――「この六連発リボルバー拳銃には一発だけ弾が詰めてある。これを回転させて、一度だけ引き金を引いてみないかい？　もしも君の命が助かれば君に一〇〇万ドルを上げよう」。私はこの申し出を、一〇〇万ドルでは安すぎると言って辞退することでしょう。すると彼は、二回引き金を引いて五〇〇万ドルでどうだと言ってくるかもしれません。これこそリスクと報酬の明白な相互関係といえるものです！

バリュー投資では、これと正反対のことが当てはまります。一ドル札を四〇セントで買う方が六〇セントで買うよりもリスクは低くなりますが、報酬に対する期待は前者の方が高くなります。バリュー投資法に基づくポートフォリオでは、報酬を得られる可能性が高ければ高いほど、それに伴うリスクは低くなるのです。

単純な例をひとつ。一九七三年、ワシントン・ポスト社の時価総額が八〇〇〇万ドルとなったことがありました。まさにその日のその瞬間、買い手が一〇人いたとして、そのだれに対してでも同社の資産は四億ドル、あるいはそれをはるかに上回る金額で、売却できたかもしれません。同社は『ワシントン・ポスト』紙や『ニューズウィーク』誌以外に、七つのテレビ局を所有していました。これらの資産の現在価値は二〇億ドルですから、当時四億ドルでだれかが買っていたとしても、その人は愚かではなかったといえるでしょう。

ところで、もしもワシントン・ポスト株の時価総額がさらに下落して、八〇〇〇万ドルではなく四〇〇〇万ドルにまで落ち込んでいたとすれば、それに関するベータ値はさらに高まることになります。ベータ値でリスクを測れると考えている人たちにとっては、株価が下がるほどリスクが高まるように思えるはずです。これではまるで不思議の国のアリスです。価値が四億ドルの資産を八〇〇〇万ドルで買うリスクよりも四〇〇〇万ドルで買うリスクの方が高いとする理由が、私には全く理解できません。実際、事業の値踏みに関する知識があってそのような証券を買うのであれば、四億ドルを八〇〇〇万ドルで買うときの本質的リスクはゼロです。資産を十分割して、四〇〇〇万ドルを八〇〇万ドルで買うのなら、なおのことです。四〇〇〇万ドルの価値があるのかは分からないので、取引相手が確実に正直で有能な人たちであってほしいと通常考えるものですが、それは難しいことではありません。

それ以外にも、根底をなす事業を大まかに概算できる知識がなければなりません。ただしぎりぎりで見積もるべきではありません。これが、ベン・グレアムのいう安全域の確保です。価値が八三〇〇万ドルの事業を八〇〇〇万ドルで買おうとしてはいけません。大きな余裕をみることが肝要なのです。三万ポンドの負荷に耐えると業者が主張する橋が建造されたとしても、その橋を走行するであろうトラックはせいぜい一万ポンドです。これと同じ原則が投資にも当てはまるのです。

最後に一言。利益優先主義の傾向が強い方々は、私がなぜこのような話をするのか不思議に思われているかもしれません。バリュー・アプローチへの転向者が増加すれば、価格と価値の差で利益を上げる機会がいや応なしに減ることになるからです。私からみなさんに言えることは、ベン・グレアムとデイブ・ドッドが『証券分析』を著した五〇年前からその秘密は明かされているにもかかわらず、私がこの手法を実践し始めて三五年がたつも、バリュー投資はいまだかつて流行を見せたことがないということです。人間には、簡単なものを小難しくするのを好むという、つむじ曲がりの性質があるようです。実際に学会は、ここ三〇年でバリュー投資をカリキュラムから外してきています。船は丸い地球を帆走しようとも、「地球は平らだと考える集団」は繁栄するのです。今後も市場では、価格と価値が一致しないケースが途切れることなく生まれ、グレアムとドッドの著書を読んだ者は成功を収め続けるのです。

（コロンビア大学ビジネススクール機関誌『ヘルメス』一九八四年秋号）

編集者による注釈

以上の文章は、ベンジャミン・グレアムとデビッド・L・ドッドの共著による『証券分析』の出版五〇周年を記念して、一九八四年にコロンビア大学でウォーレン・バフェット氏が講演会を行ったときの内容を書き起こし、編集したものである。『証券分析』は、その後『賢明なる投資家』によって投資家に広く知られるようになった投資概念を、初めて世に紹介した本である。バフェットのエッセーは、グレアムのバリュー投資法を実践することによって、いかにして彼の門下生たちが株式市場で目を見張る成功を収めてきたかを示す、大変興味深い内容となっている。

表1　ウォルター・J・シュロス（WJS）

年	配当を含むS&Pの総合成長率（%）	WJSリミテッド・パートナーズの年間総合成長率（%）	WJSパートナーシップの年間総合成長率（%）
1956	7.5	5.1	6.8
1957	−10.5	−4.7	−4.7
1958	42.1	42.1	54.6
1959	12.7	17.5	23.3
1960	−1.6	7.0	9.3
1961	26.4	21.6	28.8
1962	−10.2	8.3	11.1
1963	23.3	15.1	20.1
1964	16.5	17.1	22.8
1965	13.1	26.8	35.7
1966	−10.4	0.5	0.7
1967	26.8	25.8	34.4
1968	10.6	26.6	35.5
1969	−7.5	−9.0	−9.0
1970	2.4	−8.2	−8.2

S&Pの28年3カ月間における複利成長率	887.2%
WJSリミテッド・パートナーズの28年3カ月間における複利成長率	6,678.8%
WJSパートナーシップの28年3カ月間における複利成長率	23,104.7%
S&Pの28年3カ月間における年間複利成長率	8.4%
WJSリミテッド・パートナーズの28年3カ月間における年間複利成長率	16.1%
WJSパートナーシップの28年3カ月間における年間複利成長率	21.3%

WJSパートナーシップはこれまでに800以上の銘柄を保有してきており、ほぼ常に100以上のポジションをとっている。1984年現在の運用資産はおよそ4500万ドル。WJSパートナーシップとWJSリミテッド・パートナーズの利益の差は、経営上のゼネラル・パートナーに対する分配金によって生じたものである

1971	14.9	25.5	28.3
1972	19.8	11.6	15.5
1973	−14.8	− 8.0	− 8.0
1974	−26.6	− 6.2	− 6.2
1975	36.9	42.7	52.2
1976	22.4	29.4	39.2
1977	− 8.6	25.8	34.4
1978	7.0	36.6	48.8
1979	17.6	29.8	39.7
1980	32.1	23.3	31.1
1981	6.7	18.4	24.5
1982	20.2	24.1	32.1
1983	22.8	38.4	51.2
1984（第1四半期）	2.3	0.8	1.1

表2　トゥイーディ・ブラウン

年	ダウ平均（%）*	S&P500（%）*	ブラウン全体（%）	ブラウン・リミテッド・パートナーズ（%）
1968	6.0	8.8	27.6	22.0
1969	− 9.5	− 6.2	12.7	10.0
1970	− 2.5	− 6.1	− 1.3	− 1.9
1971	20.7	20.4	20.9	16.1
1972	11.0	15.5	14.6	11.8
1973	2.9	1.0	8.3	7.5
1974	−31.8	−38.1	1.5	1.5
1975	36.9	37.8	28.8	22.0
1976	29.6	30.1	40.2	32.8
1977	− 9.9	− 4.0	23.4	18.7
1978	8.3	11.9	41.0	32.1
1979	7.9	12.7	25.5	20.5
1980	13.0	21.1	21.4	17.3
1981	− 3.3	2.7	14.4	11.6
1982	12.5	10.1	10.2	8.2
1983	44.5	44.3	35.0	28.2
収益の合計 15年9カ月	191.8%	238.5%	1,661.2%	936.4%
S&Pの15年9カ月間における年間複利成長率				7.0%
ブラウン・リミテッド・パートナーズの15年9カ月間における年間複利成長率				16.0%
ブラウン全体の15年9カ月間における年間複利成長率				20.0%

* ダウ平均、S&P500ともに、支払い配当金が計算に含まれている
年度末は9月（1968年は9カ月間）

表3　バフェット・パートナーシップ

年	ダウ平均全体の成長率（%）	パートナーシップの投資結果（%）	リミテッド・パートナーズの投資結果（%）
1957	− 8.4	10.4	9.3
1958	38.5	40.9	32.2
1959	20.0	25.9	20.9
1960	− 6.2	22.8	18.6
1961	22.4	45.9	35.9
1962	− 7.6	13.9	11.9
1963	20.6	38.7	30.5
1964	18.7	27.8	22.3
1965	14.2	47.2	36.9
1966	−15.6	20.4	16.8
1967	19.0	35.9	28.4
1968	7.7	58.8	45.6
1969	−11.6	6.8	6.6
複利で計算するとそれぞれ以下の通り			
1957	− 8.4	10.4	9.3
1957–58	26.9	55.6	44.5
1957–59	52.3	95.9	74.7
1957–60	42.9	140.6	107.2
1957–61	74.9	251.0	181.6
1957–62	61.6	299.8	215.1
1957–63	94.9	454.5	311.2
1957–64	131.3	608.7	402.9
1957–65	164.1	943.2	588.5
1957–66	122.9	1156.0	704.2
1957–67	165.3	1606.9	932.6
1957–68	185.7	2610.6	1403.5
1957–69	152.6	2794.9	1502.7
年間複利成長率	7.4	29.5	23.8

表4　セコイア・ファンド

年	年間成長率* セコイア・ファンド（%）	S&P500指数（%）**
1970	12.1	20.6
1971	13.5	14.3
1972	3.7	18.9
1973	− 24.0	− 14.8
1974	− 15.7	− 26.4
1975	60.5	37.2
1976	72.3	23.6
1977	19.9	− 7.4
1978	23.9	6.4
1979	12.1	18.2
1980	12.6	32.3
1981	21.5	− 5.0
1982	31.2	21.4
1983	27.3	22.4
1984	− 1.6	− 2.4
上記期間の総計	775.3%	270.0%
年間複利成長率	17.2%	10.0%
信託報酬	1.0%	
最終的な投資結果	18.2%	10.0%

* 配当金（およびセコイア・ファンドの場合はキャピタル・ゲイン分配分も含む）を再投資したとして計算している

** 表1にある数字と若干異なっているのは、配当金を再投資したとして計算しているためである1970年は7月15日より1984年は第1四半期のみ

表5　チャールズ・マンガー

	代表的投資信託（%）	インベスターズ・ストック（%）	リーマン（%）	トライコント（%）	ダウ（%）	パートナーシップ全体（%）	リミテッド・パートナーズ（%）
年間成績（1）							
1962	−9.8	−13.4	−14.4	−12.2	−7.6	30.1	20.1
1963	20.0	16.5	23.8	20.3	20.6	71.7	47.8
1964	15.9	14.3	13.6	13.3	18.7	49.7	33.1
1965	10.2	9.8	19.0	10.7	14.2	8.4	6.0
1966	−7.7	−9.9	−2.6	−6.9	−15.7	12.4	8.3
1967	20.0	22.8	28.0	25.4	19.0	56.2	37.5
1968	10.3	8.1	6.7	6.8	7.7	40.4	27.0
1969	−4.8	−7.9	−1.9	0.1	−11.6	28.3	21.3
1970	0.6	−4.1	−7.2	−1.0	8.7	−0.1	−0.1
1971	9.0	16.8	26.6	22.4	9.8	25.4	20.6
1972	11.0	15.2	23.7	21.4	18.2	8.3	7.3
1973	−12.5	−17.6	−14.3	−21.3	−13.1	−31.9	31.9
1974	−25.5	−25.6	−30.3	−27.6	−23.1	−31.5	−31.5
1975	32.9	33.3	30.8	35.4	44.4	73.2	73.2
複利計算による投資結果（2）							
1962	−9.8	−13.4	−14.4	−12.2	−7.6	30.1	20.1
1962–3	8.2	0.9	6.0	5.6	11.5	123.4	77.5
1962–4	25.4	15.3	20.4	19.6	32.4	234.4	136.3
1962–5	38.2	26.6	43.3	32.4	51.2	262.5	150.5
1962–6	27.5	14.1	39.5	23.2	27.5	307.5	171.3

表5　（続き）

	代表的投資信託（%）	インベスターズ・ストック（%）	リーマン（%）	トライコント（%）	ダウ（%）	パートナーシップ全体（%）	リミテッド・パートナース（%）
1962–7	53.0	40.1	78.5	54.5	51.8	536.5	273.0
1962–8	68.8	51.4	90.5	65.0	63.5	793.6	373.7
1962–9	60.7	39.4	86.9	65.2	44.5	1046.5	474.6
1962–70	61.7	33.7	73.4	63.5	57.1	1045.4	474.0
1962–71	76.3	56.2	119.5	100.1	72.5	1336.3	592.2
1962–72	95.7	79.9	171.5	142.9	103.9	1455.5	642.7
1962–73	71.2	48.2	132.7	91.2	77.2	959.3	405.8
1962–74	27.5	40.3	62.2	38.4	36.3	625.6	246.5
1962–75	69.4	47.0	112.2	87.4	96.8	1156.7	500.1
年間複利成長率の平均	3.8	2.8	5.5	4.6	5.0	19.8	13.7

表6　パシフィック・パートナーズ

年	S&P500指数（%）	リミテッド・パートナーズの投資成績（%）	パートナーシップ全体の投資成績（%）
1965	12.4	21.2	32.0
1966	−10.1	24.5	36.7
1967	23.9	120.1	180.1
1968	11.0	114.6	171.9
1969	− 8.4	64.7	97.1
1970	3.9	− 7.2	− 7.2
1971	14.6	10.9	16.4
1972	18.9	12.8	17.1
1973	−14.8	− 42.1	− 42.1
1974	−26.4	− 34.4	− 34.4
1975	37.2	23.4	31.2
1976	23.6	127.8	127.8
1977	− 7.4	20.3	27.1
1978	6.4	28.4	37.9
1979	18.2	36.1	48.2
1980	32.3	18.1	24.1
1981	− 5.0	6.0	8.0
1982	21.4	24.0	32.0
1983	22.4	18.6	24.8

S&Pの19年間における複利成長率	316.4%
リミテッド・パートナーズの19年間における複利成長率	5,530.2%
パートナーシップ全体の19年間における複利成長率	22,200.0%
S&Pの19年間における年間複利成長率	7.8%
リミテッド・パートナーズの19年間における年間複利成長率	23.6%
パートナーシップ全体の19年間における年間複利成長率	32.9%

表7　パールメター・インベストメンツ

年	パールメター・インベストメンツ全体（%）	リミテッド・パートナーズ（%）		
8/1–12/31/65	40.6	32.5	1965/8/1～1983/10/31間のパートナーシップ全体の成長率	4277.2%
1966	6.4	5.1		
1967	73.5	58.8	1965/8/1～1983/10/31間のリミテッド・パートナーズの成長率	2309.5%
1968	65.0	52.0		
1969	13.8	−13.8	パートナーシップ全体の年間複利成長率	23.0%
1970	− 6.0	− 6.0		
1971	55.7	49.3	リミテッド・パートナーズの年間複利成長率	19.0%
1972	23.6	18.9		
1973	−28.1	−28.1	1965/7/31のダウ工業株平均（概算値）	882
1974	−12.0	−12.0		
1975	38.5	38.5	1983/10/31のダウ工業株平均（概算値）	1225
1/1–10/31/76	38.2	34.5		
11/1/76–10/31/77	30.3	25.5		
11/1/77–10/31/78	31.8	26.6	配当を含めたダウ工業株平均の複利成長率（概算値）	7%
11/1/78–10/31/79	34.7	28.9		
11/1/79–10/31/80	41.8	34.7		
11/1/80–10/31/81	4.0	3.3		
11/1/81–10/31/82	29.8	25.4		
11/1/82–10/31/83	22.2	18.4		

表8　ワシントン・ポスト社のマスター・トラスト(1983/12/31現在)

	現四半期		過去1年間		過去2年間*		過去3年間*		過去5年間*	
	利益率(%)	ランク	利益率(%)	ランク	利益率(%)	ランク	利益率(%)	ランク	利益率(%)	ランク
総合										
ファンドマネジャーA	4.1	2	22.5	10	20.6	40	18.0	10	20.2	3
ファンドマネジャーB	3.2	4	34.1	1	33.0	1	28.2	1	22.6	1
ファンドマネジャーC	5.4	1	22.2	11	28.4	3	24.5	1	—	—
マスター・トラスト(全ファンドマネジャー)	3.9	1	28.1	1	28.2	1	24.3	1	21.8	1
普通株										
ファンドマネジャーA	5.2	1	32.1	9	26.1	27	21.2	11	26.5	7
ファンドマネジャーB	3.6	5	52.9	1	46.2	1	37.8	1	29.3	3
ファンドマネジャーC	6.2	1	29.3	14	30.8	10	29.3	3	—	—
マスター・トラスト(全ファンドマネジャー)	4.7	1	41.2	1	37.0	1	30.4	1	27.6	1
債券										
ファンドマネジャーA	2.7	8	17.0	1	26.6	1	19.0	1	12.2	2
ファンドマネジャーB	1.6	46	7.6	48	18.3	53	12.7	84	7.4	86
ファンドマネジャーC	3.2	4	10.4	9	24.0	3	18.9	1	—	—
マスター・トラスト(全ファンドマネジャー)	2.2	11	9.7	14	21.1	14	15.2	24	9.3	30
債券および現金等価物										
ファンドマネジャーA	2.5	15	12.0	5	16.1	64	15.5	21	12.9	9
ファンドマネジャーB	2.1	28	9.2	29	17.1	47	14.7	41	10.8	44
ファンドマネジャーC	3.1	6	10.2	17	22.0	2	21.6	1	—	—
マスター・トラスト(全ファンドマネジャー)	2.4	14	10.2	17	17.8	20	16.2	2	12.5	9

*年率換算

注)「ランク」とは、A・C・ベッカーの調査による、ファンドのパフォーマンスのランク付けを示す
「ランク」は百分率で表されている(1＝最高、100＝最低)

表9　FMC社年金ファンドの年間利益率(%)

	1年間	2年間	3年間	4年間	5年間	6年間	7年間	8年間	9年間
FMC（債券および株式を総合）									
1983	23.0								*17.1
1982	22.8	13.6	16.0	16.6	15.5	12.3	13.9	16.3	
1981	5.4	13.0	15.3	13.8	10.5	12.6	15.4		
1980	21.0	19.7	16.8	11.7	14.0	17.3			
1979	18.4	14.7	8.7	12.3	16.5				
1978	11.2	4.2	10.4	16.1					
1977	− 2.3	9.8	17.8						
1976	23.8	29.3							
1975	35.0								
ベッカーによる調査									
1983	15.6								12.6
1982	21.4	11.2	13.9	13.9	12.5	9.7	10.9	12.3	
1981	1.2	10.8	11.9	10.3	7.7	8.9	10.9		
1980	20.9	NA	NA	NA	10.8	NA			
1979	13.7	NA	NA	NA	11.1				
1978	6.5	NA	NA	NA					
1977	− 3.3	NA	NA						
1976	17.0	NA							
1975	24.1								
S&P 500									
1983	22.8								15.6
1982	21.5	7.3	15.1	16.0	14.0	10.2	12.0	14.9	

＊ 株式のみで計算すると、18.5

1981	− 5.0	12.0	14.2	12.2	8.1	10.5	14.0
1980	32.5	25.3	18.7	11.7	14.0	17.5	
1979	18.6	12.4	5.5	9.8	14.8		
1978	6.6	− 0.8	6.8	13.7			
1977	7.7	6.9	16.1				
1976	23.7	30.3					
1975	37.2						

2. 投資による収入と証券取引に関する重要なルール（一九七二年）

ルール1――利息と配当

利息と配当は通常の収入と同様に課税対象となる。非課税となるのは、（A）連邦債や地方債などによる収入（連邦税は免税となるが、地方税は課税となる場合がある）、（B）元本の返還としての配当金、（C）投資会社から支払われたある種の配当（次項目を参照）、（D）国内企業の通常配当として受け取る最初の一〇〇ドル――である。

ルール2――キャピタルゲインとキャピタルロス

短期のキャピタルゲインとキャピタルロスは、正味の短期のキャピタルゲインとロスを得るために合算される。長期のキャピタルゲインとキャピタルロスは、正味の長期のキャピタルゲインとロスを得るために合算される。短期キャピタルゲインの正味金額の方が長期キャピタルゲインの正味金額よりも多ければ、その超過分は全額が収入とみなされる。それにかかる最大税率は、五万ドル以下であれば二五％、それ以上であれば三五％となる。

キャピタルロスの正味金額（キャピタルゲインを超過した額）は、一〇〇〇ドルを上限として現行年度の通常収入からの控除が可能で、その後、五年間同様の控除が認められている。あるいは、通常外の損失を適用して、キャピタルゲインを相殺することはいつでもできる（一九七〇年以前に繰り越された損失は、それ以降の損失よりも扱いが優遇されている）。

「規制投資会社」に関する注意点

投資会社のほとんどは、税法の特別条項によるメリットを受けており、それによってパートナーシップに近い形での課税形態が認められている。よって長期の証券投資収益が生じれば、彼らはそれを「キャピタルゲイン配当」として扱い、その顧客たちも同様に長期的収益として計上できる。それによって通常の配当よりも低い税率で済む。あるいは、投資会社には、顧客のアカウントに対して二五％の税金を支払った後、キャピタルゲイン配当として振り分けることなくキャピタルゲインの差額を保持するという選択肢もある。

3. 株式の新たなる投機性

ベンジャミン・グレアム

今からみなさんに、私が長年ウォール街に身を置き、いろいろな経験をしてきた事柄のなかからお話しします。経験そのものの真価を問う、周期的に訪れる新たな状況の到来ということについても述べたいと思います。経済や金融や証券分析を、その他の専門分野との比較から特徴づける要素のひとつが、過去の事象に基づく現在や将来の確実な予測が不可能だという点にあるというのは間違いがないでしょう。とはいえ、過去の教訓を研究もしなければ理解もしないうちに、それらを切り捨ててしまうという権利は、私たちにはありません。本日の講演では、限られた領域――特に株式投資や投機に対する私たちの基本的取り組み姿勢における、現在と過去の対照的な関係を明らかにしようとする試み――についての理解を深めることを趣旨としてお話しします。

まずは私が述べる事柄の概要をご説明しましょう。過去においては、大抵は企業そのものに株式の投機的要因が存在しました。それは、業種が抱える不確実性や変動要因、業種自体の明らかな脆弱性や企業個々の状況に起因したものでした。当然ながら、これらの投機的要因は今なお存在しますが、これから述べるようなさまざまな長期的発展によって、その度合いはかなり低くなってきたといえるでしょう。しかしその代わりに、企業以外の新たな、そして大きな投機的要因が、株式投資の領域で徐々に勢力を伸ばしてきました。この新たな要因は、株を買う大衆とその投資顧問たち――その中心は私たち証券アナリストです――の姿勢や考え方から発生したものです。その姿勢を一言で表せば、「将来予想の最大重視」と言えるかもしれません。

こうした人々にとって最も合理的な考え方は、株価や株の評価はその企業の予想将来収益に基づいて決まるべきであるというものです。しかしこの単純に思える概念には、実は多くの逆説や落とし穴が潜んでいます。そのひとつとして、投資と投機とを隔てていた、かつては強固であった壁が取り払われてしまったことが挙げられます。辞書によれば、「投機する（speculate）」という単語の語源はラテン語の「見張り人（specula）」です。ですから投機家とは、状況に注意を払って、他人よりも早く将来成長をかぎつける人を指しました。しかし今日では、鋭敏かつ訳知りの投資家であれば将来予測を行うことが当然とされ、さらにいえば、投機家たちと同様にありふれた予測を行ったりしているのです。

第二に挙げられるのは、多くの場合、投資対象として最高の特性を備えた、つまり最高の信用格付けを得ている企業は、目覚ましい将来性が保証されているとだれもが考えるために、その株式が非常に大きな投機的関心を集める傾向にあるということです。第三点目は、将来予測や、とりわけ将来も成長が継続するという考えによって、高等数式を用いてお目当ての銘柄の現在価値を導き出すという流れが作り出されているということです。しかし、精密な数学を、精密という にはほど遠い前提に適用することによって、傑出した銘柄であればどんなに高かろうが、実質上いかなる価値をも導き出し、正当化することができるのです。しかし逆説的にいえば、今述べたような事柄こそが、確定値であれ狭い範囲で示された不確定の値であれ、それによって成長企業を正しく評価することはできないことを示唆していると考えられます。ゆえに、市場は時として成長という要素を驚くほど低く評価することがあり得るのです。

普通株の投機的要素について、その過去と現在の違いを識別する話に戻るに当たり、これらを耳慣れないけれど便利な二つの単語――つまり、内因性と外因性――によって表すことができるかもしれません。一九一一～一三年のアメリカン・カン社とペンシルベニア鉄道に関するデータを使って、かつての投機的株式を、投資対象としての株式との比較で簡単にご説明します（これらのデータの出所は、一九四〇年マグローヒル出版、ベンジャミン・グレアムとデビッド・L・ドッドの共著による『証券分析』）。

この三年間で「ペンシー（ペンシルベニア鉄道）」の株価は五三ドルから六五ドルのレンジ内でしか変動しておらず、株価収益率でいえば一二・二倍から一五倍です。同社の収益は堅調に推移し、三ドルの配当支払いがあり、株主たちは一株当たり五〇ドルを優に上回る有形資産の裏付けがあると信じていました。それとは対照的に、アメリカン・カン社の株価変動レンジは九ドルから四七ドル、一株当たり収益は七セントから八・八六ドル、三年間の平均収益に対する株価収益率は一・九倍から一〇倍、完全な無配、という状況であり、普通株の額面価格一〇〇ドルが意味するものは、明らかにされていない「水増し要因」の存在に他ならないことは、見識ある投資家たちにとっては自明の理でした。なぜなら、優先証券がそれに割り当てられた有形資産を超過していたからです。したがって当時アメリカン・カン社は、不安定で不確実な業種に属し、投機的な資本形成が行われていたために、同社の普通株は典型的な投機銘柄だったわけです。現実にはアメリカン・カン社はペンシルベニア鉄道とは比較にならないほどの高い長期的将来性を有していたにもかかわらず、投資家や投機家がその将来性を信じなかったばかりでなく、たとえ信じたとしても、投資家たちは一九一一～一三年時点では、恐らくそれを投資の方針や計画からは基本的に除外したことでしょう。

さて、ここで投資における長期見通しの重要性について、例を挙げたいと思います。昨年数少ない売上高一〇億ドル企業群の仲間入りを果たした光彩を放つ巨大事業会社、他ならぬＩＢＭに関する話です。少しでも話を身近に感じられるように、数字の羅列でなく多少自伝めいた内容となることをご承知ください。

一九一二年、私は大学を一時休学してＵＳエキスプレス社の研究プロジェクトに加わりました。最初に私たちが手がけたのは、運送料算出のためのある革命的な新システムを導入することによって、収益がどのような影響を受けるかを調べるという作業でした。そのために私たちが用いたのは、ホレリス機（ホレリスコードを使ってカードに情報をパンチする機械）と呼ばれるもので、コンピューティング・タブレーティング・レコーディング（ＣＴＲ）社からのリースでした。機械はカード穿孔器、カードソーター、タブレーターで構成されていましたが、それらは当時のビジネスマンたちには耳慣れない道具であり、主たる利用者は国勢調査局でした。一九一四年に私はウォール街の一員となり、その翌年にCTR社の債券と株式がニューヨーク証券取引所に上場されました。この企業については個人的思い入れがあり、さらには同社製品を実際に操作した経験がある数少ない金融マンの一人として、私には同社の製品の技術的専門家であるというような自負もありました。そこで一九一六年の初め、勤めていた会社のトップであったA・N氏のところへ行って言いました――「四〇ドル台半ばで売られているCTR株は、一九一五年には一株当たり六・五〇ドルの収益を上げ、非分離の無形財産を加えた簿価は確実に一三〇ドルはあり、既に三ドルの配当を始めており、私自身同社の製品はかなり優れていると思います」と。A・N氏は私を哀れむような目で見ると、言いました。「ベン、その企業の名はもう二度と私の前で口にしないでくれ。半径三メートル以内に近づきたくないんだ（これは彼の得意のフレーズです）。CTRの表面利率六％の債券は八〇台前半で売られているが、あれはダメだ。株なんてなおのことだ。水増し評価以外の何物でもないことはだれでも知っていることさ」（注釈　当時のこの言葉は最高の非難にあたります。つまり、バランスシート上の資産勘定は虚偽だということです。額面価格が一〇〇ドルであっても、USスチールを初めとした多くの事業会社は、工場設備勘定に手を加えてまさに水増し評価を行っていました。こうした企業には、収益力と将来性以外には後ろ盾となるものが「何もなかった」ので、自尊心の強い投資家たちは目もくれなかったのです）

私は再び禁欲的な青年となって統計学の世界に引きこもりました。A・N氏は経験豊富で成功を収めていただけでなく、極めて深い洞察力の持ち主でした。彼に全面的に却下された印象があまりに強かったために、私はいまだにコンピューティング・タブレーティング・レコーディング社の株を一度たりとも買ったことがありません。それは、一九二六年に社名がインターナショナル・ビジネス・マシーンズ（ＩＢＭ）に変更された後も同じなのです。

さて、株式相場が極めて強気な年であった一九二六年に社名変更を行った、先ほどと同じ企業について見ていきましょう。同社は社名変更当時、バランスシート上ののれんの項目に、一三六〇万ドルというかなり多額の記載をしていました。一九一五年時点では、普通株の後ろ盾となる資産は、実質上、無に等しいものでした。しかし、それ以降に同社はＴ・Ｌ・ワトソンの指揮の下で見事な業績を上げ、六九万一〇〇〇ドルだった正味利益は、その後一一年間における最大の伸びを示して五倍以上に増加し、三七〇万ドルとなっていました。同社は既に普通株に割り当てるべき十分な有形資産を構築し、一対三・六の株式分割も済ませていました。そして、六・三九ドルの収益がある分割後の株式に対し、滞りなく三ドルを配当していました。このように成長の実績があり、かつ業界内で非常に高い地位を得ていた企業は、一九二六年の株式市場で熱狂的な人気を博していただろうとみなさん思われるかもしれません。さて、どうだったのでしょう。同年の株価レンジは三一ドルから五九ドル。平均は四五ドルで、そのときの株価収益率は七倍、配当利回りは一九一五年と同様六・七％でした。三一ドルの安値においては、株価が有形資産帳簿価格をはるかに上回るという状況ではなく、その点において一一年前よりもはるかに妥当な株価だったのです。

こうしたデータは（他にも枚挙にいとまがありませんが）、一九二〇年代の強気相場が最高潮に達するまで、昔ながらの投資見解が根強く残っていたことを示しています。これ以降のＩＢＭの歴史は、一〇年刻みで要約することができます。一九三六年には一〇年前との比較で純益が二倍に伸び、株価収益率平均は七倍から一七・五倍に上昇しました。一九三六～四六年では収益が二・五倍に伸びましたが、株価収益率平均は一七・五倍のまま変わりませんでした。その後、同社は急成長を果たし、一九五六年には純益が一〇年前のおよそ四倍、株価収益率平均は三二・五倍にまで上昇しました。そして昨年（一九五七年）、国外の非連結子会社については計算から除外しても、収益はさらに増加し、株価収益率平均も四二倍まで上昇したのです。

これら近年の数字を注意深く掘り下げると、四〇年前との比較における、興味深い類似点と相違点が見えてきます。事業会社のバランスシート上に横行していた、かつての恥ずべき水増し評価は、まずは情報公開、続いて損金処理という形で一掃されてきました。しかし今度は投資家と投機家自身の手で、別の種類の「水」が株式市場の価値評価に再びもたらされたのです。帳簿価格の七倍という株価が付いている現在、ＩＢＭには実質上帳簿価格など存在しないも同然です。つまり、株価の数分の一にすぎない帳簿価格は、株価における優先株の一種取るに足らない部分とみなすことができ、その残りの部分は、かつての投機家が収益力と将来性のみを頼りにウールワースやＵＳスチールの普通株を買いに走ったのとまさに同じことなのです。

参考までに述べれば、ＩＢＭが株価収益率七倍の企業から四〇倍の企業に変容を遂げた三〇年間において、大規模事業会社の内因性投機的側面と私が呼んできたものは、おおかた姿を消しました。こうした企業は今や財務状態も資本構成も堅実であり、以前と比べてはるかに巧みかつ誠実な経営がなされています。さらに、完全なる情報開示が求められることで、無知と秘密主義から発生していた重大な投機的要素のひとつが取り除かれたのです。

個人的な話題をもうひとつ。私がウォール街に入ってまだ間もないころ、お気に入りのミステリー銘柄のひとつにコンソリデーティッド・ガス・オブ・ニューヨーク（現在のコンソリデーティッド・エジソン）がありました。同社はニューヨーク・エジソン社という高収益の子会社を有していましたが、自社の報告書にはその全収益ではなく、配当収入だけが計上されていました。報告書に記載されないエジソン社の収益によって、謎と「目に見えない価値」が形成されていたのです。しかし驚いたことに、実はこれらの秘密の数字は、連邦公益事業委員会には毎年報告されていることに私は気がつきました。そのデータを問い合わせて記事を書くなど朝飯前でした（ちなみにそれは、巨額というほどではありませんでしたが）。古くからの友人の一人が、当時私に言いました――「ベン、表に出ない数字を公にしたことで君は自分をすごいやつだと思っているかもしれないが、ウォール街は君に感謝などしないよ。秘密のベールに包まれていたときのほうが、白日の下にさらされたコンソリデーティッド・ガスよりも興味を引くし、価値もあるんだ。何によらず鼻を突っ込みたがる君たち若造がウォール街を破滅させるのさ」

実際のところ、投機の炎に油を注いでいた三つのMは、今やすべて消滅しました。三つのMとは、「謎（Mystery）」「まやかし（Manipulation）」、そしてわずかな「利益（Margins）」です。しかし、かつての投機的要因に負けず劣らずそれ自身が投機的であるといえる価値評価の手法を、証券アナリストである私たち自らが作り出してきました。今やもう私たちにとっての「三つのM」は、ミネソタ・マイニング・アンド・マニュファクチュアリング（3M社）以外に存在しません。そしてその普通株は、かつての投機と対比をなす形で現在の投機を余すことなく解き明かす存在だといえそうです。いくつか数字を挙げてみましょう。昨年（一九五七年）3M社の株価が一〇一ドルを付けていたとき、一九五六年の収益に対して株価は四四倍で、これはさほど株価が上昇したわけではないことを示していました。このとき同社の時価総額は一七億ドルで、うち純資産は二億ドル、残りの一五億ドルは市場が評価した「のれん価値」ということになります。こののれん価値を市場がどういう計算からはじき出したのかは分かりませんが、とにかくほんの数カ月後に市場は、同社ののれん価値評価を約四億五〇〇〇万ドル、つまりおよそ三〇％切り下げました。もちろん、このように素晴らしい企業の無形財産を正確に見積もることなど不可能です。ある種数学的法則のごとく、のれん価値や将来的な収益力が重要であればあるほど、その企業の真の価値評価は確定がしづらく、よって株式そのものの投機性が高まるものなのです。

過去と今日とを比較するに当たり、こうした無形財産の価値評価を行ううえで生じてきた極めて重大な違いを認識しておいたほうがよいかもしれません。今から三〇年以上前は、平均株価であろうが、正式あるいは法的な査定であろうが、無形財産は有形財産よりも控えめに見積もるというのが基本原則でした。優良事業会社の株や債券から得られる利回りは、その有形資産に対して六~八%が妥当だと考えられているかもしれませんが、その超過収益や企業自身が生み出した無形資産に対しては、一五%程度が基準とされていました(ウールワースの一九一一年の優先株と普通株にはほぼこれらの比率が当てはまりましたし、それ以外にも同様の銘柄が数多くありました)。ところが一九二〇年代以降はどうでしょう? 今や本質的に、関係の逆転がみられます。現在では、ある企業株が市場でまるまる帳簿価格の値で売られるためには、資本に対して一般的に一〇%の収益を上げる必要があります。しかし一〇%を上回った超過収益分は、通常もっと寛大な評価がなされます——つまり、帳簿価格に等しい株価を維持するために必要な基本収益部分よりも高い倍率で評価されるのです。ゆえに、資本に対して一五%の収益を上げる企業は、収益の一三・五倍なり、純資産の二倍なりの株価が付いても不思議はありません。その意味とは、資本に対して一〇%の収益を上げてもそれは一〇倍にしか評価されないが、さらに五%の(超過)収益があれば、その分は実際上二〇倍に評価されるということなのです。

価値評価に際してこのような逆転が起きたのには、成長への期待が新たな形で重視されていることに関係した、理論的な理由があります。資本に対して高い収益を上げる企業がこのように寛大な評価を得ているのは、高い収益性そのものやその収益が比較的安定しているからばかりでなく、資本収益率が高い場合には一般的に過去の成長率と将来性も同様に高いということが、恐らくさらに大きな理由です。したがって、収益性の高い企業のケースで、今日現実的に「買われ」ているのは、ブランド名や儲かる事業というような古い限定的な意味でののれん価値ではなく、むしろ将来的な収益成長に関しての企業への並外れた期待なのです。

示唆的な形でしか触れませんが、株式評価の新たな傾向についての数学的な側面を一、二点付け加えたいと思います。私の考察通りに、株価収益率は収益性（つまり帳簿価格に対する収益率の増加）に比例すると仮定すれば、価値は収益の二乗に正比例し、帳簿価格の二乗に反比例する傾向にある、という数学的な帰結に達します。ゆえに、重要かつ極めて実質的な意味で、今や有形資産は平均株価の裏付けというよりむしろお荷物となっています。極端とはいえない例をみてみましょう。A社は帳簿価格二〇ドルに対して一株当たり収益が四ドル、B社は帳簿価格一〇〇ドルに対して一株当たり収益が同じく四ドルだとすれば、ほぼ間違いなく株価収益率はA社の方が高くなり、よって、例えばA社株は六〇ドルでB社株は三五ドルというように、B社よりも高い株価が付くことになるでしょう。ゆえに、一株当たり収益は等しいのであるから、一株当たり資産が八〇ドル多いせいで、B社の株価は二五ドル安いのだといっても過言ではないでしょう。

しかしそれよりも重要なのは、新たな株の価値評価手順と数学との総合的な関係です。三つの要因――つまり、（A）収益成長率に関する楽観的憶測、（B）その成長が将来十分な長期に及ぶという予測、（C）複利の神業的な働き――が前提となっているとすれば、驚くなかれ、証券アナリストは真の「優良銘柄」について自らが望むいかなる価値評価をも正当化するための、新手の試金石を手に入れているも同然です。強気相場における高等数学の流行について、最近の『アナリスト・ジャーナル』誌に寄せた記事のなかで私は、二〇〇年以上にわたって数学者たちを悩ませ続けている有名なペテルスブルグ・パラドクスと成長株の評価との顕著な類似点を挙げた、デビッド・デュランドの言葉を引用しました。私が言いたいのは、数学と株式投資の関係には特別なパラドクスが介在するということです。そのパラドクスとは、「数学的計算は一般的に、正確で信頼できる答えを導き出すためのものであるが、株式市場においてはその計算が精巧かつ難解であればあるほど、そこから導き出される結論は不確実性と投機性の高いものになる」というものです。四〇年間ウォール街で経験と学習を積んできましたが、普通株評価やそれに関連する投資手段のための信頼に足る計算式で、単純な数式やごく初歩的な代数計算よりも高度なものに、私はいまだ出合ったことがありません。高度な計算法や代数が話題に上るようならば、ペテン師が経験を理論ですり替え、投機を投資に見せかけようとしている警告サインであるとみて、ほぼ間違いないでしょう。

株式投資に関するかつての概念は、いまどきの洗練された証券アナリストにとっては極めてあか抜けないものに映るでしょう。かつて常に重点が置かれていたのは、企業つまりその株式の防衛的側面と今日私たちが呼ぶものであり、とりわけ、不況下でも企業が減配することなく配当を続けることの確実性でした。こうした理由から、体力が強く、標準的な株式投資銘柄であった五〇年前の鉄道会社が、事実上近年の公益事業株と同様の見方をされていました。過去の業績に安定性が認められれば最大の必要条件はクリアしたものとされ、将来的に企業の基本的特質にマイナスの変化が生じる可能性について深く追求することはなかったのです。しかし逆にいえば、抜け目ない投資家たちは際立って好ましい将来性を備えた企業を物色しても、その将来性に対してカネを払うべきではないと考えていたということです。

つまり基本的に投資家は、素晴らしい長期的将来性に対して大きなプレミアムを支払う必要がなかったということです。彼らはその将来性を、単なる優良企業ではない最高の企業の発見という、自己の優れた知性と判断力に対する報酬として、実質的に割増料金を支払うことなく手に入れていました。財務状態の健全性、過去の収益実績、配当の安定性が同レベルの株であれば、すべてが近似した配当利回りで売られていたのです。

このような考えは確かに単純すぎたかもしれませんが、そのためにかつての株式投資は単純なだけでなく本質的に堅実かつ非常に利益性の高いものであったという、大きな利点もありました。最後にもうひとつだけ個人的な話をさせてください。一九二〇年ごろ、私の働く会社では定期的に「投資家のための教訓」というタイトルの小冊子を配布していました。もちろん、このような独善的で生意気なタイトルを考え出したのは、私を含む二〇代半ばの無謀なアナリストたちです。ある号で私は不用意な発言をしました。「ある普通株が優れた投資対象だとすれば、それは優れた投機の対象にもなる」と。私がそのように述べたのは、投資対象として非常に堅実で損失のリスクがほとんどない普通株があれば、それは、大抵は将来的に利益を上げる可能性が高いと考えて差し支えないという推論をしていたからです。ところで、あのときの私の言葉は、真実を言い当てた貴重な発見でありました。ただし、だれひとりそれに注目する人がいなかったからこそ、という注釈がつきます。数年後、株式が長期投資対象として過去に有してきた利点に大衆が気づくようになると、間もなく彼らはそうした恩恵に浴することができなくなりました。なぜなら大衆の熱狂が作り出した株価水準によって、株価に内在していた安全域が消し飛んでしまい、よってそうした銘柄は投資適格から外れてしまったからです。当然ながら、その後振り子は大きく反対方向に振れ、ほどなく（一九三一年に）最大の権威筋が、いかなる銘柄であれ株式は投資対象にはなり得ないと宣言するに至ったのです。

この長期にわたる過去の流れを秩序立てて考えてみると、インカムゲインとの対照という意味でのキャピタルゲインに対する投資家の態度の変化に、先ほどとは別の一連のパラドクスが見えてきます。かつての株式投資家がキャピタルゲインにはあまり関心がなかったというのは、当然のことに思えます。彼らのほとんどは、安全に配当収入を得る目的で株を買っていたのであり、値上がり益は投機家にまかせていました。ところが今日では、経験豊富で抜け目ない投資家ほど配当収入への関心は低く、長期値上がり益に最大の関心を置く傾向が強いといえそうです。しかしあまのじゃくの人は、少なくとも事業会社株の分野では実質的に投資元本の増加は保証されていると思われていたので、将来それが増加することに昔の投資家は強く固執してなかったと主張するかもしれません。これを逆にいえば、今日の投資家は将来予測を重視するがために、事前に十分すぎる金額を支払っているということです。よって、研究と用心を怠らなかった結果としての投資が、実際「吉」と出る可能性も、全く利益を生まない可能性もあります。万が一、期待以下の利益しか得られなければ、その投資家は一時的かつ恐らく永久的に、深刻な損失を被ることになるかもしれません。

現在（一九五八年）のアナリストは、過去と今日の投資姿勢を関連付けることでどのような教訓――一九二〇年のパンフレットのタイトルに使った仰々しい言葉を再び使いますが――を得ることができるのでしょう？　価値ある教訓などないと言う人もいるでしょう。現在価値に対する代価だけを支払えば将来成長はタグで手に入れることができた古き良き時代を懐かしく振り返っては、頭を振って哀しげにつぶやくのです――「もうあのころには戻れない」。投資家と証券アナリストは、将来性の良し悪しを知る木になるリンゴをまだ食べてはいないのでしょうか？　だとすれば、将来有望な普通株を妥当な代価でもぎ取ることができるエデンの園から、永遠に追われたわけではないのでしょうか？　高い質と将来性を手に入れる代償として法外な価格を支払うか、あるいは妥当と思える価格を支払ったときには品質にも将来性にも目をつぶるか、私たちは常にどちらかのリスクを負う運命なのでしょうか？

確かにそう思えてきます。でも悲観的なジレンマでさえ確信が持てる人はいません。私は最近、かの巨大企業ゼネラル・エレクトリック（ＧＥ）社の長期業績に関する、ちょっとした研究を行いました。きっかけは、同社の一九五七年の報告書に掲載されていた、過去五九年間にわたる収益と配当を記したチャートに興味を持ったからです。知識が豊富なアナリストにとっては、このデータは特段驚くべきものではありません。例えば、一九四七年以前のGEは派手な成長はしておらず、業績も非常に不安定でした。一九四六年の調整済み一株当たり収益は、一九〇二年からたったの三〇％（四〇セントが五二セントに）しか伸びておらず、またこの期間中で一九〇二年の二倍の収益を上げた年は一年もありませんでした。しかし、一九一〇年と一九一六年に九倍であった株価収益率は、一九三六年と一九四六年には二九倍に上昇していました。当然ながら、一九四六年の株価収益率は、少なくとも抜け目ない投資家たちの名高い先見力を示したものであると言う人もいるでしょう。当時、われわれアナリストには、今後一〇年間にGEの輝かしい成長の時代が控えていることを予見する能力がありました、多分。しかし、ご記憶の方もおられるように、GEが一株当たり利益で感動的な最高記録を打ち立てた翌一九四七年、株価収益率は異常なまでの下落をみせたのです。GEの株は実際に三二ドルという安値（一対三の株式分割前）にまで下がり、その株価は直近の収益に対してたったの九倍であり、その年の株価収益率の平均は一〇倍前後でしかありませんでした。私たちの水晶球は、ほんの一二カ月の間に確実に曇ってしまったのです。

この顕著な逆転現象は、ほんの一一年前の出来事です。この出来事が、私の心に小さな不信の念をもたらしました。つまり、多くのアナリストたちが確信している――将来性の高い卓抜した企業の株価収益率は常に高いのが当然で、投資家にとってそれは厳然たる事実であり、甘受した方がよいであろうという——事柄が、完全に正しいのかどうか、ということです。私はこの件について独断的な見解を示したいとは全く思いません。私が言えるのは、私にとってはその考えがしっくりこないということと、みなさんは各自で自ら答えを出すしかないということです。

しかし、この講演の結びとして、さまざまなタイプの株式市場の構造については、その投資および投機的特質という点で明確に言えることがあります。過去、株式の投資的な特質は、信用格付けが非常によく表していたように、程度の差こそあれ企業そのものの特質をそのまま反映したものであるか、あるいはそれに見合ったものでした。債券や優先証券の利回りが低ければ低いほど、その普通株はより投資に適したものである可能性が高く、またその購入に付随する投機的要素は小さくなりました。普通株の投機性の度合いと企業の投資格付けとの関係は、左から右へと引いた直線によってグラフで表せるほどだったのです。しかし今日では、そのグラフはU字を描いています。グラフの左側では、企業そのものの投機色が強く格付けも低いため、過去もそうであったように、その普通株も当然ながら非常に投機性が高まります。しかし、過去の業績も将来性もともに最高であるために企業格付けも最高となるグラフの右端は、株価が高くなることで相当なリスクが生じるために、相当の期間にわたってその株式相場に高い投機的要因が加わる傾向があるのです。

あるシェークスピア戯曲のなかで驚くほどこのことと状況が符合する台詞を最近見つけたので、かなり誇張された表現かもしれませんが、ここでどうしても引用したいと思います。

高い家賃を払って身代を食いつぶし、それで満足している間借り人など、ゴロゴロいるではないか？

U字グラフの話に戻りますが、株式購入における投機的要因が最小となる傾向が強いのは、グラフの中央部分となるでしょう。その近辺には、国家の経済状態に沿った形での過去の成長実績を持ち、また同様の将来成長も見込めそうな、安定感と体力を備えた企業を数多く見出すことができるはずです。そうした株は多くの場合、強気相場で株価がつり上がっているときを除いては、その内在価値に見合った適切な価格で買い付けることができるものです。実際、現在では投資家も投機家も、そろって魅惑的な銘柄ばかりに集中する傾向があるために、全体的にこれら中道の株式は、個々の本質的な価値よりむしろ低い株価が付く傾向があると、反論を承知であえて述べておきます。つまりこうした株は、将来性を有望視されている株の安全域を消失させることの多い、市場の選り好みと偏見によって、逆に安全域を得ているのです。さらに言えば、これほどの選択肢があれば、鋭い過去業績の分析と、将来性の高い銘柄のなかから識別力のある選択を行うだけの十二分な余地があり、さらには投資を分散させることで安全性をさらに高めることも可能なのです。

どうしても日輪の車の操作をしてみたいとパエトンが言い張ったときに、操作の達人たる父親は息子に、自らの責任でやりなさいと、守られることのない忠告を与えました。太陽神アポロの忠告を、ローマの詩人オビディウスが三語に要約しています。

道の中央を行きなさい（Medius tutissimus ibis）

この原則は投資家とその投資顧問にも有効であると、私は考えています。

（一九五八年五月に開催された「財務アナリスト協会全国連盟」年次集会の冒頭に開催されたベンジャミン・グレアムによる講演）

4．ある事例――エトナ整備会社

この事例に関する文章は、初めの部分は一九六五年の版に「恐るべき実例」という題目で記した内容を転載したものであり、後半部分はその後の同社の変貌ぶりを要約したものである。

新規公開株式に対して読者が今後どのような姿勢で臨むかを決めるのに役立つかもしれないので、ある「恐るべき実例」の詳細を少し説明しよう。これはS＆P社発行の『株式ガイド』の最初の一ページから取ったものであり、一九六〇～六二年にかけて新規公開された銘柄の明白なる弱点と、そうした銘柄に異常な高値が付いて、その後に崩壊を迎えた様子を極端なまでに明らかにしているケースである。

一九六一年一一月、エトナ整備会社の普通株一五万四〇〇〇株が九ドルで株式公開され、その株価は即座に一五ドルまで上昇した。増資前の一株当たり純資産はおよそ一・二〇ドルであったが、資本調達によってそれは三ドル強となった。

増資以前の同社の売上高と収益と、増資後の数字はそれぞれ以下の通り。

年（記載月までの1年間）	売上高	純利益	1株当たり利益
1961年6月	$3,615,000	$187,000	$0.69
（1960年6月）*	（1,527,000）	（25,000）	（0.09）
1959年12月	2,215,000	48,000	0.17
1958年12月	1,389,000	16,000	0.06
1957年12月	1,083,000	21,000	0.07
1956年12月	1,003,000	2,000	0.01
増資後			
1963年6月	$4,681,000	$-42,000	$-0.11
1962年6月	4,234,000	149,000	0.36

*6カ月間

一九六二年に同社の株価は二と三分の二ドルまで下がり、六四年には何と八分の七ドルにまで下落した。その間、配当支払いは行われなかった。

注釈

この企業は大衆投資家の投資対象としては規模が小さすぎた。この株は、たった一年間の好収益に基づいて売買されたものであり、それ以前の業績は話にならないものであった。本質的に競争の激しい業界に身を置く同社には、将来的な安定性を保証する根拠など皆無だったのである。浅はかな大衆は公開直後の高値において、収益および資産一ドル当たりでみて、規模が大きくしっかりした会社に対して支払う以上の価格を支払って、この株を買っていたわけである。この例は確かに極端ではあるが、決して特殊な例ではない。これほどひどくはなくとも、弁解の余地がないような過大評価の例は、枚挙にいとまがないのである。

その後（一九六五〜七〇年）

一九六五年、同社には興味深い出来事があった。採算の上がらないビルの修繕事業を売却し、電気機器の製造という、全く畑違いの新事業に乗り出したのである。社名はヘイドン・スイッチ・アンド・インスツルメントに変更された。その後も収益はあまりパッとしていない。一九六五〜六九年の五年間における「旧株式」一株当たりの平均収益はたったの八セントであり、最高であった一九六七年のそれは三四セントであった。にもかかわらず同社は、当世風の方式に従い、一九六八年に一対二の株式分割を行った。そして株の値動きのほうもウォール街の流儀に忠実に従った。一九六四年に八分の七ドルだった株価が、一九六八年（分割後）には一六・五ドル（株価調整後）に上昇し、あの熱に浮かれた一九六一年の高値記録を上回ったのである。今やその株価収益率は、一年きりの高収益に対しては五二倍、平均収益に対しては約二〇〇倍となっていた。また同社は、株価最高値を更新したまさにその年に、再び欠損を計上しようとしていたのである。翌一九六九年には、株価は一ドルに下落した。

疑問

一九六八年に八ドル余りを支払ってこの株を買ったバカ者たちは、この会社の歴史や過去五年間の収益記録、（非常に低い）資産価値について、何も知らなかったのだろうか？　支払ったカネに対してどれだけのものが得られるか――というよりも、得られないか――について、何らかの認識があったのだろうか？　彼らには自覚があったのだろうか？　愚かとしか言いようがなく、ぞっとするほど広範に及んでいるお決まりの破滅的な投機行為が、この手の投資媒体を主役に常に繰り返されることに対して、ウォール街の人々に何ら責任はないのであろうか？

5．ＮＶＦ社のシャロン・スチール社取得における会計処理

一．

ＮＶＦ社は一九六九年にシャロン社の発行済み株式八八％を取得し、それに対する一株当たり七〇ドルの支払いには、ＮＶＦの一・五株を一株当たり二二ドルで買えるワラントが付いた、一九九四年満期の表面利率五％のＮＶＦ社債が充てられた。当初のＮＶＦ債券の市場価格は額面の四三％にすぎず、ワラントにはＮＶＦ株一株当たり一〇ドルの値が付いていたようである。つまり、シャロンの株主たちは、差し出したシャロン株一株につき四五ドル（債券で三〇ドル、ワラントで一五ドル）相当しか得ていないことになる（この価格は、シャロン株の一九六八年の平均的株価、および同年の終値にほぼ等しかった）。シャロンの簿価は一株当たり六〇ドルであったので、ＮＶＦ社が取得した一四一万五〇〇〇株で計算した市場価格との差は、約二一〇〇万ドルに及んでいた。

二．

その会計処理においては以下の三点が目的とされた。

（A）債券の発行を、価格四三での債券「売り出し」として扱い、五四〇〇万ドルという巨額の債券割引の割賦償還として、収益からの年間控除を受けられるようにする（同社は実際には、九九〇〇万ドルの無担保社債からの「収益」として、年率一五％を自社に課すことになる）。

（B）債券の割引による負担を、ほぼ同額の「利益」――シャロン株取得の原価四五ドルとその簿価六〇ドルとの差の一〇分の一を貸方に記入すること――で相殺する（このやり方は、取得資産の帳簿価格を超過して支払われた取得価格の一部を、毎年の収益に含めるという規定に、逆の形で符合する）。

（C）これによる同社のメリットは、これら二つの年間の帳簿記載によって、初年は九〇万ドル、つまり一株当たり一ドルの所得税の節約ができることであろう。その理由は、債券割引の割賦償還は課税収益からの控除が可能であるが、「資産を超過した部分の原価」は課税収益に含める必要がなかったからである。

三．

この会計処理は、NVF社一九六九年の連結損益勘定と連結貸借対照表の双方、および一九六八年の見積りに反映される。シャロン株取得コストのほとんどはワラントによって支払われたものとして扱われることになるため、ワラントの当初の市場価格を普通株の資本勘定の一部分であるとする必要があった。よって、この特殊なケースにおいては、ワラントが貸借対照表上でかなりの金額、つまり二二〇〇万ドル強として記載されたのである（ただし注釈として記されただけである）。

6. 投資対象としてのハイテク企業

スタンダード・アンド・プアーズ社は一九七一年の半ば、社名が「コンピュ（Compu-）」「データ（Data）」「エレクトロ（Electro-）」「サイエン（Scien-）」「テクノ（Techno-）」のいずれかで始まる企業二〇〇社のリストを作成するというサービスを行った。これらのうちおよそ半数は、コンピューター関連業界に属していた。また、すべての企業が、いずれかの取引所に上場しているか、あるいはそのための申請を既に行っていた。

一九七一年九月のS&Pの『株式ガイド』には、二〇〇社中四六社が掲載されていた。これらのうち二六社は欠損を計上しており、六社のみが一株当たり一ドル以上の収益を上げ、配当を行っていたのはたった五社であった。

一九六八年一二月の『株式ガイド』に掲載されていた、同じようなテクノロジー関連の社名がついた企業は四五社であった。この企業群を一九七一年の株式ガイドで追跡調査をすると、以下のような結果となった。

企業総数	株価が上昇した企業数	株価下落率が50%以下の企業数	株価下落率が50%以上の企業数	株式ガイドから削除された企業数
45	2	8	23	12

注釈

一九六八年の『株式ガイド』に記載されていなかった多くのテクノロジー関連企業は、記載されていた企業と比較してその後の業績が芳しくなく、また、リストから削除された一二の企業の方が削除されなかった企業よりも業績が悪いというのは、ほぼすべてのケースに当てはまるようである。これらの例が示す悲惨な結果からは、「テクノロジー」関連銘柄全体の質と株価の変遷を、合理的な形で窺い知ることができる。IBMやその他数社が驚異的な成功を収めたことで、この業界における株式の新規発行が大洪水のごとく続いた。そして、それに対して保証されていたのは、実際上大きな損失なのである。

著者

ベンジャミン・グレアム

Benjamin Graham

ベンジャミン・グレアム（1894-1976）はバリュー投資理論の考案者であり、恐らく過去最大の影響力を誇る投資家である。ロングセラー『賢明なる投資家』（1949年初版）や『証券分析』（1934年）を初めとした彼の著書は、投資理論書のバイブルとなっている。彼の生涯および著作は、大成功を収めた今日の実業家にインスピレーションを与えてきた。ウォーレン・バフェットもその１人である。

監修者

土光篤洋

どこう・あつひろ

早稲田大学大学院修了。邦銀を経て、現在は外資系金融機関に勤務。専門は証券投資。公立大学の非常勤講師も兼務している。

訳者紹介

増沢和美

ますざわ・かずみ

山脇学園短期大学英文科卒業。損害保険会社にて役員秘書業務に従事。現在は自宅で翻訳を行う。訳書に『新マーケットの魔術師』『バフェットからの手紙』など。

新美美葉

にいみ・みわ

早稲田大学第一文学部日本文学科卒業。出版社に２年半勤めた後、フリーのライター兼翻訳家になる。

		2011年10月1日	第12刷発行
2000年9月19日	初版第1刷発行	2012年3月2日	第13刷発行
2001年3月4日	第2刷発行	2014年2月2日	第14刷発行
2001年6月17日	第3刷発行	2015年8月2日	第15刷発行
2002年9月22日	第4刷発行	2016年10月2日	第16刷発行
2003年10月16日	第5刷発行	2017年9月2日	第17刷発行
2004年5月3日	第6刷発行	2018年7月2日	第18刷発行
2004年7月28日	第7刷発行	2019年9月2日	第19刷発行
2005年8月3日	第8刷発行	2020年10月2日	第20刷発行
2005年9月3日	第9刷発行	2021年7月3日	第21刷発行
2009年1月1日	第10刷発行	2023年6月2日	第22刷発行
2010年9月1日	第11刷発行	2024年6月2日	第23刷発行

ウィザードブックシリーズ⑩

賢明《けんめい》なる投資家《とうしか》

割安株の見つけ方とバリュー投資を成功させる方法

著　者　ベンジャミン・グレアム
訳　者　土光篤洋、増沢和美、新美美葉
発行者　後藤康徳
発行所　パンローリング株式会社
〒160-0023　東京都新宿区西新宿 7-9-18-6F
TEL 03-5386-7391　FAX 03-5386-7393
http://www.panrolling.com/
E-mail　info@panrolling.com
編　集　エフ・ジー・アイ（Factory of Gnomic Three Monkeys Investment）合資会社
印刷·製本　株式会社シナノ

ISBN978-4-939103-29-2

賢人たちに学ぶ成功法とは

PanRolling Classics

ベンジャミン・グレアム

1894/05/08 ロンドン生まれ。1914 年アメリカ・コロンビア大学卒。ニューバーガー・ローブ社（ニューヨークの証券会社）に入社、1923-56 年グレアム・ノーマン・コーポレーション社長、1956 年以来カリフォルニア大学教授、ニューヨーク金融協会理事、証券アナリストセミナー評議員を歴任する。バリュー投資理論の考案者であり、おそらく過去最大の影響力を誇る投資家である。

(Benjamin Graham)

人物相関図

恩師

フィリップ・A・フィッシャー
(Philip A. Fisher)

尊敬

ウォーレン・バフェット
(Warren Edward Buffett)

相棒

チャーリー・マンガー
(Charlie Munger)

親子

親子2代で成長株を追求

米国の長者番付「フォーブス400」に常にランクイン

ケン・フィッシャー
(Kenneth L. Fisher)

バフェットが尊敬する人物、フィリップ・A・フィッシャーの息子。世界中の年金・基金・大学基金・保険会社・政府などから資金を預かり、運用総額は400億ドル（約4兆円）。

ウィザードブックシリーズ87

新 賢明なる投資家 (上)・(下)

電子書籍版あり

著者　ベンジャミン・グレアム／ジェイソン・ツバイク

上巻　定価 本体3,800円+税　ISBN:9784775970492

下巻　定価 本体3,800円+税　ISBN:9784775970508

時代を超えたグレアムの英知が今、よみがえる！

古典的名著に新たな注解が加わり、グレアムの時代を超えた英知が今日の市場に再びよみがえった！ 20世紀最大の投資アドバイザー、ベンジャミン・グレアムは世界中の人々に投資教育を施し、インスピレーションを与えてきた。こんな時代だからこそ、グレアムのバリュー投資の意義がある！

目次

ウィザードブックシリーズ 352

証券分析【第6版】
——原則と技術

ベンジャミン・グレアム／デビッド・L・ドッド／セス・クラーマン【著】

定価 本体15,800円+税　ISBN:9784775973219

「私が70年間従っている投資の指針」

——ウォーレン・バフェット（「序文」より）

本書は刊行後90年を経過しても、世界中で株式や債券の分析に関する基本的な教科書として評価されている。また同時に、バリュー投資に関する必読書としても高い評価を受け続けている。この6版は1940年版のグレアムやドッドが実際に執筆した文章を用いながら、各部の巻頭には、現代の名高いバリュー投資家や著名な学者たちが序文を寄せている。その結果、バリュー投資に新たな視点と旋風をもたらし、最高傑作にさらなる価値を付与している。

ウィザードブックシリーズ 207

グレアムからの手紙

著者　ベンジャミン・グレアム

定価 本体3,800円+税　ISBN:9784775971741

投資の分野で歴史上最も卓越した洞察力を有した人物の集大成

客観的な事実の調査や分析が欠落していることに愕然としたベンジャミン・グレアムは、これらを一変することを決意し、そしてついには現代の証券分析の礎を文字どおり創造することとなった。

本書は、ファイナンスの分野において歴史上最も卓越した洞察力を有した人物のひとりであるグレアムの半世紀にわたる證券分析のアイデアの進化を示す貴重な論文やインタビューのコレクションである。

本書の目的は、証券分析に関してグレアム自身が過去に寄稿した数々の文献を、はじめて一冊の書としてまとめることにある。また、本書は二〇〇九年出版されたグレアムおよびドッドの大著『証券分析』第六版の手引書として活用することにも役立つことであろう。——序文より

好評発売中

ウィザードブックシリーズ 249

バフェットの重要投資案件20
1957-2014

イェフェイ・ルー【著】

定価 本体3,800円+税　ISBN：9784775972175

現代の一流ポートフォリオマネジャーが、バフェットが投資した企業の当時のデータを現代の視点で徹底検証！

1950年代以降、ウォーレン・バフェットと彼のパートナーたちは、20世紀の流れを作ってきた最も利益率が高い会社のいくつかに出資してきた。しかし、彼らはそれが正しい投資先だということを、どのようにして知ったのだろうか。前途有望な会社を探すために、何に注目したのだろうか。そして、何をどう分析すれば、彼らと同じような投資ができるのだろうか。

ウィザードブックシリーズ 189

バフェット合衆国
世界最強企業バークシャー・ハサウェイの舞台裏

ロナルド・W・チャン【著】

定価 本体1,600円+税　ISBN：9784775971567

これがバフェットが選んだビジョナリーカンパニー（100年後も繁栄している優良企業）だ！

ウォーレン・バフェットの投資哲学は伝説になるほど有名だが、バークシャー・ハサウェイの経営者たちについて知る人は少ない。本書でロナルド・チャンは、バークシャーの成功に貢献してきた取締役やCEO（最高経営責任者）の素顔に迫り、彼らひとりひとりが若いころにどのようにして今の道を選んだのか、仕事を通じて何を得たのか、身につけたスキルはどのようなものだったのか、そして、いかにして世界で最もダイナミックなコングロマリットの一員になったのかについて、ページを追うごとに興味深いエピソードとともに読者に明らかにされる。

ウィザードブックシリーズ 230

勘違いエリートが真のバリュー投資家になるまでの物語

ガイ・スピア【著】

定価 本体2,200円+税　ISBN:9784775971994

バフェットとのランチ権を65万ドルで買った男！まるで本書は「バフェットへのラブレター」だ！

本書は、生意気で自己中心的だった若い銀行家が驚くべき変身を遂げて、自分のルールで運用するヘッジファンドマネジャーとして大成功を収めるまでの記録である。

彼は内省と、一流投資家たちとの友情と、彼にとってのヒーローであるウォーレン・バフェットとのチャリティー昼食会（65万0100ドルで落札した）を通じて進化を遂げていった。この昼食会から1年もたたずに、彼はマンハッタンからチューリッヒに移住し、新規顧客への管理手数料を廃止し、株価を頻繁にチェックするのもやめてしまったのである。

この物語には、投資やビジネスや大金がかかった判断に関することについて多くの驚くような洞察があふれている。

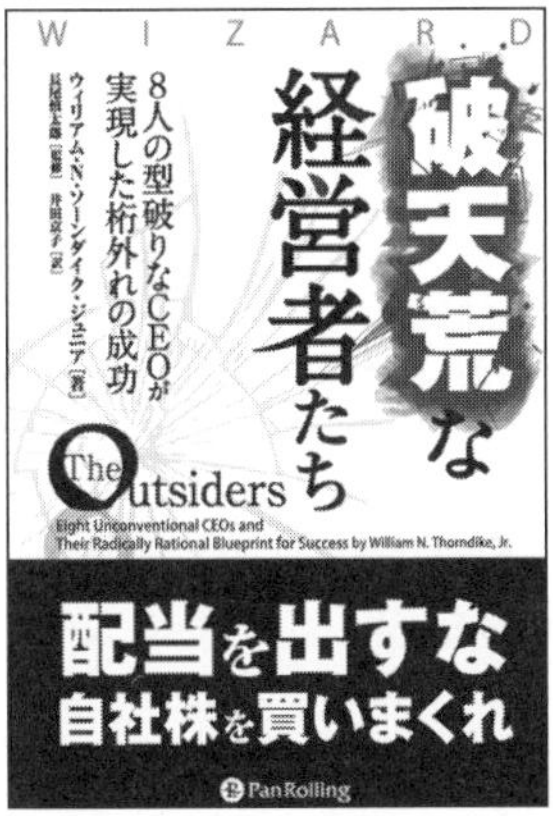

ウィザードブックシリーズ 214

破天荒な経営者たち

8人の型破りなCEOが実現した桁外れの成功

ウィリアム・N・ソーンダイク・ジュニア【著】

定価 本体2,800円+税　ISBN:9784775971826

非常識なことこそが優れたパフォーマンスを上げるコツ！

本書は直観には反するが爽快な1冊だ。著者は、成功した投資家としての知恵を駆使して8つの会社とその経営者を細かく分析し、そのパフォーマンスを明らかにしている。本書で紹介する8人の個性的なCEOの会社は、株価の平均リターンがS&P500のそれを20倍以上上回っている。つまり、8人にそれぞれに1万ドルを投資していれば、25年後にはそれが150万ドルに増えたことになる。彼らの名前は知らなくても、彼らの会社は聞いたことがあるだろう――ゼネラル・シネマ、ラルストン・ピュリーナ、ワシントン・ポスト、バークシャー・ハサウェイ、ゼネラル・ダイナミクス、キャピタル・シティーズ・ブロードキャスティング、TCI、テレダイン。本書は、個性的なリーダーたちがこれほど桁外れのパフォーマンスを上げる助けとなった特徴と手法――彼らの一貫性と執ようなまでの合理性――を紹介していく。

フィリップ・A・フィッシャー

1928年から証券分析の仕事を始め、1931年にコンサルティングを主としたフィッシャー・アンド・カンパニーを創業。現代投資理論を確立した1人として知られている。本書を執筆後、大学などでも教鞭を執った。著書に『株式投資で普通でない利益を得る』、『投資哲学を作り上げる／保守的な投資家ほどよく眠る』（いずれもパンローリング）などがある。なお、息子であるケネス・L・フィッシャーは、運用総資産300億ドル以上の独立系資産運用会社フィッシャー・インベストメンツ社の創業者・会長兼CEO、フォーブス誌の名物コラム「ポートフォリオ・ストラテジー」執筆者、ベストセラー『ケン・フィッシャーのPSR株分析』『チャートで見る株式市場200年の歴史』『投資家が大切にしたいたった3つの疑問』（いずれもパンローリング）などの著者である。

ウィザードブックシリーズ 238

株式投資で普通でない利益を得る

定価 本体2,000円+税　ISBN:9784775972076

成長株投資の父が教える バフェットを覚醒させた20世紀最高の書

バフェットが莫大な資産を築くのに大きな影響を与えたのが、成長株投資の祖を築いたフィリップ・フィッシャーの投資哲学だ。10倍にも値上がりする株の発掘法、成長企業でみるべき15のポイントなど、1958年初版から半世紀を経ても、現代に受け継がれる英知がつまった投資バイブル。

本書の内容

- 会社訪問をしたときにする質問（「まだ同業他社がしていないことで、御社がしていることは何ですか」）
- 周辺情報利用法
- 株を買うときに調べるべき15のポイント
- 投資界の常識に挑戦（「安いときに買って、高いときに売れ」には同意できない）
- 成功の核
- 株の売り時（正しい魅力的な株を買っておけば、そんなときは来ないかもしれない）
- 投資家が避けるべき5つのポイント
- 大切なのは未来を見ること（最も重視すべきは、これからの数年間に起こることは何かということ）

ウィザードブックシリーズ 235

株式投資が富への道を導く

定価 本体2,000円+税　ISBN:9784775972045

バフェットの投資観を変えた本！

本書はフィリップ・フィッシャーが1958年に書いた『株式投資で普通でない利益を得る』（パンローリング）の続編である。上の最初の高名な著書は、スタンフォード大学経営大学院で基本書として使われ、ウォーレン・バフェットをはじめ多くの読者の投資観を一変させた。まさしく、バフェットがベンジャミン・グレアムの手法と決別するきっかけとなった本である。

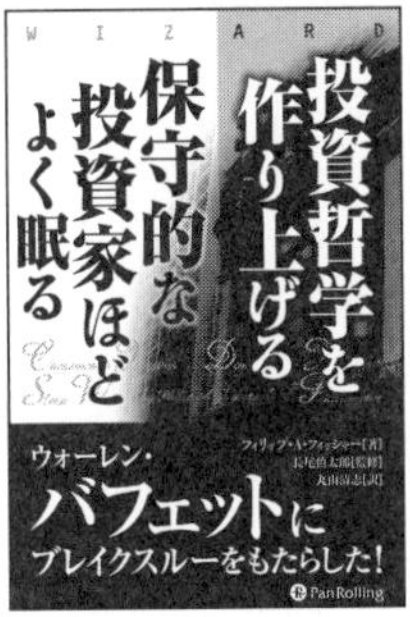

ウィザードブックシリーズ 236

投資哲学を作り上げる／保守的な投資家ほどよく眠る

定価 本体1,800円+税　ISBN:9784775972052

ウォーレン・バフェットにブレイクスルーをもたらした大事な教えが詰まっている！

フィッシャーは全部で4冊の本を執筆したが、本書はそのうち3冊目と4冊目を収録している。1冊目の『株式投資で普通でない利益を得る』（パンローリング）は20世紀に発売された投資本のなかでベスト3に入る名著であり、フィッシャーの最高傑作であることに間違いはない。

ケン・フィッシャー

フィッシャー・インベストメンツ社の創業者兼CEO。同社は1979年設立の独立系資金運用会社として、世界中の年金、基金、大学基金、保険会社、政府、個人富裕層などを顧客に持ち、運用総資産額は400億ドル（約４兆円）を超える。株価売上倍率（PSR）による株式分析、また小型株運用の先駆者として知られる。

ウィザードブックシリーズ 182

投資家が大切にしたいたった3つの疑問

行動ファイナンスで市場と心理を科学する方法

定価 本体3,800円+税　ISBN:9784775971499

投資の"神話"に挑戦し、それを逆手にとって自らの優位性にする考え方を徹底解説！

深い洞察力、アドバイス、投資秘話が満載で、あなたの心をひきつけて話さないだろう。

「投資価値理論」の記念碑的古典！

60年以上読み継がれてきた本書は、ベンジャミン・グレアムやワイコフの著作と並び称される古典的名著である。ジョン・バー・ウィリアムズが本書を書いたのは、第一に、「投資価値理論」という新しい学問分野の姿を明らかにすることであった。この「投資価値理論」とは、独占理論、貨幣理論、国際貿易理論など、経済学という大きな大河から枝分かれした明晰な原理から成り立っている。第二は、抽象的な経済原論と投資の実際の問題を結びつけて考えること、そして、利子率、地代、賃金、収益、税、貨幣の各理論を適用して株式や債券を評価する方法を示すことである。第三は、投資家にとってのニューディール政策の経済的重要性について検証し、現在の投資政策で最も重要な問題を見つけることである。

本書は主に、賢明な投資家やプロの投資アナリストを対象としているが、経済理論家にも興味を持ってもらうように、ジョン・バー・ウィリアムズは執筆した。というのも長期金利や短期金利、流動性選好、不確実性やリスク、将来の利率、インフレの可能性、それに対する株式と債券の反応、市場の動向、株価の形成、投機的商品の価格と株価の連携、さまざまな税の負担など、さまざまな問題についても提案しているからだ。

「これまでの投資分析が投資家の要求にまったく見合ったものでなかったことは、近年見られた株価の大変動で明らかになった」――大恐慌を経験したジョン・バー・ウィリアムズだからこそ、価格変動を知る信頼できる評価基準を学問まで昇華させることができたのだ！

目次

ウィザードブックシリーズ 220

バリュー投資アイデアマニュアル
得意分野を見極めるための戦略の宝庫

ジョン・ミハルジェビック【著】

定価 本体2,800円+税　ISBN:9784775971888

「あなたの性格に合ったバリュー投資法」を探せ！プチバフェットになるための金鉱を掘り当てる！

本書は、この素晴らしいニュースレターをすべての投資家が体験できる機会であり、バリュー投資の最高のアイデアを探し、分析し、導入するための実績ある枠組みを提供している。100人以上のトップファンドマネジャーのインタビューに基づいた本書は、知恵の宝庫であり、ウォーレン・バフェット、グレン・グリーンバーグ、ジョエル・グリーンブラットといったスーパーバリュー投資家の思考の過程も垣間見ることができる。

本書のテーマである素晴らしいアイデアは、投資の活力の元である。これを読んで、利益につながる新しい独自のバリュー投資のアイデアを生み出す方法を学んでほしい。

ウィザードブックシリーズ 240

成長株投資の神

マーク・ミネルヴィニ【著】

定価 本体2,800円+税　ISBN:9784775972090

4人のマーケット魔術師たちが明かす 戦略と資金管理と心理 これであなたの疑問は解決！

本書で主として取り上げられているトピックは次のとおりである――チャート分析、ファンダメンタルズ、仕掛けの基準、適切なポジションサイズ、毎日決まってやること、トレード管理、市場全般、心理など。

今までだれにも聞けなかったけれどぜひ聞いてみたかったこと、今さら聞けないと思っていたこと、どうしても分からなかったことなど、基本的な質問から高度な疑問までを、あらゆるレベル投資家にやさしく分かりやすい言葉で答えてくれている！